Johann Samuel Halle

Die Kunst des Orgelbaues

Theoretisch und praktisch

Johann Samuel Halle

Die Kunst des Orgelbaues
Theoretisch und praktisch

ISBN/EAN: 9783743326088

Hergestellt in Europa, USA, Kanada, Australien, Japan

Cover: Foto ©ninafisch / pixelio.de

Manufactured and distributed by brebook publishing software
(www.brebook.com)

Johann Samuel Halle

Die Kunst des Orgelbaues

Die

Kunst des Orgelbaues,

theoretisch und praktisch beschrieben

von

Johann Samuel Hallen,

Professor der Historie bei dem königl. preußischen Corps des Cadets zu Berlin.

Nebst VIII. Kupfertafeln.

Brandenburg,

bei Johann Wendelin Halle und Johann Samuel Halle,

1779.

1. Die Theorie des Orgelbauens.

Das Handwerkszeug der Orgelbauer besteht in einem Amboß, der etwa 18 Zoll lang, 5 bis 6 Zoll breit, und wenigstens 2 Zoll dikk ist. Er muß oben verstählt, gehärtet und polirt seyn; seine vier Ränder erscheinen abgerundet. Er stekkt in einem hölzernen Stokke vermittelst vier Leisten, die man an dem Klozze fest nagelt, nachdem man den Amboß auf einen vielfach gelegten Lappen gesezzt, damit derselbe desto fester stehe. Gemeiniglich wird der Klozz in die Erde eingegraben, um fester zu stehen, und alsdenn ist seine Höhe ausserhalb der Erde, mit Inbegriff des Ambosses, 22 bis 24 Zoll.

Der Schmiedehammer wiegt 4½ Pfund; sein Kopf ist rund, sehr wenig convex, wohl verstählt, gehärtet und polirt. Der Körper dieses Hammers ist vier oder achtekkig. Das Stielloch ist groß und stark, damit der Stiel gut aushalten möge. Man hat noch einen kleinern Schmiedehammer, um mit einer Hand zu schmieden, wenn es Noth ist. Dieser Hammer zerspringt oft, entweder weil das Stielloch ausspringt, oder weil sich der Stahl von der Bahn ablöset.

Eine grosse Handsäge, um damit die grossen Zinntafeln zu durchschneiden, wenn sie für das Messer zudikke sind. Diese Säge besteht in einer grossen feingezähnten Klinge. Man verstärkt sie längst dem Rükken der Klinge durch eine dünne Oberlage. Sie hat anstatt des Griffes ein flaches und einen Zoll dikkes Holz, worin man eine Spalte einsägt, um die Klinge in sich zu nehmen, welche man in dem Griffe vermittelst zwoer Schrauben befestigt. Am Stiele ist ein ziemlich grosses Loch, um die 4 Finger durchzustekken, wenn man sägt. Die Sägenklinge ist gemeiniglich 18 Zoll breit.

Eine kleine Handsäge, alles von Eisen, den Griff ausgenommen, der Holz ist. Die Klinge ist etwa 10 Zoll lang, und eine noch feiner gezähnte Uhrfeder. Man spannt diese Bogensäge vermittelst einer Schraube, die an ihrem Obertheile ist.

Die Schwanzsäge ist 10 Zoll lang, gegen 20 Linien breit, und stekkt in einem hölzernen Griffe; das freie Ende oder die Spitze der Säge wird in die Höhe umgebogen, um mit der linken Hand daran zu fassen, wenn man sie in der rechten führt. Man frischt die abgenüzzten Zähne, wie an allen Sägen, vermittelst der Feile auf, da sie nur wie eine Säge beschaffen ist.

Der

Die Kunst des Orgelbaues.

Der Polirstahl ist wie eine Wiegenschaukel gekrümmt, von Stahl, abgerundet, sehr gehärtet, und bis zum spiegeln am Rücken polirt. Von obenher faßt man ihn, um ihn bequem in der Hand zu halten, mit einem hölzernen Sattel ein, und wenn man grosse Stücke zu poliren hat, so macht man daran vermittelst einer Fuge, oder eines Einschnitts, einen Griff oben auf dem Sattel durch einen durchgestekkten Zapfen feste. Der Griff kann 2 Fuß Länge haben. Um den Polirstahl zu poliren, so muß er eben die Härtung, als eine Feile haben. Man wezzt den Rücken des Polirstahls auf einem kleinen Oelsteine, mit dem Striche immer nach der Länge hin. Hierauf bringt man, wenn man mit dem Oele und Wezzen fortgefahren, so daß man weder einen Feilstrich, noch einige Spuren von der Härtung im Feuer mehr daran sieht, alle Striche des Schleifsteins dadurch weg, daß man den Polirstahl in einer nicht sehr tiefen Fuge oder runden Vertiefung eines Stücks Nußholz stark, aber immer nach dem Striche der Länge reibt, und feinen Blutstein einstreut, den man aber nicht mehr als einmal nimmt; nur wird von Zeit zu Zeit etwas Oel gegeben, bis man in diesem Reiben die Fläche glätter befindet. Hierauf reibt man ihn in einer ähnlichen Fuge mit Zinnasche und Oel, um ihm den Spiegel zu geben. Ausserdem hat man noch kleine Polirstähle von beliebiger Figur.

Ein starkes vierekkiges Holz mit einem vierekkigen Ausschnitte, dienet die Tafeln des Zinns oder Bleies während der Arbeit vermittelst eines Keils feste zu halten. Man sucht dazu ein Stück Maserholz oder von der Wurzel aus, welches knorrig und zähe ist, damit es nicht leicht zerbrechen möge, wenn man es durch den Keil zwingt.

Ein Hobel mit einem herab gebognen Schwanze zum Angreifen. Vorne geht durch sein Holz ein Zapfen oder Stokk durch. Die Schneide des Hobeleisens ist gerade. Gemeiniglich beschlägt man ihn, der bessern Dauer wegen, auf seiner untern Bahn mit einer Eisenplatte; ausser dieser Vorsicht würde er sich bald abnuzzen. Alle Kanten werden, sonderlich am Schwanze, welcher hoch genug steht, um sich im Hobeln nicht zu verlezzen, stumpf gemacht.

Der Hobel mit doppeltem Loche ist bequem, ein Stück Zinn allein zu hobeln, und die Tafel zu endigen, weil er vor sich und hinter sich schneiden kann, wenn man damit eine Zeit lang nach der einen Seite gearbeitet, und das verstählte Eisen abgenuzzt ist, da man denn den Hobel umkehrt. Klinge und Keil laufen in einer Fuge. Die beiden Oeffnungen bilden ein lateinisches V nach oben zu. Man sezzt sein Holz aus zwo geleimten und mit Eisen verbundnen Hälften zusammen, und man besohlet die Bahn ebenfalls, der Dauer wegen, mit Eisen.

Der eiserne Hobel ist von vielfachem Nuzzen, und dient die Bleitafeln, oder das mit Blei versezzte Zinn zu behobeln, so wie das Labium, die Ränder der Tafeln, woraus die Pfeifen geschnitten werden, in Ordnung zu bringen, und den Pfeifenfuß
mit

mit dem Körper der Pfeifen zu richten. Man giebt ihm gemeiniglich 7 Zoll Länge, 20 Linien Breite, und 18 Linien an der äussern Tiefe. Er ist ganz hohl. Das Eisen liegt verkehrt auf einem Keile oder Poster von hartem Holze, welches man genau in den Hobel einpaßt. Man befestigt noch ein andres kleines Eisen am Rande des Hobelloches, auf welchem das Ende des Hobeleisens ruht, damit die Gewalt des Keils nicht die eiserne Sohle am Orte der Oeffnung verbiegen möge. Dieses kleine Lagereisen muß gelötet seyn, und die ganze innere Breite des Hobels einnehmen. An der Hinterseite des Holzes vernietet man einen starken Drat, um den hölzernen Griff in einer horizontalen Lage zu erhalten. Eben so vernietet man ein anderes Stück Eisen an dem Vorderende des Hobels, um daselbst zum Handgriffe zu dienen. Alle Kanten werden stumpf gemacht. Der ganze Körper des Hobels ist gelötet. Das Eisen liegt zum Schnitte so schief, als möglich, und besonders muß das Hobelloch so fein seyn, daß schwerlich ein Span durchgehen kann. Wenn man diese Vorsicht nicht beobachten wollte, so würde man die Zinn- oder Metalltafeln im Behobeln aufreissen.

Das Schnizzmesser ist eine starke, aber ganz kleine Messerklinge in einem Stiele, der 18 Zoll lang ist, wohl befestigt. Man lehnt es an die Schulter.

Das Handmesser ist kleiner und schwächer als das vorhergehende. Der Stiel hat nur eine Länge von 5 Zoll.

Das Winkelmaaß mit aufgeworfnem Rande ist gemeiniglich von Kupfer, oder noch besser von Eisen. Der Rand muß unten und oben höchstens nur eine Linie vorragen. Sein langer Arm ist 7 oder 8 Zoll lang, und das ganze Winkelmaaß überall nicht vollkommen eine Linie dick.

Zirkel von verschiedner Grösse, deren Füsse anderthalb Fuß lang sind, und bis auf 6 Zoll herab gehen. Sie werden nach dem Verhältnisse ihrer Grösse auch stark gemacht. Die grösten sehen wie die Zirkel der Steinschneider oder Zimmerleute aus, und die kleinsten wie der Tischler ihre.

Die Pfeifenformen sind Cilinder von Holz, rund und recht gerade. Man muß davon eine ansehnliche Menge von allerlei Grössen und Längen in Vorrath haben. Gemeiniglich macht man die kleinsten von Eisen, von 2 bis 4 Linien im Durchmesser, und in der Länge bis 8 Zoll. Alles was über diese Grösse ist, wird aus Holz gemacht, und nach den Orgelpfeifen proportionirlich bestessen. Die grossen Formen müssen um einige Fuß länger als die Pfeifen, so wie die übrigen um ein gutes Stück länger als ihre Pfeifen sind, gemacht werden. Man bestößt sie mit dem Schlichthobel, und endigt sie mit dem Stabhobel; niemals aber drehet man sie ab.

Die Fußformen der Pfeifen bekommen ebenfalls allerlei Grössen, aber die kleinsten sind von Eisen. Die Fußformen zu den inwendigen Pfeifen der Orgel

B

sind

sind alle von einerlei Länge, von ihrer Spizze an bis zum Körper, der Körper aber bekommt ein willkührlich Maaß. Die zu dem Principal oder der Orgelfronte bestimmt sind, haben ihre besondre Maaße, und so, wie die Pfeifenfüsse abnehmen und wachsen.

Die Trompeten= oder Posaunenformen sind spizze Kegel, rund, recht gerade. Man braucht welche von 10 Fuß Länge. Zu den kleinen Trompetenpfeifen kann man sich der Fußformen, die vorher gedacht worden, bedienen.

Die Fußformen der Schnarrwerke, oder wo Mundstükke mit Zungen und Krükken vorkommen, sind Cilinder von hartem Holz, recht rund, und an der Spizze ein wenig dünner als am Körper. Die Spizze ist nur kurz. Man hat sie von allerlei Grössen, nach den verschiednen Krükkenkeilen. Sie können bis 14 Zoll lang seyn.

Die Löthkolben, deren Stiel 15 Zoll lang ist, und sich in eine Spizze endigt. Sie sind unten ein wenig gekrümmt, an der Spizze schräge, und mit dieser scharfen Spizze wird gelöthet. Man macht diese Lötheisen von gutem, wohl gelöthetem Eisen, ohne alle Schieferadern. Man hat drei ziemlich grosse nöthig zu den grösten Pfeifen, drei andre ähnliche, und drei noch kleinere zu den kleinsten Pfeifen. Die Stiele sind nicht rund, sondern achtekkig. Der Griff besteht aus zwei Stükken Eichenholz, die vermittelst eines Blechbandes, so von aussen ist, zu einem Gelenke verbunden werden. An jeder Seite ist inwendig ein Einschnitt von oben nach unten gemacht, um den Stiel des Kolbes zu halten. Sie sind bis 6 Zoll lang. Man hat ihrer drei, um damit umzuwechseln, wenn einer heiß geworden. Dieser Griff wird im Löthen mitten auf den Stiel geschoben.

Das Schabemesser. Man stößt in einen hölzernen Griff ein Stükk von einem Rappiere oder starkem Scheerenblatt ein, um die Spizze an beiden Seiten anzuschleifen. Die untere Fläche bleibt flach.

Das Löthbrett ist ein Eichenbrett, 2 bis 3 Fuß lang und 1½ Zoll dikk. Man höhlt darin 3 oder 4 Rinnen, die 6 Linien im Gevierten und einander parallel sind, indem man dabei beobachtet, daß der Boden der Rinnen etwas schmäler als oben ist, um das Loth, wenn man es eingegossen, leicht aus diesen Fugen heraus zu nehmen. Eine dieser Rinnen kann ein Zoll breit seyn, um dikkere Lothstreifen zu giessen. An jedem Ende der Rinne verschließt ein Stükk Holz dieselbe.

Der Löthziegel ist ein gebrannter Ziegel oder gebrannte Fliese, flach, und so groß man sie haben kann; man muß deren mehrere im Nothfall bei der Hand haben.

Die Kernform ist ganz von Holz und aus zwei Brettern zusammen gesezzt, die 4 Fuß lang, 4 Zoll breit und etwa 16 Linien dikk sind. Das eine Brett ist ganz glatt und gerade in seiner Länge und Breite gehobelt, und das andre dieser beiden Seitenbretter ist am Rande dikker, und zwar um eine Linie. Diese beide

Seiten=

Seitenbretter setzt man zu einer langvierseitigen Form gegen einander, und der Keil, der ihre zwei Enden trennt, verursacht einen leeren Platz für das geschmolzene Blei. Damit diese Bretter recht zusammen oder feste bleiben, so schneidet man drei Einschnitte in sie, um die Form durch drei Keile zusammen zu zwingen, damit das Blei nicht durchdringe. Zu mehrerer Sicherheit könnte man noch an jedem Ende einen Zapfen mehr anbringen. Die beiden Keile an jedem Ende der Form bestimmen die Dikke der Bleitafel. Der obere Rand der beiden Bretter läuft abschüssig gegen das Innere der Form herab. Man ist gewohnt, alle inwendige Flächen der Form mit zwo guten Lagen von Kreide und Leim auszustreichen, damit sie der Bleihitze länger widerstehen möge. Noch besser ist es, alles Inwendige der Form mit Eisenblech zu überkleiden.

Von Scheeren braucht man welche von allerlei Grössen. Diese Arten der Blechscheeren dienen, und zwar die kleinsten die Zungen an den Schnarrwerken, die grössern die Pfeifen, das Bleilabium, und die stärksten ein Stükk ziemlich dikkes Kupfer zu durchschneiden.

Ein Stükk Messing als ein gleichschenkliges Dreieck für den Aufschnitt der Frontenpfeifen, an der Grundlinie 4 Zoll breit, 10 Zoll hoch, eine Linie dikk, mit einem an einer Seite längst der Grundlinie vorspringenden Rand, als ein Kaliber des Flötenwerks.

Das Schabeeisen für die Frontenpfeifen ist eine Platte wohl gehärteten und blau angelaufnen Stahls, bis 7 Zoll lang, 2 Zoll breit, und eine Viertellinie dikk. Es muß auf beiden platten Flächen recht glatt und polirt seyn. Man schleift die beiden Ränder dieser ovalen Platte auf einem Oelsteine viereckig, und zwar immer nach der Länge, und niemals überzwerch. Diese Platte muß vor dem Roste wohl in acht genommen, und wie der Polirstahl in welcher Leinwand verwahrt und oft mit Blutstein nachgerieben werden.

Das Intonirmesser. Der Stiel und Klinge sind aus einem Stükk und flach. Man belegt die Angel, wie an gemeinen Messern, an beiden Seiten mit Horn, indem man diese Schalen vernietet. Es muß stark, am Rukken eine Linie dikk, seine Schneide gerade, und die Spitze kurz seyn, damit sie nicht, wenn man dikkes Zinn schneidet, schartig werde oder ausspringe.

Die Probirform zum Zinne ist ein viereckiger Ziegelstein oder zarter Sandstein, 4½ Zoll lang, 3 Zoll breit, 12 Linien dikk, in dem eine halbrunde, etwas kegelartige Vertiefung von 10 Linien im Durchmesser, 6 Linien an Tiefe ausgegraben ist. Bei anderthalb Zoll der Höhle macht man eine andre Rinne, von 4 Linien im Durchmesser, die sich in einer kleinen Grube endigt. Kurz, sie sieht wie eine Löffelform aus.

Die

Die Form zu den Mundstüffen der Schnarrwerke. Man macht sie von geschlagnem Kupfer; aber es ist besser, wenn man sie von Eisen schmiedet. Einige gießen sie von Eisen; dieses taugt aber nicht, weil man viele Mühe haben würde, wenn man sie ausbessern wollte, da diese Materie viel zuhart und brüchig ist. Sie ist äußerlich lang-vierseitig. Um sie zu schmieden, macht man sich vorher ein Modell von Holz, welches der Schlösser von Eisen nachmacht, indem er jede Rinne dieser Stampfform mit Grabsticheln oder Grabeisens ausgräbt und mit der Feile endigt. Der Boden dieser Stampfe ist gerade und flach: die größte Rinne ist etwa 6 Zoll lang in der Form, welche etwa 8 Zoll lang ist. Zu recht großen Orgeln aber macht man sich eine andre Stampfe von Zinn mit größern Kanälen, weil man nur wenig von solchen großen Mundstüffen macht. Der Rinnen sind so viel, als eine ganze Stimme verlangt, d. i. durch das ganze Klavier oder Pedal.

Die Zungenformen sind am Rüffen und einen Ende abgerundete vierseitige eiserne Platten. Man muß so viel Zungenformen haben, als in der vorigen Stampfe ausgetiefte rundliche Kanäle sind; und jede Zungenform muß zu jedem Kanale eine proportionirliche Dikke und Länge haben, so daß die größte dieser Eisenplatten um 2 Linien weniger dikke, als der größte Kanal der Stampfe, und wenigstens um 4 bis 5 Zoll länger wird. Die Zungenform für den zweeten Kanal ist 1¼ Linie weniger dikk, als ihr Kanal breit ist. Die kleinste wird ¾ Linie dünner, als ihr Kanal breit ist, und 3 oder 4 Zoll länger. Die Breiten der Zungenformen sind willführlich. Die größte bekommt wenigstens einen Zoll Breite, und die kleinste die Hälfte weniger.

Die Krüffen oder der Stimmdrat sind Cilinder von Eisen, so an dem einen Ende etwas abgerundet, von allerlei Größe. Die vier oder fünf kleinsten Dräter sind von Stahl. Ihre Länge richtet sich nach ihrer Dikke. Die Längen sind willführlich, aber die Dikken wesentlich.

Eine große Feile, die Mundstüffe zu richten, ist 2½ Zoll breit und 14 Zoll lang. Ihre Dikke bleibt willführlich, etwa von 6 bis 8 Linien. Eine ihrer Flächen ist grob, die andre fein gehauen. Da sie bei den Eisenkrämern nicht gut ist, so wird sie vom Feilenhauer gemacht. Ihrer Figur nach ist sie lang-vierseitig, und hat an jedem der beiden Enden einen Ring.

Die Spizzange mit schließenden Spizzen; darunter die größten die bequem-sten sind.

Die lange Schnabelzange mit sehr langen dicht schließenden Spizzen. Sie ist überhaupt 15 Zoll lang.

Es folgen Bohrer von allerlei Größe, und Holzraspeln von verschiednen Arten.

Ein

Ein Trauchbohrer, der von Stahl ist, weil er beim Orgelbau viel aus-
zuhalten hat. Seine hohle Tille, womit er im Bogen stekt, ist gemeiniglich vierekkig, und durch eine gut gehärtete stählerne Schraube darin befestigt, um nicht zu
wakkeln; daher ist es besser, wenn das Tillenloch dreiekkig ist. Man muß einige
funfzig Bohrer von allerlei Grösse haben, darunter einige flach, andre an der Spizze
kegelförmig, indem von der Spizze bis zur Grundfläche schneidende Rinnen, wie
in einer Feile eingefeilt sind. Die Grundfläche ist anderthalb Zoll, und die Länge
dieses Bohrers ist 1 Zoll 9 Linien; der Schwanz hat 8 Zoll. Mannigmal sezzt
man in diesen Trillbohrer, dessen Bogen man in der Arbeit an dem Griffe umdreht,
solche Nadeln ein, deren sich die Täschner bedienen, und die bis 4 Zoll lang sind.
Man gießt geschmolznes Zinn in ein Loch eines Stükkes Holz; wenn das Zinn
noch flüssig ist, so stekt man das Oehr der Nadel ein, und wenn das Zinn kalt geworden, befeilt man es so lange, bis es in das Loch des Trillbohrers paßt, nur
daß die Nadel recht gerade steht. Vorher erweicht man die Nadel, ehe man ihr
den zinnern Kopf auffezzt, auf Kohlen, um ihr die Härtung, die sie zerbrechlich
macht, zu benehmen.

Die Drehbank, um die Pfeifenfüsse aufzubohren, oder weiter zu machen,
besteht aus zween kurzen Ständern mit zwo Dokken, einer kupfernen Spindel, deren
vorragendes Ende hohl ist, worin man einen andern Kegel von Messing, mit Zinn-
loth einlöthet.

Ein Schabeeisen von wohl gehärtetem Stahle, an beiden Enden wie eine
Lanze dreiekkig.

Ein Streicheisen, die Zungen zu streichen, ist ein eisernes Lineal, 8 Zoll
lang, 10 Linien dikk, gut gefeilt, flach und glatt.

Ausserdem gehören noch hieher 8 Zoll lange flache Feilen von allerlei Hieben,
zu den Zungen von Messing, halbrunde u. s. w. Die englischen sind die besten.

Brenneisen sind eiserne Stängchen, 18 Zoll lang, an beiden Enden mit
einem Kegelkopfe, deren einer 15 Linien im Durchmesser, der andre 8 hat.

Die Windprobe, die Stärke des Windes abzumessen. Es ist eine kupferne
Büchse, 2 Zoll hoch, 2 Zoll 6 Linien im Durchmesser. Ihre Oberfläche hat
drei Löcher; das größte Loch ist 10 Linien, das andre 8, das dritte 6 Linien weit.
Auf die beiden kleinern löthet man einen Aufsazz von 6 Linien hoch auf. Eine
Röhre von 10 Linien breit, ist 5 Zoll 6 Linien lang, wenn sie sich rechtwinklig
umlegt, um 2 Zoll 6 Linien lang an die Büchse herab zu gehen und deren Boden
zu erreichen, indem dieses Ende wie eine Säge ausgefeilt wird. Die Röhre wird
an der Oberfläche der Büchse im größten Loche eingelöthet, so wie ihr langes Ende,
das die Büchse von aussen berührt, auch daselbst angelöthet wird. Alle diese
Löthungen geschehen mit Zink, oder Silber, und werden mit aller Genauigkeit vor-

ge-

genommen. In das mittlere Loch wird in den Abfazzring ein guter Korkpfropfen geſtekft, und ein andrer in das kleine Loch, wo der Maaßſtab hinkommt. In dieſen lezzten Pfropfen bohrt man ein Loch ein, um ein dikkes Stükk von einem Wetterglaſe einzuſtekken, deſſen innere Höhle höchſtens eine Linie weit iſt. Dieſe Glasröhre iſt 5 Zoll lang und ſtekft einen Zoll im Stöpſel. Folglich geht ſie 4 Zoll aus der Buchſe hervor. Längſt ihr klebt man einen Papierſtreifen an, ſo man von einer halben Linie zur andern in Grade abtheilt, die man von unten anfängt von 5 zu 5 zu numeriren, ſo daß hier 5, 10, 15 u. ſ. f. in die Höhe gehen. Von auſſen muß dieſe Röhre wenigſtens viertehalb Linien im Durchmeſſer haben.

Die Stimmflöte iſt eine kleine Flöte, den rechten Ton der Orgel und andrer Inſtrumente anzugeben; von Eben, Buchsbaum, Elfenbein, oder anderm harten Holze, auf der Drehbank gemacht, ſo daß die innere Höhlung ſiebentehalb Linien weit, und der Cilinder oder Flötenkörper 5 Zoll 8 Linien lang iſt. Die innere Höhlung muß vollkommen gleich, glatt und gerade ſeyn. Der Aufſchnitt iſt fünftes halb Linien breit, und wie an einer gemeinen Flöte, die man in den Mund nimmt. Der Kopf der Flöte oder das Mundſtükk iſt faſt ganz ſpizz, und das Blaſeloch dars an eine Linie weit, und ſo wie dieſer Schnabel rund. Es wird an den Kopf ans geſchroben. In der Flötenröhre ſtekkt ein Stempel, deſſen äuſſerer Durchmeſſer um eine Viertellinie kleiner iſt, als die hohle Weite der Flöte. Sein Ende iſt 2 Zoll tief ausgehöhlt, von auſſen beſchält, um ein weiches Leder, ſo mit Seife beſtrichen, umzukleben. Solchergeſtalt geht der Stempel in der Flöte gedränge. Längſt dem Stempel zeichnet man die Töne von einer wohl geſtimmten Orgel.

Das Stimmhorn, von dem man groſſe und kleine hat, iſt ein meſſinguer Kegel mit ſtarkem Lothe gelöthet, und unter dem Hammer hart geſchlagen. Man muß ſie nicht drehen, denn ſonſt würden ſie zuruud ausfallen und ihre Dienſte ſchlecht thun. Aber ſie können auf der Drehbank polirt werden, und ſie werden rund genug, wenn man ſie mit dem Hammer hart ſchlägt. Die Höhe dieſer hohlen Kegel iſt von anderthalb Durchmeſſern der Grundfläche.

Die doppelten Stimmhörner ſind engere Kegel von Meſſing, eine halbe Linie dikk, mit hartem Lothe gelöthet, hart geſchlagen, aber nicht abgedreht. Die Stiele und das hohle Ende können gedreht werden. Der Leichtigkeit wegen wird alles hohl gemacht. Man hat an ſechs für alle Arten von Orgeln genug, und ſie müſ= ſen, ſonderlich die einfachen Stimmhörner, ſtark genug ſeyn, um nicht leicht vom Fal= len und Stoſſen Beulen zu bekommen. Das obere Ende der gedoppelten iſt alſo ein Kegel, in die Pfeife hinein zu ſtekken, um den Ton gröber zu machen; da das untere Ende einen hohlen Kegel von Meſſing in ſich hat, den man von auſſen auf die Pfeife aufſezzt, um das Zinn enger zu machen. Das untere oder hohle Kegelende hat inwendig etwas mehr Weite, als das obere Ende von auſſen hat.

Der

Der Seidenwisch ist gleichsam ein Pinsel von Seidenfäden an einem Eisen=
drate. Zu dem Ende nimmt man eine seidene Frange, deren Ende man um einen
Drat wikkelt. Man leimt sie an den Drat. Von diesen Plufeln hat man eine
Menge grosse und kleine nöthig.

Das Intonireisen ist gegen 10 Zoll lang, rund, wenigstens an beiden Enden
von ungehärtetem Stahle. Das eine Ende ist ganz dünne, lang und spitz, und
das grosse Ende flach, gerade abgeschnitten, an eine Seite zur Schneide gefeilt,
fast wie ein Meissel, und über einen Zoll niedergedrükft.

Der Schraubendreher ist ganz von Eisen, mit allem Fleisse geschmiedet,
14 Zoll lang, 6 Linien im Gevierten, gegen die Mitte von niedergeschlagnen Kan=
ten. Vorne ist ein Haken; am andern Ende gehen zwei kurze, parallele, senkrecht
stehende Griffe, welche rund sind, haben 6 Linien im Durchmesser, 14 Linien
Länge, und stehen 6 Linien von einander.

Der Ventilschaber ist ein Messingsdrat, einen Fuß lang, stark, geschlagen,
mit aufgeworfnem breiten, flachen und fast schneidendem Ende, wie eine Krükke
gestaltet.

Zwei kleine Handschraubenstökke, einer spitz, der andre mit gewöhnlichen
Bakken; wie auch grosse, 30 Pfund schwere. Ein paar Steinmeissel, eine eiserne
Kelle, und eine grössere zu 5 Pfund Zinn; Handhammer, Zangen u. s. w. Jeder
erfindet ausserdem Werkzeuge nach seinen Bedürfnissen, und das Gleßzeug wird
unten bei den Zinntafeln vorkommen.

Die Orgelstimmen. Diese sind eine Reihe gleichartiger Pfeifen, so gemei=
niglich auf einem und eben demselben Register stehen, und eine Folge von Tönen in
chromatischer Progression angeben. Mehrentheils gehen sie durch vier Oktaven,
obgleich einige Stimmen nur drei, oder zwei Oktaven u. s. w. haben; indem einige
nur tauglich sind den Baß, andre nur den Diskant nachzuahmen. Alle Orgelstim=
men können in Flöten= und Schnarrwerke eingetheilt werden.

Die Flötenstimmen heissen so, weil der Wind sie so anbläst, wie man mit
dem Munde eine gemeine Flöte angiebt. Eine solche Pfeife besteht wenigstens aus
drei Stükken, wenn sie von Zinn ist. Ihr cilindrischer oder kegliger Obertheil heißt
Körper; ihr kegliger Fuß ist es, mit dem sie im Pfeifenbrette stekkt und stehet.
Der Mund heiße Aufschnitt. Die niedergedrükkte Tiefe über der Mundspalte
heißt Oberlefze, und die kleinere flache Niederdrükkung unter der Spalte Unter=
lefze. Die in der Spalte queer durch die Pfeife durchgehende flache und vorne ge=
rade geschnittne Platte ist der Kern. Durch das untere Windloch des Pfeifen=
fusses tritt der Wind in die Pfeife ein. Zwischen dem vorne weggeschnittnen run=
den Kerne und dem Rande der Unterlefze entstehet eine kleine Oeffnung, durch
welche der Wind nach der Form dieser Platte geht, und den Rand der Oberlefze
erreicht.

erreicht. Des Kerns Vorderſeite iſt alſo flach, aber etwas ſchräge geſchnitten; der übrigen runden Seite deſſelben giebt man eine ſtumpfe Vorragung, um ihn be: quemer einzulöthen. Man löthet ihn aber an den Fuß der Pfeife an, und alſo kann der Wind aus dem Pfeifenfuſſe nirgends als vorne bei dem Abſchnitte des Kerns heraus fahren, weil der ganze Kern, bis auf dieſen Abſchnitt, an der Pfeiſe rings herum angelötet iſt. Endlich wird auch der Körper der Pfeife an dieſen Kern an: gelötet. Unten wird der Fuß der Pfeife enger geklopft, um mit dieſem Abſazz im Pfeifenſtoffe gedränge zu ſtekken. Dieſes und das Fußloch der Pfeife muß daher ſein gehöriges Windmaaß bekommen. Die Länge der Fuſſe trägt zum Ton nichts bei, als daß ſie zuviel oder zuwenig Wind zuläßt. Die Füſſe aller inwendigen Stimmen einer Orgel, die nicht ins Geſichte fallen, ſind gemeiniglich 8 oder 9 Zoll hoch.

Die Flötenwerke kann man in die Oktav= oder Grundſtimmen, und in die Veränderungsſtimmen eintheilen. Die lezzten theilen ſich wieder in die einfachen und zuſammen geſezzten. Alle dieſe Stimmen werden aus Zinn, Holz, oder Metall, d. i. Blei, dem man etwas weniges Zinn zur Steifigkeit und ſchärferm Klange zu: ſezzt, gemacht.

Die meiſten Oktavſtimmen ſind entweder offen oder gedakkt, d. i. oben ver: ſtopft mit einem Dekkel. Wenn ſie offen ſind, ſo heiſſen ſie gemeiniglich nach ihrer erſten und größten Pfeife. So ſagt man, eine Stimme von 8, von 16 Fuß, weil in dieſer Reihe der Pfeifen die erſte oder größte wirklich 8 Fuß u. ſ. w. hat. In Frankreich heißt indeſſen eine 4füſſige Stimme Preſtant, und eine 2füſſige Du: blette. Eine Stimme, die doppelt ſo groß, als eine andre iſt, klingt eine Oktave tiefer. So klingt ein 8füſſiges Werk eine Oktave tiefer, als ein 4füſſiges.

Der Preſtant (Principal) führt dieſen ſchönen Namen nicht wegen ſeiner vor: züglichen Harmonie, ſondern weil man alle andre Stimmen nach ihm ſtimmt, da er das Mittel zwiſchen den Baßtönen der größten und den feinen Diskanttönen der übrigen hält; er läßt ſich alſo am beſten auf einen gewiſſen Grad bringen, und fällt dem Ohre am bequemſten.

Indeſſen nimmt man ein 8füſſiges Werk zum Grunde und eigentlichen Ton einer Orgel an. Es akkordirt mit der natürlichen Menſchenſtimme und faſt mit allen Inſtrumenten, mit dem Flügel, Violoncel, mit der Baßgeige, Poſaune, Hautbois und der Flöte. Alle übrige Orgelſtimmen hat man ſich bloß zur Unter: ſtuzzung des Achtfußtons, und zur Nachahmung aller muſikaliſchen Inſtrumente, zu einem Ganzen ausgedacht. Dieſe vier Hauptſtimmen, nämlich 32, 16, 8 und 4 Fuß oder Preſtant, geben einer ganzen Orgel ihren Namen, und man ſagt von einer Orgel: es iſt ein 32füſſig Werk in der Fronte, oder ein 16, 8, oder 4füſſig Werk. Dieſe Stimmen kommen vorne in der Orgel, wenn man dazu

Plazz

Platz hat, und die Koſten aufbringen kann, zu ſehen; ob man gleich bisweilen aus Mangel des Platzes die Baßpfeifen, z. E. eines 16füſſigen, hinter der Fronte verſteckt, und nur von 8 Fuß an in die Fronte bringt, und alsdenn ſagt man: ein 8füſſiges Werk in der Fronte, mit einem 16füſſigen offnen inwendig; ob es gleich immer und in der That ein 16füſſiges Werk bleibt.

Von verſchloſſnen Pfeifen giebt es zweierlei: die ganz verſtopften (gedakkten) und die Rohrflöten. Die letztern ſind eine Mittelart zwiſchen den gedakkten und offnen. Die gedakkten geben jederzeit eine Oktave, d. i. um 8 Klavierklaves, tiefer als die offnen an, ob ſie gleich einerlei Höhe haben. So klingt eine verſchloſſne oder gedakkte 16 Fuß Pfeife eben ſo, wie eine offne 32füſſige; oder gedakkt 4 Fuß, wie 8 Fuß offen.

Alle gedakkte Stimmen heiſſen Bourdons, wenn ſie zu dem Grunde der Orgel gehören, und ſo gar die Rohrpfeifen. Bourdon heißt ſo viel als eine Brummpfeife, und alle dieſe Pfeifen klingen eine Oktave gröber, als ſie offen klingen würden, weil der Wind ihre Höhe durchſtreicht, aber wegen des Dekkels zum Aufſchnitte zurükk zu kehren gezwungen wird, und alſo die Pfeifenhöhe zweimal durchlaufen muß. Da die Rohrpfeife zum Theil offen, zum Theil zu iſt, ſo muß man ihnen faſt eben die Höhe geben, die Rohrhöhe mit darunter begriffen, als wenn ſie offen wären, weil ein Theil Wind durch das Rohr weggeht, und der andre Theil zum Aufſchnitte zurükk geht. Dieſer Rükklauf des Luftſtrome macht, daß man den gedakkten und den Rohrpfeifen einen gröſſern Aufſchnitt giebt (auskehlet), als die offnen bekommen. Ihre Spalte iſt alſo breiter. Die Gedakkten (Bourdons) bekommen gemeiniglich den Namen von ihrem Tone. So nennt man 16 Fuß Gedakkt, Bourdon von 32 Fuß, weil es eben ſo anſpricht, als 32 Fuß offen. Der kleinſte Bourdon iſt Gedakkt 4 Fuß, der dennoch wie 8 Fuß offen klingt.

Dieſe Grund- oder Oktavſtimmen der Orgel können bisweilen nicht vollſtändig ſeyn. So iſt es was ſeltenes, daß C 32 Fuß iſt, weil man an dieſer Stimme allezeit wenigſtens die vier erſten oder gröbſten Pfeifen, und oft bis neun wegläßt, theils weil ſolche groſſe Körper viel koſten, theils weil nicht immer Platz dazu in einem kleinen Orgelgehäuſe iſt, am meiſten aber, weil ſie eine groſſe Menge Wind verzehren, welche die Windlade ſogleich ausleeren würde. Daher giebt man ſie in die Pedalwindlade hin, welche viel gröſſer iſt. Eben ſo richtet man ſich mit den übrigen nach dem Platze, und es müſſen oft die ſchönſten hinter der Fronte ſtehen.

Die Veränderungs- oder Hülfsſtimmen heiſſen ſo, weil ſie gemeiniglich nicht in den Oktaven- oder Grundton der Orgel einſtimmen, ſondern davon die Quinte oder Terz angeben. Man nennt ſie auch zuſammen geſetzte, oder vielfache Stimmen, oder Mixturen, weil etliche Reihen Pfeifen auf einem und eben demſelben Regiſter ſtehen, und ein Klavis des Klaviers zugleich ihrer etliche auf einmal angiebt.

C

giebt.

giebt. So besteht die Mixtur (fourniture) aus drei bis sieben Reihen Pfeifen durchs ganze Klavier, als ob es sieben besondre Stimmen wären. Die Cornets haben immer fünf Reihen Pfeifen.

Alle Stimmen der Orgel theilen sich nach dem Zuschnitte; in den engen, mittlern und weiten Zuschnitt, nachdem der Ton gravitätisch oder nicht werden soll. Ich will eine Pfeife von jeder Stimme zum Grunde sezzen, deren Körper 6 Zoll hoch seyn soll. Soll diese Pfeife nach dem engen Schnitte, z. E. in Positiven, gemacht werden, so bekommt sie 6 Linien in der Weite (Durchmesser). Soll sie mittelmäßige Mensur haben und offen seyn, so wird sie 9 weit. Offen und nach dem weiten Zuschnitte giebt man ihr 12 Linien in der Weite. Ist sie gedackt, so bekommt sie 14 Linien Weite. Grosse Orgeln richten sich nach der weiten Mensur.

Kegelförmige Pfeifen, die an der Spizze dünne, und unten am Aufschnitte breiter werden (Spillpfeifen), klingen fast wie Rohrpfeifen. Gemeiniglich nimmt man sie in den Diskant des Nasard, wenn der Baß Rohrpfeifen hat, wie man jezzo in den Positiven zu nehmen pflegt. Doch besteht auch in guten Orgeln der Nasard ganz aus solchen Spillpfeifen. Der Nasard ist aber eine Zinnstimme, die gleichsam durch die Nase redet. Kegelförmige Pfeifen, die oben wie eine Trompete weit, und unten am Labio halb so enge ausfallen, sind nur gut zum Diskante für offnen Achtfuß, um sich in die Flöten zu mischen, wozu sie sich ungemein schön schikken.

In Frankreich sind folgende Flötenpfeifen (jeu à bouche) gewöhnlich: 32 Fuß offen, Bourdon von 32 Fuß; 16 Fuß offen, Bourdon von 16 Fuß; 8 Fuß offen, Bourdon von 8 Fuß; Grobnasard, Prestant, grosse Terz, Larigot (weite Flöte), Nasard, Dublette, Quarte von Nasard, die Terz, Mixtur, Cimbel, Cornet, Basse de Viole. Alle andre Orgelstimmen sind nur eine Wiederholung derselben unter neuen Namen und Mensuren.

Durch alle Stimmen hat das reine Zinn vor allem Blei und Zinnblei einen grossen Vorzug, weil Zinn einen schärfern Ton, mehr Harmonie und keinen Rost macht, ob gleich inwendig in der Orgel fast alle Füße aus Blei verfertiget werden; da alles Blei nicht nur einen weissen Rost (Bleiweiß) wie ein weisses Salz, theils von der Nässe des Mundes, theils von der blossen feuchten Luft, die der Blasebalg einpreßt, anlegt, so daß Bleipfeifen schon in einem Jahre an den Füssen und so gar in trokknen Stuben weiß und rauh angefressen erscheinen, und also mehr Wind ein-nehmen, oder durchlassen, folglich die Harmonie verderben; sondern auch in dem Munde dessen, der eine Pfeife zum Tonangeben in den Mund nimmt, ein schleichendes Gift ausbreitet. Sonderlich zernagt dieser zarte Rost die zarten Ränder der Lefzen und des Kerns, da doch diese Delikatesse den Ton allein macht. Endlich verbiegt sich eine Pfeife von Blei, oder von Bleizinn (ich werde diese Verfälschung,

die

die den Orgelbauern ſo viel Vortheil ſchafft, ſo nennen, ob ſie ihr gleich den Namen Metall [ſtoffe] geben,) beim Stimmen und Angreifen ſehr leicht, wodurch ihr Ton und Rundung verlohren geht; und daher müſſen manche betrogne Orgeln ſo oft geſtimmt werden.

Großnaſard iſt eine Hülfsſtimme von groſſem Zuſchnitte, ganz offen, und die Quinte zu Achtfuß. Seine größte Pfeife iſt 5 Fuß, 4 Zoll lang. Er geht durchs ganze Klavier. Man macht einige Pfeifen von Holz, das übrige von Bleizinn. Er giebt den großen Orgeln Nachdruck. Die groſſe Terz iſt offen und von weitem Schnitte, von Bleizinn, geht durch das ganze Klavier und giebt von dem Preſtant die Terz an. Zu ihr paſſet ein Bourdon von 16 Fuß gut. Ihre größte Pfeife iſt 3 Fuß, 2 Zoll. Der Naſard iſt offen, von weiter Menſur, Bleizinn, und geht durchs ganze Klavier. Er giebt die Quinte vom Preſtant, oder die Oktave des Großnaſards an. Dieſe Stimme kommt in groſſen und kleinen Orgeln vor, ſonderlich in Poſitiven, da ſie ein Rohr und engen Schnitt hat. Sein Diskant kann Spillpfeifen haben. Die größte Pfeife iſt 2 Fuß, 8 Zoll. Die Quarte von Naſard iſt offen, von Bleizinn, durchgängig, von weiter Menſur, und wird zu den Naſards und Terzen gezogen; ſie giebt die Quarte des Naſards von oben an. Die erſte Pfeife iſt 2 Fuß. Die Terz iſt offen, von weiter Menſur, von Zinn oder Zinnblei, durchgängig, und giebt die Terz von Zweifuß, oder die Oktave der groſſen Terz an. Ihre größte Pfeife macht 19 Zoll aus. Der Larigot iſt offen, eine Hülfsſtimme von weitem Schnitte, durchgängig, von Zinnblei, und ſpricht die Oktave vom Naſard, oder die Quinte von Zweifuß an. Dieſe Stimme iſt die feinſte und ſchikſt ſich nur zu Poſitiven. Die größte Pfeife iſt 16 Zoll. Die Mixtur iſt von enger Menſur, vom feinſten Zinne, durchgängig, drei oder ſiebenfach. Ihre zwote Reihe iſt die Quinte von der erſten; die dritte die Oktave der erſten; die vierte die Quinte von der dritten, oder Oktave der zwoten u. ſ. w. Die Cimbel iſt von enger Menſur, offen, vom feinſten Zinne, durchgängig, kleiner von Pfeifen, als die Mixtur, aber auch von vielen Reihen, ſo daß man in jeder Reihe die Pfeifen ſiebenmal wieder nimmt, da dieſes in der Mixtur (fourniture) nur dreimal geſchicht. Die zwote Cimbelreihe iſt die Quinte von der erſten, und zum Theil die Quarte; die dritte iſt eine Oktave höher als die erſte; die vierte wie die zwote, doch eine Oktave höher, und ſo bis zur neunten Reihe fort. Die Cimbel wird immer mit der Mixtur zugleich geſpielt, und die Grundſtimmen der Orgel müſſen dieſen vielreihigen Stimmen, die man plein jeu nennt, Harmonie und Richtigkeit verſchaffen, da ſie allein durch einander ſchreien. Das Cornet iſt von weitem Schnitte, von Bleizinn, fünfreihig, indem die erſte Reihe wie ein Bourdon von 8 Fuß; die andre wie der Diskant vom Preſtant; die dritte als Diskant von Naſard, oder als die Preſtantsquinte von oben; die vierte als die Quarte von Naſard; die fünfte als

der

der Terzdiskant klingt. Das Cornet verschönert aber nur den Diskant. Man setzt viele Cornets zugleich in eine grosse Orgel. Die Baßgeige (basse de viole), von Zinn, durchgängig, achtfüssig in der Längenmensur, in der Wette aber nach dem Prestant zugeschnitten. Sie stimmt mit dem Prestant ein. Die Schnarrwerke (jeux d'anche) klingen vermittelst eines Mundstüffs, oder Zunge. Diese geben den Orgelstimmen die größte Stärke und den meisten Glanz. Man kann sie mit den übrigen Instrumenten der Musik, als dem Basson oder Hautbois vergleichen, die ebenfals durch ein Mundstüff gespielt werden, welches man zwischen die Lippen nimmt, und ein Rohr mit einer Zunge ist, so frei spielt und ganz in den Mund gestekkt wird. Die Baßposaune, das Jagthorn, die Trompete u. s. w. haben auch ihre Mundstüffe, oder runden Aufsaz mit einer Vertiefung, statt der Zunge, um die Lippen anzusezzen. Hier sind die Trompete, das Clairon, das Cromorne (von den deutschen Orgelbauern in Krummhorn verwandelt) und die Menschenstimme. Neuere Schnarrwerke sind die Hautbois und die Sakkpfeife (musette). Das Regal ist in Kirchenorgeln nicht mehr Mode, sondern nur noch in den tragbaren Kästen (Leiern), weil es sehr klein ist. Alle Schnarrwerke sind von Messing und von einerlei Bau, und nur der Grösse nach verschieden. Zu einem Schnarrwerke gehört folgendes, z. E. eine grosse Trompetenpfeife, deren Untertheil in einer andern Röhre, so Büchse (boite) heißt, stekkt. Diese Büchse ist mit der cilindrischen Nuß zusammen gelöthet, in welcher das Mundstüff mit der Zunge durch einen hölzernen Keil befestigt ist; das Zungenblättchen wird von einer Dratkrükke mehr oder weniger an die Rinne angedrükkt; Nuß, Krükke, Keil, Zunge und Rinne gehören zum Pfeifenfusse, und sind darin gleichsam unsichtbar eingeschlossen; des Pfeifenfusses unterstes Ende ist kegelförmig dünner, um in den Pfeifenstokk besser zu passen. Das Mundstükk ist eine rundlich gestampfte Rinne von Messing, an einem Ende offen, stark von Metall. Diese Rinne wird von oben mit einer flachen Messingeplatte, deren Dikke groß ist, wenn die Rinne diff, lang und breit ist, genau als ein Schiebedekkel auf einem Kästchen bedekkt. Diese Zunge muß dikker seyn, wenn sie mit dem Hammer nicht sehr hart geschlagen worden, und so umgekehrt. Ganz gerade flach ist die Zunge aber nicht, denn sonst würde sie die Klappe die Rinne genau verschliessen, und der Wind würde sie daran genau andrükken; man macht sie also ein wenig aufgeworfen, oder bauchig-flach, und so findet der Wind vorne zwischen der Rinne und Zunge eine Oeffnung oder Spalte in die Rinne einzudringen, die Zunge zu erschüttern. Diese schnelle Schwingungen der Zunge geben einen feinen, und die langsamen einen groben schnarrenden Ton. Alles stekkt in der gegossnen Nuß im Pfeifenfusse feste. Die Krükke ist ein eiserner, wohl geschlagner Drat, oder ein Messingsdrat, dient zum Stimmen des Mundstukks, hat dazu oben eine Scharte, und ist unten auf der Zunge

Zunge wie eine kleine drükkende Feder umgebogen, um sich daselbst an das Mundstuk anzudrükken; sie stekt im Kerne feste, um nicht zu sinken, oder die Pfeife zu
verstimmen; und man schlägt sie tiefer auf die Zunge herab, wenn diese feiner, und
in die Höhe, wenn solche gröber klingen soll. Die Zunge wird also gleichsam dadurch kürzer gemacht und schwingt sich schneller, oder länger und schwingt sich langsam oder gröber. Die Krükke ist in grossen Pfeifen dikke, in kleinen dünner. Wenn
nun die Pfeife, die über dem Mundstükke steht, wie ein Kegel, oben breit, unten
schmal ist, so wird der Ton des Mundstüks, wie in den Sprachröhren, lauter.
Ist sie cilindrisch, so wird der Ton nicht so stark; ist der Kegel oben enger als unten,
so klingt das Mundstük sachter. Zugleich wird der Ton trompetenmäßig oder anders. Diese Pfeifen sind in der Posaune, Trompete und dem Clairon keglig, und
also die lautsten der Orgel, aber von einerlei Bau, nur daß die grossen Pfeifen eine
viereckige Nuß und Büchse, die mittlern runde Nüsse und einen Ring, und die
kleinen eine runde Nuß ohne Ring haben. Der Ring ist von Blei, und hindert
am Obertheile des Pfeifenfusses, daß die Nuß und die Pfeife in den Fuß nicht zutief
hinab sinken möge. Der Ring ist von oben herab für den Weg der Krükke gespal-
ten, und kommt in der zwoten Oktave der Trompete, und der ersten des Clairons
vor. Die Pfeife des Cromorne ist enge und cilindrisch, an ihrem Unterende ist ein
Kegel, und an dessen Spizze wird die runde Nuß angelötet. Die Menschenstimme
ist wie der Cromorne gebaut, aber oben halb offen, um nicht so zu schreien. Ihre
Pfeifen sind klein; die erste ist 6 Zoll, und oft nicht einmal so lang. Die Hautbois
ist keglig, oben weiter, stekt in einem noch engeren Kegel, beide werden zusammen
gelötet. Ein dikker Ring füllt den Fuß aus. Der Dudelsak (musette) ist ein
oben dünner Kegel, der sonst ganz enge ist.

Die Posaune ist ein 16fussiges Schnarrwerk, so mit 16 Fuß offen überein-
stimmt. Alle Pfeifen sind keglig, oben weiter, von feinem Zinne, und klingen
am lautsten, gehen durch das ganze Klavier, und werden oft in grossen Orgeln durch
ein drittes Klavier gespielt; oder man nimmt sie ins Pedal. Die Trompete ist
von 8 Fuß, keglig, von feinem Zinne, klingt eine Oktave höher als die Posaune,
und wie 8 Fuß offen, ist prächtig, durchgängig. Grosse Orgeln bekommen gar drei
Trompetenregister in einerlei Klavier, oder im Pedale. Das Clairon ist 4 Fuß,
von feinem Zinne, vollkommen wie die Trompete gebaut, aber eine Oktave höher,
durchgängig im Manual oder Pedal. Der Cromorne ist cilindrisch, von 4 Fuß,
und klingt wie die Trompete 8füssig; man macht ihn von feinem Zinn, durchgängig, meist in Positiven und Zimmern. Die Menschenstimme ist von Zinn,
durchgängig, von kurzen Pfeifen, von 8 Fuß Ton, und jeder künstelt daran nach
seinem Geschmak, ob man gleich die Menschenstimme selten gut trifft. Die Hautbois keglig, von feinem Zinne, klingt mit dem Trompetendiskante einstimmig und

macht

macht eine gute Harmonie. Die Musette hat verkehrte Kegel, wird von feinem Zinne gemacht, und geht in Orgeln oder Positiven durch das ganze Klavier, klingt 8füßig, und ist nur 4 Fuß. Der Ton ist schwächer, als im Cromorne, und diese Stimme ist in Frankreich noch wenig bekannt. Das Regal war die erste Erfindung von Schnarrwerken, man hat es aber wegen seines Hammelgeblökes, ob man es gleich vor Freuden Königsstimme nannte, bei bessern Schnarrwerken abgeschafft. Eisenblech dient zu keinem Schnarrwerke, weil der Rost alles verdirbt.

Unter dem Worte der Mensur, oder des Diapason, so eine Tonfolge im Griechischen bedeutet, verstehet man die Progression oder Folge der Töne einer Oktave, oder das Maaß der Oktavtöne (la gamme), d. i. des vom Aretin erfundnen Ut, Re, Mi, Fa, Sol, La, bei den Solmisirern. Die Orgelbauer verstehen unter dieser Mensur die Maasse für jede Pfeife, oder ihren Zuschnitt, indem jede Stimme ihre wesentliche Mensur verlangt, wornach ihre Pfeifen proportionirt werden. Es ist nicht wohl zu leisten, daß man durch Hülfe der Geometrie die Gradation in der Abnahme der Dikke der Pfeifenmaterien finden könnte, weil alle Pfeifen vollkommen rund, genau cilindrisch seyn müssen, da das einzige Mittel, einer Pfeife ihren rechten Ton zu geben, darauf beruht, daß man ihr Oberlod enger oder weiter, das Fußloch enger oder weiter für den Wind, die Oberlefze grösser oder kleiner macht, es hinein oder heraus drükkt, den Kern tiefer oder höher stellt u. s. w. Alles dieses aber ändert in der geometrischen Gradation das gehörige Maaß und verdirbt die Harmonie; selbst wenn man eine Pfeife, die um eine Oktave höher werden soll, um die Hälfte kürzer und enger machen wollte. Folglich muß man sich an die Erfahrungen der besten Orgelbauer halten.

Das gedoppelte Hauptmaaß einer jeden Stimme von Zinn oder gemischtem Zinne beruht auf der Länge und Breite einer Zinnplatte, welche man auf ihrer hölzernen Form rundet. Die chromatische Tonleiter besteht aus 12 Halbtönen, nämlich C, Cis, D, Dis, E, F, Fis, G, Gis, A, Ais, (B) H, C; oder Ut, Ut ✕, Re, Mi b, Mi, Fa, Fa ✕, Sol, Sol ✕, La, Si b, Si, Ut. Und so heissen auch alle Tasten oder die Klaves des Orgelklaviers, so wohl im Manual, als Pedal, so wie an jedem Klavier oder Flügel. Das Klavier besteht aus vier Oktaven (gammes). Die erste nennt man die von der linken Hand anfängt; die folgende wird die zwote genannt, und es folget die dritte und vierte Oktave, welches rechter Hand das Ende des Klaviers bestimmt. Um also die Tasten zu unterscheiden, sagt man das erste C, das andre C, das dritte C u. s. w. indem jede Oktave aus 7 Tasten besteht, und jede Oktavtasten immer einerlei Namen den Tasten geben, da in der diatonischen Leiter 5 ganze und 2 halbe Töne auf einander folgen. Die weissen halbgespaltnen (feintes) Tasten, die zwischen diesen liegen, führen den Endnamen von is vermöge des beigefügten Doppelkreuzes, oder des Endnamens von es, oder B moll,

z. E.

z. E. Cis, Dis u. s. w. oder B, Fes, Ces. Die Pfeifen führen eben diese Namen, als die Tasten, z. E. das erste C im Gedakft 8 Fuß.

Um die Pfeifen einer Stimme nach ihrer gehörigen Mensur zuzuschneiden, muß man dreierlei wissen, nämlich die Länge und Breite der ersten oder größten Pfeife in dieser Stimme; bloß die Breite der kleinsten oder letzten; die Verhältnisse ihrer Oktave, Quarte und Quinte. Was diese Verhältnisse der Oktave, Quarte und Quinte betrifft, so hat man folgendes zu beobachten. Die Oktave verhält sich, wie 1 zu 2, d. i. ist eine Pfeife halbmal kürzer, als eine andre, so klingt sie eine Oktave höher, d. i. feiner. Z. E. In der Dublette von 2 Fuß ist das erste C 2 Fuß lang, folglich bekommt ihre zweite C Pfeife in der zweiten Oktave nur einen Fuß Länge. Das Verhältniß der Quarte ist wie 3 zu 4, d. i. wenn eine Pfeife Dreiviertel Länge von einer andern hat, so klingt sie die Quarte oben, oder höher. So ist in der Dublette das erste oder unterste C 2 Fuß, dessen Quarte F aber nur Dreiviertel von 2 Fuß, d. i. 18 Zoll lang. Das Verhältniß der Quinte ist wie 2 zu 3, d. i. wenn die erste Pfeife 2 Fuß Höhe hat, so muß ihre fünfte oder Quinte, nämlich G, Zweidrittel von 2 Fuß, d. i. 16 Zoll lang werden. Hier folget eine Tabelle von der Länge einer Oktave, um zur Mensur zu dienen.

C ist bekannt.

F oder die Quarte bekommt Dreiviertel von C.

G oder die Quinte ist Zweidrittel von C.

D oder die absteigende Quarte ist Vierdrittel von G.

A oder die Quinte ist Zweidrittel von D.

E oder die absteigende Quarte ist Vierdrittel von A.

B oder die Quinte ist Zweidrittel von E.

B b oder die Quarte ist Dreiviertel von F.

E b oder die niedersteigende Quinte ist Dreiviertel von B b.

G x oder die Quarte ist Dreiviertel von E b.

C x oder die absteigende Quinte ist Dreiviertel von G x.

F x oder die Quarte ist Dreiviertel von C x.

Nach dieser Vorschrift ziehet man sich eine Linie, welche man mit dem Zirkel eben so abtheilt, und durch alle vier Oktaven absticht. Will man nun eine Stimme von 4 Fuß haben, so nimmt man die Totallängen der Dublette, oder des Zweifuß, gedoppelt. Will man ein 8 Fuß Werk haben, so nimmt man die ganze erste Oktave von 4 Fuß doppelt, und so bis 32 Fuß fort. Dieses ist eine Generalregel für alle Stimmenmensuren. Man darf also nur eine Oktave abtheilen, welche man will, und zwar nach den gedachten drei Verhältnissen. Hernach theilt man jede Länge dieser Oktave in zween gleiche Theile, um die folgende auffsteigende oder höhere Oktave zu bekommen. Diese theilt man wieder, um die noch höhere zu haben. Die ab-

steigen=

ſteigenden Oktaven zu finden, nimmt man alle Längen gedoppelt. Man muß aber erſt jederzeit mit einer gewählten größten Pfeife anfangen.

Eine einzige Linie giebt auch die Weite der Pfeifen an, und dazu darf man nur die Weite der erſten und lezzten Pfeife haben. Die erſte Pfeife oder C der Dublette iſt 2 Zoll, 1½ Linien im Durchmeſſer, d. i. ſie iſt 2 Zoll, 1½ Linien weit; das fünfte C oder die feinſte Pfeife muß 3¼ Linien im Durchmeſſer halten. Hier kommt es nur darauf an, daß man die Circumferenzen dieſer zwo Pfeifen findet. Jeder Durchmeſſer des Zirkels verhält ſich zu ſeiner Peripherie oder Circumferenz, wie 100 zu 314, d. i. wenn der Durchmeſſer 100 Linien hat, ſo hat der Umkreis 314 Linien. Und nun ſchließt man nach der Regel de Tri: Wie 100 zu 314, ſo 2 Zoll und 1½ Linien, d. i. die Weite des erſten C der Dublette, zu der noch uns bekannten Peripherie. Man verwandelt alſo die 2 Zoll, 1½ Linien in 51 halbe Linien, welche man mit 314 multiplicirt, ſo bekommt man 16014, davon man die zwo lezzten Zahlen abſchneidet, nämlich 14; ſo bleiben 160 Halblinien, oder 80 Linien, oder 6 Zoll, 8 Linien zur Peripherie der C Pfeife. Um die Weite des fünften oder lezzten C zu haben, ſo verwandelt man ſogleich (um die Brüche zu ver= meiden) ihren Durchmeſſer, d. i. 3¼ Linien in Viertellinien, d. i. in 15 Viertel= linien. Nun ſagt man: wie 100 zu 314, ſo dieſe 15. 314 mit 15 multiplicirt giebt 4710, davon die zwo lezzten Ziffern 10 abgeſchnitten, 47 Viertellinien blei= ben. 47 Viertellinien machen 11¾ Linien zum Pfeifenumkreiſe. Beide Weiten werden als ein rechter Winkel zuſammen geſezzt.

In der Naſardquarte iſt das erſte C 2 Zoll, 8 Linien im Durchmeſſer weit, und 22 Zoll, 10 Linien als ein Werk von 2 Fuß, aber weitem Schnitte, lang: die lezzte Pfeife C iſt 5 Linien weit. Im 32 Fuß, offen und von Zinn, iſt z. E. F 24 Fuß lang, 3 Fuß, 11 Zoll weit. Im Preſtant iſt der Durchmeſſer des erſten C 3 Zoll, 6 Linien, der Durchmeſſer des lezzten C 5 Linien. In den viereckigen offnen Holzpfeifen iſt das erſte C von 32 Fuß inwendig 16 Zoll, 4 Linien, ſein lezztes F 1 Zoll, 11½ Linien. Das erſte C von 16 Fuß iſt inwendig 10 Zoll, 7 Li= nien, das lezzte F 1 Zoll, 10½ Linien. Das erſte C von 8 Fuß inwendig 6 Zoll, 3 Linien, das lezzte F 1 Zoll, 10½ Linien. Das erſte C von 4 Fuß inwendig 3 Zoll, 6¼ Linien, ſein lezztes F 1 Zoll, 10½ Linien. Bei den Mundſtükken iſt, wie die Orgelbauer ſagen, eine Trompete von 6 oder 4 Zoll. Sie verſtehen darunter eine Trompete, deren erſtes C an ihrem weiten Ende 6 oder 4 Zoll Durchmeſſer hat. Indeſſen gehöret noch dazu die rechte Proportionirung des untern Ende, der Nuß u. ſ. w. Man gießt jederzeit in den Schnarrſtimmen die Nuß von Blei, oder ſo genanntem Probezinn, und die Ringe von Zinn; das Blei verzehrt ſich aber, und ſo verrükkt ſich das Mundſtükk in der Nuß leicht, da Blei nachgiebt. Folglich wären Nuſſe von Zinn beſſer.

An einer Orgel erscheint von aussen das Orgelgehäuse von zierlicher Tischler-
arbeit, Zierrathen, oder Bildhauereien, grosse polirte Paradezinnpfeifen (montre).
Inwendig ist die Windlade das Hauptstükk. Auf dieser Windlade (sommier) stehen
die Pfeifen, und aus ihr wird der Wind den Pfeifen ausgetheilt. Die vornehmsten
Theile der Windlade sind, der Windkasten (la laye), die Cancellen (gravures)
und die Register. Der Windkasten ist das Behältniß des Windes, und dieser
Windkasten begreift die Klappen (soupappes, Hauptventile) mit ihren Federn.
Die Cancellen sind hohle Kanäle, oder hohle Holzfugen nach der Breite der Windlade, deren vorderes Ende in dem Windkasten durch eine der Klappen zugeklappt
wird. Es sind so viel Klappen, als Ausschnitte (Cancellen). Die Register sind
bewegliche Schieber oder Lineäle, laufen nach der Länge der Lade, und lassen durch
ihre Löcher, wenn man sie aufschiebt, in die Pfeifen den Wind, vermittelst vierekkiger Zapfen, die man Züge nennt, und an beiden Seiten des Klaviers mit ihren
Knöpfen herauskommen. Diese Züge theilen ihre Bewegung den pilotes tournans,
diese den Balanciers, und diese den Registern mit, an denen sie angehängt sind.
Dadurch öffnet der Organiste seine Stimmen. Wenn er die Orgel spielen will, so
zieht er die ihm beliebigen Stimmenregister aus, schlägt die Klaviertaste mit dem
Finger an; diese Tasten ziehen die Klappen in der Windlade vermittelst der Kuppel
(abregé) nieder, so die Bewegung der Tasten bis zur Klappe fortführt; der Wind
tritt in die geöffnete Cancelle und spricht die Pfeife an.

Unweit der Orgel, aber so nahe als möglich bei derselben, befindet sich das
Bälgengehäuse mit einigen grossen Windbälgen, deren es 2 bis 14 nach der Grösse
der Orgel giebt, und die von einem oder zween Bälgentretern die ganze Zeit des
Orgelspiels über niedergetreten werden, um die Windladen mit hinlänglichem Winde
zu versehen. An einigen Orgeln befindet sich noch hinter dem Rükken des Organisten
ein Rükpositiv mit seiner eignen Windlade, mit seinen Pfeifen, und es bekommt
sein besondres Klavier.

Von Klavieren hat man von einem bis fünfe, jedes von besondrer Bestim-
mung. Das Fußklavier heißt Pedal, welches seine besondre Windladen und Pfeifen
bekomt. Jedes Klavier hat seine Windladen, oder wenigstens seine eigene Klappen. Die Klaviere lassen sich jedes für sich, aber auch zwei bis drei auf einmal
spielen.

Am Orgelgehäuse komt unten das Getäfel oder die verzierte Wand (le
massif) vor, in welche man das Fenster für die Klaviere sezt; das übrige Getäfel
besteht in Bretterausfüllungen mit Spiegeln und andren Zierrathen. Ueber diesem
Getäfel erscheint am Orgelgehäuse (le buffet) ein Karnies, darunter ein Fries und
Architrab quer durch die ganze Fronte, oder doch abgebrochen. Die Friesbretter
sind gemeiniglich beweglich, um zu den Windkasten der Windladen kommen zu

D   können.

können. Ueber diesem Gebälke richtet man ein anderes Werk von Tischlerarbeit auf, dessen Façade man durch und durch sehen kann. Man nennt die daran stehenden Reihen stehender Pfeifen in der Fronte, wenn sie in Form halbrunder Säulen wie kleine Pfeifenthürme hervor springen, und aus den höchsten Pfeifen bestehen, Tourelles. Die dazwischen stehenden flachen Pfeifenreihen heissen Platesfaces. Alle durchbrochne Bildhauerstükke, oder auch die ausgefüllten, so die linke Seite der Frontpfeifen zu unterstüzzen dienen, heissen Clairs-voirs. Unter den Pfeifenthürmen sind allerlei Statüen oder andre Zierrathen, als scheinbare Träger derselben angebracht. Ueber jedem Thurme oder Pfeifenaufsazze liegt gemeiniglich ein eben so rund-gebognes Gebälke von Architrab und Karnies, nebst Bildhauerarbeiten. Die flachen Zwischenfelder oder flachen Pfeifenreihen werden obenher mit verzierten und ausgebognen Laubwerken bedekkt. Von hinten und den Seiten ist das ganze Orgelgehäuse mit Tafelwerk verschlossen.

Die vornehmsten Stükke der **Hauptwindlade** sind der vierseitige Rahmen (chassis), der ganz mit Queerstangen ausgefüllt ist. Die zwo gegen einander über liegenden Seiten des Rahmens heissen dessen Flugel (battants), und sind voll Zapfenlöcher (denticules), in welche man die Queerstangen (barres) enge einfügt und einleimt. Diese Queerstangen sind hölzerne Leisten, die so breit, als die Flügel und Queerhölzer dikk sind, d. i. 2 bis 3 Zoll. Ihre Dikke ist so verschieden, als ihre Breite. Der Rahmen wird an den vier Ekken durch gedoppelte Zapfen befestigt. Jeder Zwischenraum zwischen den Queerstangen heißt Cancelle (gravure). Diese Räume oder Ausschnitte bekommen verschiedene Breiten. Wenn dieses Gitter oder Rost fertig ist, so belegt und beleimt man es mit einer Tafel von etwa 4 Zoll dikk, welche aus mehrern Stükken besteht, und deren Holzfäden nach der Länge der Lade und nach der Queere der Queerstangen und Cancellen laufen. Man leimt sie auf die Queerstangen und befestigt sie noch daran mit kleinen Kopfnägeln von Eisendrat, die an den Fugen zwo solche Reihen bekommen. Alle Stifte müssen in die Queerstangen eingreifen; und hier muß alles genau anschliessen, weil sonst der Wind aus einer Cancelle in die andre geht, und ein Geheule in der nächsten Pfeife macht (emprunt). Wenn die Tafel recht befestigt ist, so kehrt man die Lade um, um die Ausschnitte oder Cancellen mit Leim auszugiessen, indem man vier oder fünf Ausschnitte mit recht heissem Leime anfülle, und diesen bald darauf wieder ausgießt, indem man die Lade wieder umkehrt. Dieses macht man mit allen leeren Zwischenräumen oder Cancellen so. Ist die erste Lage Leim recht troffen geworden, so giebt man ihnen eine zwote Leimlage. Endlich behobelt man die ganze Tafel mit dem Schlichthobel, und man leimt und nagelt hierauf die falschen Register daran feste. Dieses sind hölzerne Lineäle, etwa 3 Linien dikk und einen Zoll breit; die falschen Register, so auf die Flügel des Rahmens kommen, sind breiter als die andern,

und

und alle sind so lang als die Lade. Die Löcherchen auf der Tafel, über und gegen über den Cancellen zwischen jedem falschen Register, werden mit einem Meisselchen des Trillbohrers ausgeschnitten, man nimmt alle Späne aus dem Lochrande weg, und man legt die Register auf.

Der Pfeifenstokk (la chape) ist einen Zoll dikk und so lang als die Lade; seine Breite ist so groß, daß es von der Mitte des einen falschen Registers zur Mitte des nächsten falschen Registers geht, und man braucht so viel Pfeifenstökke, als Register sind. Folglich berühren sich alle Pfeifenstökke einander. Wenn man sie auflegt, so sieht man von den falschen Registern und Registern nichts mehr, als ihre lange vorragende Enden. Man befestigt die Pfeifenstökke an den Registern mit gewöhn= lichen Nägeln, die man an ihren Köpfen mit einigen runden Lederscheiben futtert (clous à chape) und einen Fuß weit von einander einschlägt. Die Register lassen sich zwischen der obigen Tafel (Fundamentbrett) und den Pfeifenstökken verschieben, ohne daß sich das Pfeifenbrett im mindesten verrükkt. Nun kehrt man die Lade um, mit dem Pfeifenstokke unten, und man bohret die Löcher der Register und Pfeifenstökke. In jedes gebohrte Loch wird sogleich ein passender Zapfen gestekkt; man bohret alle Registerlöcher. Der Zapfen dient, daß sich das Register im Boh= ren nicht verrükken möge. Nun wird die Lade umgekehrt, die Pfeifenstökke oben, man bohret einige Löcher, die es seyn sollen, grösser, weil grosse Pfeifen mehr Wind verlangen, als kleine, und einige Löcher werden vierekkig gemacht.

Nun werden die Register und Pfeifenstökke weggenommen, man kehrt die Lade um, so daß sie auf dem Werktische mit den falschen Registern unten liegt, und nun leimt und kerbt man in die Cancellen die zwo Reihen von Stegen (flipot, Leiste) ein, welche die Queerstangen und die Schwänze der Klappen tragen, und also ein Theil sind, der zum Windkasten gehört. Wenn alle Leisten aufgeleimt und trokken sind, behobelt man alle Queerstangen, den Rahmen und Stege mit dem Schlicht= hobel, man leimt, sonderlich auf den Klappenkopf, Pergament, so man gerade ho= belt und von der ganzen Grösse der Cancellen wegschneidet, so die Klappen bedekken sollen, und man läßt das Pergament nur noch auf den Queerstangen, auf den Ste= gen und den Rahmenflügeln stehen. Es wird dergestalt aufgeleimt, damit die Klap= pen an die Cancellen desto besser anschliessen mögen. Die Klappenköpfe sehen vorne nach dem Windkasten, und die Klappenschwänze nach dem Hintertheile desselben.

Auf die Fläche aller Klappen, welche an die Oeffnung der Cancellen anschließt, d. i. unter allen Klappen leimt man ein gedoppeltes weisses Leder, länger als einen Zoll, an dem Schwanzende. Ein anderes Stükk kommt über den Schwanz, um denselben fester zu machen. Beim Lagern der Klappen an ihren Ort leimt man die= ses übermäßige Leder an den Leisten an. Die Klappen sind allezeit etwas länger und breiter als die Oeffnungen der Cancellen, um solche genau zu verschliessen.

Zwischen jeder Klappe siehet man den Klappendrat (les guides), oder Stifte ohne Kopf von hartem Messingsdrate, damit die Klappen sich nicht von einer Seite zur andern verschieben, ohne sie im Oeffnen und Schliessen zu hindern. Ausserdem müssen einige Stifte von Eisendrat, an denen unten ein Knie mit einem Keile ist, die Zugänge oder Schlußzapfen des Windkastens feste machen, und dieses geschicht sowohl vorne als hinten am Windkasten. Dagegen brauchen einige eiserne Haken, um die Schlußzapfen des Windkastens feste zu halten.

Die Beutelchen (bourfettes, Pulpeten) werden aus gutem weissen Leder gemacht, und endigen sich in kleine Ringe von Messingsdrat. Man sieht eine Ruthe mitten durch das Beutelchen hervor gehen. Dieser Cilinder oder Ruthe, der durch das Beutelchen geht, heißt Ostier, und durch ihn gehet wieder ein Drat mit dem Ringe, der den Cilinder im Beutelchen feste hält. Beide heraus gehende Enden des Cilinderchen werden mit Leim bestrichen. Unter jedem Beutelchen ist ein Loch in der Tafel, um demselben zur Form zu dienen, wenn man es macht. Man steckt das Leder mit einem Hölzchen in diese Höhlung, und man leimt rings herum das übrige des Leders an. Ist dieses trocken, so ziehet man das Säkkchen in die Höhe, welches nun fertig ist. Unten macht man das Loch, des Reibens wegen, weiter.

Die Ruthe gehet also mitten durch das Leder des Säkkchen oder jeder Pulpete, und der Messingsdrat mitten durch die Ruthe. Der Kopf der Klappe kann niedergehen, wenn man will, und unter ihm liegt, statt eines Gelenkes, eine Feder von Messingsdrat zu zween Schenkeln gewunden, deren einer unten in der Klappe feste stekt, indessen daß der andre Schenkel auf dem Stege in einer eingesägten Fuge stekt. Gegen den Kopf der Klappe zu erscheint ein S von geschlagnem Messingsdrat, so am Ringe oben, und unten am Ringe der Ruthenhaube eingehakt ist. Wenn also die Ruthe durch Anschlagung des Klaviers zwo oder drei Linien herab gezogen wird, so biegt sich das Säkkchen und wird an seiner obern Fläche platt, und weil es vermittelst des S Hakens an der Haube der Ruthe und dem Klappenringe angehakt ist, so macht die Klappe im Niedersinken eine ansehnliche Oeffnung, der Wind tritt in die Cancelle, füllet deren Inhalt aus, verwandelt die in der Cancelle befindliche schlafende Luft in Wind, und bläset, wofern ein Loch über der Cancelle offen ist, die Pfeife an, deren Registerloch aufgezogen worden.

Eine jede Klappe ist ein dreiekkiges Holz, mit schneidendem Rükken, hinten am Schwanze schräge weggeschnitten, und am Rükken ist eine kleine Fuge eingestossen, um den einen Schenkel der Feder einzunehmen. An allen Registerstangen sind Keile, wie weit man sie öffnen könne. Wenn man keinen Platz hat, grosse Pfeifen auf den Pfeifenstoff oder die Lade zu stellen, welches die Franzosen, auf ihren Wind stellen, nennen; so bringt man sie ein Ende von der Lade weg auf ein Brett, welches sie trägt, indessen daß man ihnen den Wind aus der Windlade

durch

durch Conducte oder Windleitungen (porte-vents), welches zweimal gebogne hölzerne verschloßne Rinnen sind, zuführt, und sie mit Werg und Leim vorne auf dem Loche des Pfeifenstockes, und hinten auf dem fremden Brette (piece gravée) befestigt. Und hier geben die ausrangirten grossen Pfeifen ihren Ton so gut an, als ob sie senkrecht auf ihrer Lade stünden.

Aus der bisherigen Detaillirung der einzelnen Theile einer Windlade siehet man, daß die Cancellen von vorne nach hinten queer durch die Lade gehen, daß sie hohle Windleitungen sind, deren Vorderende durch die Klappen, und das übrige Stück von oben durch die Ladentafel, und unten durch ein aufgeleimtes Pergament verschlossen wird. Hingegen laufen die Registerstangen und Pfeifenstöcke von der linken gegen die rechte Hand längst der Lade und queer über die Cancellen weg. Und so stehen auch die Reihen Pfeifen auf den Pfeifenstöcken, indem jeder Pfeifenstock, ob er gleich oft wie die Lade vier Abtheilungen bekommt, eine ganze Stimme trägt. Alle Löcher passen auf die Cancellen, und z. E. jedes erste C von jeder Stimme paßt auf eine und eben dieselbe Cancelle, alle ersten D auf eine andre Cancelle u. f. w. So stehet das erste C vom Bourdon, Prestant, Nasard, Doublette, Terz auf einer und eben derselben Cancelle u. f. w. Wenn nun alle Register zugestoßen werden, so stehen die correspondirenden Löcher der Register nicht mehr gerade auf den Löchern des Pfeifenstoffs und der Ladentafel, sondern sie deKKen sie zu, und also muß der Wind bloß im Windkasten bleiben. Schlägt man aber eine Klaviertaste an, so zieht man die Ruthe eines Säkkchens (Pulpete) und also auch eine Klappe nieder, und nun geht der Wind in die geöffnete Cancelle, er kann aber kein Loch zur Pfeife offen finden über der Cancelle, und also hauset er vergebens darin, so lange bis man ein Register aufziehet, und also die Löcher zur Pfeife öffnet. Um die Federn im Windkasten heraus zu nehmen, bedient man sich bei niedrigen Läden, wo man mit der Hand nicht zukommen kann, eines steifen Eisendrats, dessen ein Ende wie ein Ring, und das andre wie eine Krükke umgebogen ist.

Die Windlade der Positive hat den Windkasten über den Queerstangen (barres), dahingegen der Windkasten an den grossen Windläden der Orgeln unterhalb den Queerstangen liegt. Das Orgelklavier bestehet aus seinen Tasten, die man mit den Fingern im Spielen niederdrükkt, und man hat bisweilen fünf Klaviere über einander. Die Tasten (touches) sind ganz (lang) oder kurz (feintes) zu den Doppelkreuzen (dieses) und B molls. Die eisernen Stifte sind besser von Kupfer, und stekken als Gelenke (Tastenleiter, guides) in einem Queerholze unter den Tasten. Dieses Queerstück trägt die Stifte und läßt die Tasten nicht zutief sinken; damit sie nicht im Spielen rasseln, so leimt man einen Streif Tuch auf diesen Steg. Die beiden Seiten des Klavierrahmens heissen Rahmenarme, oder Flügel, und in diese ist die Hinterwand eingefalzt, worin eine Rinne den Tastenschwänzen ein freies Spiel

D 3 läßt.

läßt. Einige Zwekke halten die Stiele der Taften in ihrem Fugengeleife. Mitten an der Länge der Taften erscheinen die vernieteten Ringe, an die man das Ziehwerk anhaft. Die halben Taften werden mit Elfenbein, und die ganzen mit schwarzem Ebenholze, Zukkerkiftenholze, Pflaumenholze u. f. w. belegt, und an den Seiten der Taften wird das Holz ein wenig schräge bestoffen. Das unterste längste Klavier heißt das Positivenklavier; über ihm liegt das grosse Orgelklavier, das dritte ist für das Solo (le recit), das vierte heißt Echoflavier; jedes liegt in seinem besondern Rahmen. Die Koppelung der vielen Klaviere verlangt eine besondre Unterlage von Schiebern, die ich hier weglasse. Das Fußklavier (Pedal) wird mit den Füssen getreten, um die Klappen der Pedallade zu öffnen, und bekommt fast einerlei Einrichtung, als das Manual.

Das Wellenbrett mit seinen Drehwellen heißt im Französischen l'abrégé, weil es die Länge der Windlade gleichsam bis zur kürzern Klavierlänge verkürzt oder herab sezzt, da das Klavier gemeiniglich nur 2 Fuß, und eine grosse vierfache Lade bis 25 Fuß lang und darüber ist; demungeachtet gehet doch das Zugwerk oder die Abstraften senkrecht bis zu den Klappen einer und eben derselben Windlade hinauf. Die untern Abstraften (vergettes inferieures) gehen bis zum Klavier hinauf. Diese Abstraften sind schmale Streifen Holz, bis 4 Linien breit und 1 Linie diff, an beiden Enden mit einem Stükkchen Messingsdrat versehen, um sie damit anhängen zu können. Die obern Abstraften hängen mit den untern vermittelst beweglicher Wellen zusammen. Diese Wellen sind achtekkige Holzwalzen, einen Zoll diff, und haben an jedem Ende einen Zapfen von Messingsdrate, um die sich die Wellen drehen. Noch haben diese Drehwellen zween kleine Arme von dikkem Eisendrate, die bis an 3 Zoll lang sind (fers d'abrégé), und ein kleines Loch am Ende, um sich in den Messingsdrat, der am Ende der Abstraften ist, einzuhaken. Das eine Ende des Eisens ist flach und durchlöchert. Die Wellen stekken mit ihren Zapfen in den Pfannen, die am Wellenbrette von Holz und eingeleimt sind. Einige ziehen die kupfernen Pfannen den hölzernen vor. Wenn also eine Taste des Klaviers niedergedrükkt wird, so sinket ebenfalls seine untere Abstrafte, und das Eisen der Wellen mit der Welle und der obern Abstrafte, und der Pulpete und Klappe nieder, und die Pfeife tönt.

Das Wellenwerk (abrégé) besteht nicht allezeit in hölzerne Wellen; man macht es in sehr kleinen Orgeln von Eisen, und selbst in grossen Orgeln, wenn man nicht Plazz genug für die hölzernen Wellen hat. Die eisernen werden aus einem nach ihrer Länge proportionirlich dikken Drate von Eisen gemacht, und dieser Drat ist von 2 bis 4 oder 6 Linien diff. Man biegt entweder den Drat unter einem rechten Winkel, um ihm zween Arme zu geben, und diese macht man an dem Wellenbrette so feste, daß man sie durch zwo Oesen gehen läßt, ohne darin zu schwanken, ob sie gleich frei spielen; oder man macht die Dratwellen auf folgende und bessere

Art,

Art, so daß die Biegung des Drats unter rechtem Winkel nicht dieselbe bleibt, son=
dern man stekkt an den beiden Enden der geraden Wellen zween Dratarme durch,
deren Ende zu einem Ringe umgebogen ist, und die Welle selbst endigt sich an bei=
den Enden in spitzen Zapfen. Man befestigt die Arme am Wellenbrette in kupfer=
nen Pfannen oder Oesen. Sie werden groß oder klein nach der Grösse der Wellen
gemacht. Das Wellenwerk oder die Abstraktur (Zugwerk) wird auf mancherlei
Art, nach der Verlegung der Stimme auf der Lade, verfertigt. Soll es weit weg
vom Klaviere angebracht werden, so theilt man die Abstraktur in zwei oder drei
Theile, d. i. eine Abstraktur zieht eine andre, weil sich gar zu lange Wellen werfen,
und sich einander berühren und abreiben würden.

Die Pedalabstraktur ist wieder anders beschaffen. Manche Orgelbauer geben
ihr Wellen; dieses hat aber grosse Unbequemlichkeiten, weil man gemeiniglich die
Pedalladen an die äussersten Enden des Orgelgehäuses legt, und also das Klavier
einen langen Weg dahin hat. Ich werde demnach die beste und gewöhnlichste Pedal=
abstraktur erklären. Wenn man eine Pedaltaste niedertritt, so sinkt die Abstrakte,
die den Winkelhaken ein wenig umdreht. Dieser Winkelhaken hat zween Arme
oder Abstraktureisen; an einem war die vorige Abstrakte feste, und die andre hori=
zontale Abstrakte ist am andern befestigt, sie hat aber auch am andern Ende ihren
Winkelhaken, der eine neue aufwärts gehende Abstrakte zieht, und da diese an einen
Arm der Abstrakturwelle eingehakt ist, so ziehet der andre Arm dieser Welle, der
eine Abstrakte trägt, die Klappe auf. Alle Winkelhaken haben rechtwinklige Arme,
den oben hinauf gehenden ausgenommen, da sie einen spitzen Winkel machen; so
daß das ganze Zugwerk rechtwinklig verrichtet wird. Solches Zugwerk hat jede
Taste des Fußklaviers, und die Winkelhaken stekken unterwegens an drei Brettern
feste, an denen sie sich um ihre Zapfen frei drehen können, und zwar an jedem Brette
vorne einer und hinten einer (double échelle), oder wenn die Bretter horizontal
liegen, nur einer oben (échelle simple). An den gedoppelten Brettern ist an bei=
den Enden ein Holz aufgerichtet, um ein ander ähnliches Brett zu halten.

Das Positivenklavier öffnet die Ladenklappen auf eine andre Weise; es drükkt
die Klappe nieder, da die andern Klaviere sie ziehen. Wenn ein Klavis nieder=
gedrükkt wird, so sinkt unter der Taste der Tastenleiter (guide), d. i. ein Queer=
lineal von Holz, das so viel Löcher als Tasten hat. An ihm geht ein Abstraktur=
drat (pilote) herab, dessen Oberende queer durch den Tastenleiter geht und die Taste
unterstützt; sein Unterende ist mit einem kleinen Messingsstifte versehen, durch den
er am Ende eines horizontalen Schwengels feste gemacht ist. Dieser Schwengel
(bascule) ist ein Lineal von Holz, 6 Linien diff und bis 18 Linien breit. Unter
seiner Mitte unterstützt ihn ein Träger oder Queerholz (chevalet) mit einem Stifte,
worin der Schwengel auf= und niedergeht, als ein unterstützter Hebel. Wenn also
die

die niedergedrückte Taste sinkt, so sinkt an und mit ihr zugleich der Drat und das eine Ende des Schwengels; dahingegen die andre Hälfte dieses Hebels steigt und die Klappe aufstößt. Diese Schwengel liegen unter dem Sitze des Organisten in der Form eines Frauensfächers, d. i. gegen das Klavier zu mit ihren Enden dichte beisammen, und sie laufen gegen die Lade aus einander. Gemeiniglich bringt man einige Abstrakturwellen dabei an.

Die Registerzüge (tirants) sind Stäbe von Holz, 10 Linien im Gevierten, an den Enden mit Köpfen versehen, die zu beiden Seiten des Klaviers zu sehen sind, um sie auszuziehen, wenn die Orgel gespielt werden soll. Diese Züge sind an den Registern feste, und heissen zuweilen selbst Register. Einige Züge gehören zur Hauptlade, andre zu den Pedalen, andre zum Echo, zum Recit, zum Positive u. s. w. Ein Zug geht mit seiner Stange mitten durch das Brett des Getäfels; das hintere Ende dieser Stange stekkt in dem Queerarme der hölzernen Drehspindel (pilote tournant), welche senkrecht und in zwo Pfannen, oben und unten mit Spielzapfen, steht, und zwischen zwei starken Queerhölzern eingeschlossen ist. Diese Drehspindel nimmt einen andern horizontalen Arm in sich, der halbmal länger als der vorige Arm ist. Von dem langen Arm geht eine unten schmale, oben breitere eiserne Stange (balancier) in die Höhe, diese ist über und queer durch ein Zapfenloch eines Brettes zwischen zwo Windläden aufgehängt. Das obere Ende des Balanciers endigt sich in einer Pfanne an den beiden Registern beider Windläden. Wenn man also den Registerzug ausziehet, so dreht sich die stehende Drehspindel um, und es wendet sich der Ausschnitt von der Linken gegen die Rechte. Das untere schmale Ende des Balanciers folgt dieser Bewegung, sein Oberende schwenkt sich von der Rechten zur Linken, und zieht also das Register eben so gegen die Linke. Sind die Läden nur in zween Theile abgetheilt, so stellt man die Balanciers nicht zwischen die Windsläden, sondern an die äussersten Enden der einen und der andern, halb auf der einen, halb auf der andren Seite. Die beiden Arme der hölzernen Drehspindel sind von Eisen und stekken in einer Fuge oder Spalte.

Das Bälgenwerk (soufflerie) begreift alles, was die Windbälge einer Orgel betrifft. Man legt das Bälgengehäuse so nahe als möglich an die Orgel; und es muß gegen den Einfluß der Witterung, gegen starke Kälte, Nässe und grosse Hizze gesichert seyn. Die Orgelbälge würden sehr unvollkomne Dienste leisten, wenn sie so wie die Schmiedebälge gebaut wären. Hier muß der Wind viel stärker und gleichförmiger blasen. Man macht sie mit hölzernen Falten. Sie bekommen ein Ober- und Unterblatt. Die vier vorspringenden Falten machen fünf einwärts gehende Falten. Man macht sie aus dünnen Brettern, so durch weisses Schafleter verbunden sind, dessen Streifen aufgeleimt werden. An dem Schwanze der Bälge ist der Zug feste, um das Oberblatt aufzuheben, und darauf liegt ein Werkstein

(Quader-

(Quaderstein), um den Wind stärker zu machen. Zwei starke Queerhölzer halten ihn in seinem Lager feste. Am andern oder Kopfende des Balges ist eine kleine Leiste an dem Rande angenagelt, um das Leder zu schützen, so man daselbst auf= leimen muß. Das Schwanz= oder Trittende des Balges ruhet auf einem starken Tragebalken mit dem Unterblatte. Unter dem Bälgenkopfe öffnet sich der grosse Windkanal mit allen seinen aufwärts gehenden vierseitigen Schlünden oder Hälsen. Von unten her hat der Balg drei Queerriegel, damit sich sein Unterblatt nicht wer= fen möge, aufgeleimt und aufgenagelt; zwei grosse Löcher, den Wind einzunehmen, und eine grosse vierseitige Oeffnung, die mit einem Rahmen von vier belederten Klappen bedekkt ist, um dem Winde, oder vielmehr der äussern Luft, einen freien Eingang in den Balg zu geben, sie darin zu versperren, und zu zwingen, daß sie bloß zu der Windlade kommen möge, nachdem sie durch den Druck des Bälgen= treters und des aufliegenden Gewichts in Wind verwandelt worden. Der ganze Aufsatz der vier Klappen sieht wie ein Kreuz mit vier Oeffnungen aus, so mit vier Klappen bedekkt sind. Alle vier sind geschlossen, wenn der Balg geht oder bläßt, und öffnen sich, wenn sie Luft schöpfen, sobald man das Oberblatt aufstößt. Zwi= schen den Klappen liegt ein Holz oder Krükke, damit sie sich nicht rükkwärts über= schlagen. Es ist oben breit, unten enge, als ein lateinisches V. Jede Klappe hat zwei runde Löcher auf sich, um die Holzfasern zu durchschneiden, und diesen ihre Stärke zu benehmen, damit sich die Klappen nicht krumm biegen (werfen) mögen. Diese Löcher sind keglich, d. i. oben weiter als unten, rund, und durch das weisse Leder bedekkt und verstopft, womit die Klappe gefuttert ist. Andre solche Rahmen haben nur ein Queerholz, und also nur zwo Klappen mit ihren Löchern und Krükkenlöchern. Inwendig werden die Bälge mit Fries, mit Pergament und Tischlerleim gefuttert, und sowohl an den Falten als dem Ober= und Unterblatte. Ueberall muß das Leder gedoppelt seyn, um alle Schweißlöcher im Holze und dem Leder genau zu ver= schliessen, damit sich kein Wind durchschleiche.

Man hat die Windkanäle oder Schlauchröhren, Kröpfe (gosiers) erfunden, um einem grossen Fehler abzuhelfen. Es können die Bälge nämlich keine andre Luft schöpfen, als durch die grossen Klappen, welche unter ihrem Unterblatte liegen. Man muß also verhindern, daß ein Balg (soufflet), welcher wirklich seinen Wind in den grossen Windkanal (porte-vent) ausbläset, denselben nicht zurükke schlukken könne, wenn man das Oberblatt aufhebt, und daß er den andren Wind der übrigen blasenden Bälge nicht zurükke pumpen möge. Da sich die Klappe der Windkanäle natürlicher Weise schliesset, sobald der Balg fällt, so kann die im Windkanale schon enthaltene und gepreßte Luft schlechterdings nicht in den Balg zurükke strömen. Wären also keine Windkanäle, so würde, sobald man einen Balg tritt, da zugleich ein oder andrer Balg im Blasen begriffen ist, der im Windkanale gepreßte Wind

E . viel=

vielmehr in den Balg zurücke laufen, um selbigen anzufüllen, als die äussere un̄
gepreßte und schlafende Luft. Anstatt also aus der äussern Luft Wind zu bekommen,
so würde er nur diejenige geben, welche er aus der Orgel bekommen. Der Balg
liegt auf zween von diesen Windkanälen, und jeder Kanal hat unten einen engern
Fuß, womit er in dem Hauptkanale senkrecht steht, oben an der einen Seite ein
vierekkig Loch, durch welches der Balg den Wind dem Kanale übergiebt. In die¬
sem Loche ist inwendig eine Klappe, und unter dem Loche ein festes Holz, als||ein
Schluß oder Kropf, um in den Balg gestekkt zu werden, welcher auf diesem Kropfe
ruht. Der Hauptkanal ruht auf Trägern und nicht auf der Erde. Von aussen
findet man das grosse Tragegerüste (treteau), um die schräge liegenden Schwengel
zu tragen, die in Pfannen schweben, und es sind Strikke mit vielen Knoten da,
diese Schwengel auf und niederzuziehen. Eiserne Bänder mit einem Loche an jedem
Ende hängen diese Schwengel an den Schwanz des Balges, und ein grosser Nagel
hält das dikke Ende des Schwengels feste. Der Schwanz des Schwengels stekkt
in zwo beisammen stehenden Säulen, und geht dazwischen mit den herab laufenden
Strikken nieder. Diese Säulenpaare stehen unten auf dem Fusse. Der Bälgen¬
treter drükkt den Schwanz des Balges bis auf diesen Fuß hernieder.

Alle Windkanäle stehen auf dem langen Hauptkanale, und dieser schließt an
einen eben so horizontal liegenden Kanal, worin der Tremulant ist, und von da geht
der Wind in einen stehenden Kanal nach der grossen Orgel. Hier bringt man ge¬
meiniglich den starken Tremulant, so wie im vorigen liegenden Kanale den sachten
Tremulant (Schluchser) an. Gemeiniglich sezzen die Orgelbauer nur einen Kanal¬
kropf (gosier) unter jeden Balg; aber alsdenn wird der Kropf und die Klappe
grösser, und diese wirft sich leicht. Also ist es besser, zween Kröpfe mit halb so
kleinen Klappen unter einen Balg zu legen, und ausserdem tragen zween Kröpfe den
Balg besser, als einer.

Gemeiniglich ist ein sachter und ein starker Tremulant (tremblant fort &
doux) bei einer grossen Orgel. Der sachte besteht in einer Klappe, so ein Ge¬
wichte hat, das am Ende einer Feder stekkt, und im grossen Windkanal schwebt.
Der Wind, der durch bläst, schaukelt sie, und macht, daß sie vom Gewichte ge¬
drükkt im Kanale schwimmt, und den Tönen gleichsam ein wehmüthiges Schluch¬
sen mittheilt. Er besteht aus einer Schachtel oder Kästchen, die nur eine Aus¬
dehnung des Kanals oder ein innrer Verschlag desselben ist. Mitten in diesem
Kasten hängt ein schiefer Rahmen herab, woran die Klappe des Tremulanten mit
ihrer Feder und dem Bleigewichte am untern Ende aufgehängt ist. Oben geht aus
dem Kasten ein eiserner Zug, wie eine Sense, hinauf, um die Klappe im Kanale
wieder in die Höhe zu ziehen, wenn er nicht mehr sachte tremuliren soll. Der kom¬
mende Wind stößt sie also auf, und die Klappe sacht dagegen den Wind als ein

Fächer

Fächer an. Die Feder sieht wie zween Haken aus, auf denen unten ein Blei=cilinderchen stekkt. Je kürzer diese Feder von Messingsdrat ist, je geschwinder pul=siret die Klappe; je länger oder dünner sie ist, je langsamer geschehen die Vibratio=nen der Klappe. Die Feder ist an die Klappe mit vier kleinen Oesen eingehakt. Andre machen dagegen eine Feder von dünnem Messingsbleche mit zween senkrech=ten Armen an den Enden. An dem Zugeisen der Klappe hält ein Ledersäkkchen den Wind auf, daß er im Zuge nicht mit fortgehen möge.

Der starke Tremulant besteht aus zwo Klappen, die gegen einander ver=kehrt liegen, und also ein Beben in den Tönen machen. Von aussen am Kanale sieht man ein schräges Holz, als den Tremulantenkörper, woran eine viereckige Oeffnung 5 Zoll hoch und 4 Zoll breit ist, und welche von einer Klappe von aussen, und einer Klappe von innen verschlossen wird, so eine Feder andrükkt, die senkrecht steht. Beide Klappen werden, wie am sachten, aufgezogen. In dem Kanale dient dazu eine messingne Dratfeder, die wie ein Pfropfenzieher gewunden ist. Die Dratlöcher bekommen ihre Ledersäkkchen. Beide Klappen bekommen ebenfalls Blei=platten. Zum Spielen zieht man den Tremulantenzug, und mit ihm zugleich die gewundne Feder von der Rechten gegen die Linke, es öffnet sich die innere Klappe, die in dem Kanale ist, und der Wind treibt sie an den äussern Tremulantenkörper. Da aber alsdenn die vom Zuge ausgedehnte, sonst wie ein Pfropfenzieher gewundne Feder nun halb gerade gestrekkt ist, so wird dadurch die Klappe mit aufgehoben, aber vom Winde gleich wieder zugedrükkt; so daß in diesem wechselweisen Kampfe zwischen der Feder und dem Winde, der Wind dennoch zum Theil durchschleicht, und die äussere Klappe von der innern aufgestossen wird. Folglich klopft die äussere, fällt wieder zu, und nun klopft die inwendige, da die äussere noch ein Bleigewichte hat, um den Wind nachdrükklicher zu peitschen. Beide Tremulanten rühren das Herz durch ihre Wehmuth, wenn sie nicht zuschnell schlagen.

Um die Mensur (diapason) zu einer offnen Stimme von 2 Fuß (doublette) aufzutragen, ziehet man die gerade Linie X, 1. Diese soll hier im Kleinen 2 Fuß lang vorstellen, und folglich kann man sich diese ganze Mensur im Grossen auf ein Brett nachzeichnen, wenn man alles in natürliche Fuß, Zoll u. s. w. auf dasselbe absticht, indessen daß hier alles verjüngt in der Figur ist, und X, 1 zwei Fuß Länge vorstellt. Man theilet X, 1 in zwo Hälften bei 13; so giebt 13, X eine Oktave höher. Theilet man den Raum 13, X in 4 gleiche Theile, so trägt man 3 von diesen Theilen von X nach 18, und dieses ist die Quarte F über C 13. Theilet 13, X in 3 Theile, und setzet deren 2 von X nach 20, so hat man die Quinte G 20 über dem C 13. Theilet 20, X in 3 Theile; davon setzt einen Theil von 20 gegen 15, so ist dieses D 15; oder die Quarte tiefer als G 20. Theilet 15, X in 3 Theile, und setzt 2 davon von X nach 22, so ist dies die Quinte A 22 über D 15. Theilet X

22 in 3, und sezzet einen von 22 nach 17, so ist es die absteigende Quarte E 17. Theilet 17 X in 3 Theile, und sezzt deren 2 von X zu 24, so ist es die Quinte H 24. So hat man die diatonische Tonleiter c, d, e, f, g, a, h, c. Damit man nun auch die 5 Abtheilungen bekomme, um die chromatische Leiter ganz zu haben; so theilet X 18 in 4 Theile, und sezzet deren 3 von X nach 23, d. i. die Quarte B 23. Theilet X 23 in 2, und sezzt einen von 23 gegen 16, d. i. die tiefe Quinte Es 16. Theilet X 16 in 4, und sezzt deren 3 von X nach 21, d. i. die obere Quarte Gis 21. Theilet X 21 in 2, und sezzt einen von 21 nach 14, d. i. die Unterquinte Cis 14. Theilet X 14 in 4, und sezzt deren 3 von X nach 19, d. i. die Oberquarte Fis 19. So ist die ganze zwote Oktave der Doublette in ihre 12 Halbtöne getheilt. Aus ihr kann man alle andre Oktaven machen. Nämlich

Zur dritten Oktave, sezzt die Mitte zwischen X und 14, so ist es Cis 26. Die Mitte zwischen X 15 giebt D 27. Die Mitte zwischen X 16 giebt Es 28. Die Mitte von X 17 ist E 29. Die Mitte von X 18 ist F 30. Die Mitte von X 19 ist Fis 31. Die Mitte von X 20 giebt G 32. Die Mitte von X 21 ist Gis 33. Die Mitte von X 22 ist A 34. Die Mitte von X 23 giebt B 35. Die Mitte von X 24 ist H 36. Die Mitte von X 25 ist C 37.

Das Maaß der vierten Oktave. Die Mitte von X 26 ist Cis 38. Von X 17 ist D 39. Von X 28 ist Es 40. Von X 29 ist E 41. Von X 30 ist F 42. Von X 31 ist Fis 43. Von X 32 ist G 44. Von X 33 ist Gis 45. Von X 34 ist A 46. Von X 35 ist B 47. Von X 36 ist H 48. Von X 37 ist C 49. Von X 38 ist Cis 50. Von X 39 ist D 51. Jeder Punkt der fünften Oktave in 2 Theile getheilt, würde die sechste Oktave geben. Zwischen X und jeden Punkt der vierten giebt die fünfte Oktave.

Die erste Oktave dieser Doublette. Man darf nur die Längen der zwoten Oktave doppelt nehmen. Nehmet die Länge von 14 nach X, und sezzt sie von 14 zu 2, d. i. Cis 2. Traget die Länge von 15 X von 15 nach 3, d. i. D. Von 16 bis X sezzt man von 16 nach 4, d. i. Dis. Von 17 bis X, getragen von 17 nach 5, giebt E. Von 18 bis X, getragen von 18 nach 6, giebt F. Von 19 bis X, getragen von 19 zu 7, ist Fis. Von 20 zu X, getragen von 20 nach 8, giebt G. Von 21 bis X, getragen von 21 nach 9, giebt Gis. Von 22 nach X, getragen von 22 nach 10, giebt A. Von 23 nach X, getragen von 23 nach 11, ist B. Von 24 bis X, getragen von 24 nach 12, ist H.

Um ein Werk von 4 Fuß zuzuschneiden, nimmt man die Totallängen der Doublette, oder von 2 Fuß gedoppelt u. s. w. bis zu 8, 16, 32 Fuß. Die Weite der Pfeifen zu finden, ist nur eine einzige Linie nöthig, wenn man nur die Weite der ersten und lezzten Pfeife weiß. Nun ist das erste C der Doublette 2 Zoll, $1\frac{1}{2}$ Linien im Durchmesser, und das fünfte C oder die lezzte Pfeife der vierten Oktave tabe 3¾ Linien im Durchmeſſer. Man ziehet alſo in unſrer bisherigen Menſurfigur den rechten Winkel C, 1, Z, der die Weite der erſten Pfeife C von 6 Zoll, 8 Linien vorſtellt. Ziehet bei C 49, als der feinſten Pfeife am Anfange der fünften Oktave, ebenfalls einen rechten Winkel C, 49, Y. Dieſe Linie Y iſt ſo lang, als das feinſte C breit iſt, d. i. 1 1¼ Linien. Verlängert die Linie von Z bis Y und V, wo man den Perpendikel X V zum Schluſſe anſetzt. Und nun läßt man aus jedem Punkte der Pfeifen'ängen Perpendikel fallen. Man ziehet die Linie S T, deren Diſtanz S, 1 der Durchmeſſer des erſten C, d. i. 2 Zoll, 1½ Linie iſt, und C, 49, T iſt der Durchmeſſer des kleinſten C.

Nach dem Königsfuſſe, welcher 12 Zoll, der Zoll 12 Linien, die Linie 12 Punkte hat, folgt die Länge einer Oktave von 4 Fuß. Es iſt

	Fuß.	Zoll.	Lin.	Punkte.		Fuß.	Zoll.	Lin.	Punkte.
C	4	0	0	0	G	2	8	0	0
Cis	3	9	6	9	Gis	2	6	4	6
D	3	6	8	0	A	2	4	5	4
Dis	3	4	6	0	B	2	3	0	0
E	3	1	11	1	H	2	1	3	4
F	3	0	0	0	C	2	0	0	0
Fis	2	10	2	0					

Menſur (le diapaſon) für die Flötenſtimmen (jeux à bouche), in jeder die größte und kleinſte C Pfeife mit dem Durch= meſſer und Peripherie.

		Im Durchmeſſer.		In der Peripherie.		
		Zoll.	Lin.	Fuß.	Zoll.	Lin.
32 Fuß offen	Erſte C	18	7⅓	4	10	6
	fünfte oder feinſte C	1	10	0	5	9
16 Fuß offen	erſte C	11	4	2	11	8
	feinſte C	1	1⅔	0	3	7
Bourdon. 32 Fuß von Holze	erſte C	14	4	0	0	0
	vierte C	2	7	0	0	0
Bourdon von 16 Fuß in Holz	erſte C	7	4	0	0	0
	dritte C	2	7½	0	0	0
Achtfuß offen	erſte C	5	9	1	6	0
	fünfte C	0	9½	0	2	6
Bourdon. 4 Fuß Holz	erſte C	4	7	0	0	0
	zweite C	2	8	0	0	0
Länge 2 Fuß. { Diskant des Bourbons mit Rohrpfeifen, groſſer Schnitt, in Probezinn.	zweite C	3	1½	0	9	10
	fünfte C	0	9¾	0	1	6½
Kleiner Schnitt.	zweite C	2	8½	0	8	8
	fünfte C	0	8¾	0	2	3½

Länge

			Im Durchmesser.		In der Peripherie.		
			Zoll.	Lin.	Fuß.	Zoll.	Lin.
Länge 22 Zoll, 10 Linien.	Diskant des gedakkten Bourd. grosser Schnitt in Probezinn.	zweite C	3	1½	0	9	10
		fünfte C	0	9¾	0	1	6½
	Kleiner Zuschnitt.	zweite C	2	8½	0	8	8
		fünfte C	0	8¾	0	2	3½
	Prestant.	erste C	3	6	0	11	0
		fünfte C	0	5	0	1	3¾
Länge 3 Fuß.	Grosse offne Terz.	erste C	3	6	0	11	0
		fünfte C	0	5	0	1	3¾
Länge 2 Fuß, 7 Zoll.	Offne Nasard, grosser Schnitt.	erste C	3	2	0	9	11½
		fünfte C	0	5¾	0	1	6½
	Kleiner Schnitt.	erste C	2	7¾	0	8	3¾
		fünfte C	0	5¼	0	1	4½
Länge 2 Fuß, 4 Zoll, 8 Lin.	Nasard mit Spillpfeifen, groß. Schnitt, Untertheil der Pfeife	erste C	3	5½	0	10	10
		fünfte C	0	6	0	1	7
	Oben an der Pfeife.	erste C	0	0	0	7	3
		fünfte C	0	0	0	0	3⅔
	Enger Schnitt unten an der Pfeife.	erste C	2	7¼	0	8	3¾
		fünfte C	0	5	0	1	3¾
	Oben an der Pfeife.	erste C	0	0	0	5	7
		fünfte C	0	0	0	0	7½
	Doublette.	erste C	2	1½	0	6	8
		fünfte C	0	3¾	0	0	11¾
Länge 22 Zoll, 10 Lin.	Quarte, weiter Schnitt.	erste C	2	8	0	8	4½
		fünfte C	0	5	0	1	4
	Enger Schnitt.	erste C	2	5⅓	0	7	8
		fünfte C	0	6	0	1	7
Länge 18 Zoll.	Terz, weiter Schnitt.	erste C	2	2¼	0	6	10½
		fünfte C	0	4½	0	1	2
	Enger Schnitt.	erste C	2	0	0	6	3½
		fünfte C	0	3¾	0	1	0
	Larigot, lang 15 Zoll, 3 Linien.	erste C	1	9	0	5	6
		fünfte C	0	4¼	0	1	1⅓
Grosse Cornet.	Bourdon, lang 11 Zoll, 8 Lin.	erste C	1	8¾	0	5	5
		dritte C	0	9½	0	2	6
	Prestant, lang 11 Zoll, 8 Lin.	erste C	1	5½	0	4	7
		dritte C	0	8	0	2	1
	Nasard, lang 7 Zoll, 6 Linien.	erste C	1	3	0	3	11
		dritte C	0	7¾	0	2	0
	Quarte, lang 5 Zoll, 6 Linien.	erste C	1	0¾	0	3	4
		dritte C	0	6½	0	1	8½
	Terz, lang 4 Zoll, 5 Linien.	erste C	0	10¾	0	2	10
		dritte C	0	5¼	0	1	4½
Cornet du Recit.	Bourdon, lang 17 Zoll, 5 Lin.	erste F	2	6	0	7	11
		vierte C	0	9¼	0	2	5

Cornet

			Im Durchmesser.		In der Peripherie.		
			Zoll.	Lin.	Fuß.	Zoll.	Lin.
Cornet du Recit.	Prestant, lang 17 Zoll, 5 Lin.	erste F	2	2	0	6	10
		vierte C	0	7½	0	1	11½
	Nasard, lang 11 Zoll, 3 Lin.	erste F	1	9½	0	5	7
		vierte C	0	7	0	1	10
	Quarte, lang 8 Zoll, 4½ Lin.	erste F	1	7	0	4	11⅓
		vierte C	0	6	0	1	7
	Terz, lang 6 Zoll, 8½ Lin.	erste F	1	4½	0	4	4
		vierte C	0	5	0	1	3½
Vollstimmig (plein jeu)	Länge 4 Fuß, 6 Linien. Länge 26 Linien.	erste C	2	11⅓	0	9	3
		zweite C	1	8⅓	0	5	4
		sechste C	0	3	0	0	9⅔

		Durchmesser.		Peripherie.		
		Zoll.	Lin.	Fuß.	Zoll.	Lin.
Offne Flötenpedal. Die Pfeifen viereckig, von Holze.	32 Fuß, erste C	16	4	0	0	0
	fünfte F	1	10½	0	0	0
	16 Fuß, erste C	10	7	0	0	0
	vierte F	1	10½	0	0	0
	8 Fuß, erste C	6	3	0	0	0
	dritte F	1	10½	0	0	0
	4 Fuß, erste C	3	6½	0	0	0
	zweite F	1	10½	0	0	0

Mensur von den Schnarrwerken, nämlich der Länge.

Die Posaune.

		Fuß.	Zoll.	Lin.	Punkt.			Fuß.	Zoll.	Lin.	Punkt.
D	51	0	9	7	0	C	37	1	9	7	3
Cis	50	0	10	4	0	H	36	1	10	11	3
C	49	0	10	9	6	B	35	2	0	6	0
H	48	0	11	7	0	A	34	2	2	3	9
B	47	1	0	3	3	Gis	33	2	3	8	3
A	46	1	0	10	0	G	32	2	5	4	6
Gis	45	1	1	9	0	Fis	31	2	7	1	9
G	44	1	2	5	6	F	30	2	9	0	6
Fis	43	1	3	4	0	E	29	2	11	4	0
F	42	1	4	2	6	Dis	28	3	1	5	0
E	41	1	5	2	6	D	27	3	4	4	3
Dis	40	1	6	1	6	Cis	26	3	6	6	9
D	39	1	7	4	0	C	25	3	8	5	3
Cis	38	1	8	6	6	H	24	4	0	1	9
						B	23	4	4	3	0

(links: ohne Ring. — rechts: mit dem Ring.)

		Fuß.	Zoll.	Lin.	Punkt.			Fuß.	Zoll.	Lin.	Punkt.	
A	22	4	2	11	0	Fis	7	10	7	8	3	
Gis	21	4	7	8	0	F	6	11	6	1	0	mit der Büchse.
G	20	4	10	1	3	E	5	12	3	6	0	
Fis	19	5	1	8	3	Dis	4	13	1	11	0	
F	18	5	5	1	6	D	3	14	0	5	0	
E	17	5	8	10	6	Cis	2	14	8	10	0	
Dis	16	6	0	11	9	C	1	15	4	1	0	
D	15	6	6	8	3	H		15	11	0	6	
Cis	14	7	0	4	6	B		16	9	11	0	raralement.
C	13	7	4	1	0	A		17	9	1	6	
H	12	7	11	6	3	Gis		18	10	3	6	
B	11	8	4	11	9	G		20	0	8	6	
A	10	8	10	6	9	Fis		21	3	4	6	
Gis	9	9	5	6	9	F		23	0	3	0	
G	8	10	0	4	3							

Länge aller Posaunenpfeifen über 4 Oktaven.

Die Trompete.

		Fuß.	Zoll.	Lin.	Punkt.			Fuß.	Zoll.	Lin.	Punkt.	
D	51	0	4	1	9	C	25	1	9	7	3	
Cis	50	0	4	5	0	H	24	1	10	11	3	
C	49	0	4	8	3	B	23	2	0	6	0	
H	48	0	4	8	3	A	22	2	2	3	9	
B	47	0	5	5	6	Gis	21	2	3	8	3	
A	46	0	5	11	3	G	20	2	5	4	6	mit dem Ringe.
Gis	45	0	6	4	6	Fis	19	2	7	1	9	
G	44	0	6	10	0	F	18	2	9	0	6	
Fis	43	0	7	3	9	E	17	2	11	4	0	
F	42	0	7	8	6	Dis	16	3	1	5	0	
E	41	0	8	3	3	D	15	3	4	4	3	
Dis	40	0	8	10	3	Cis	14	3	6	6	9	
D	39	0	9	7	0	C	13	3	8	5	3	
Cis	38	0	10	4	0	H	12	4	0	1	9	
C	37	0	10	9	6	B	11	4	4	3	0	
H	36	0	11	7	0	A	10	4	2	11	0	
B	35	1	0	3	3	Gis	9	4	7	8	0	
A	34	1	1	9	0	G	8	4	10	11	3	mit der Büchse.
Gis	33	1	2	1	3	Fis	7	5	1	8	3	
G	32	1	2	5	6	F	6	5	5	1	6	
Fis	31	1	3	4	0	E	5	5	8	10	6	
F	30	1	3	2	6	Dis	4	6	0	11	9	
E	29	1	5	2	6	D	3	6	6	8	3	
Dis	28	1	6	1	6	Cis	2	7	0	4	6	
D	27	1	7	4	0	C	1	7	4	1	0	
Cis	26	1	8	6	6							

Längen aller Trompetenpfeifen über 4 Oktaven.

Län=

Längen des Clairon.

			Fuß.	Zoll.	Lin.	Punkt.
D	51	51	0	4	1	9
Cis	50	50	0	4	5	3
C	49	49	0	4	8	3
H	48	48	0	5	0	6
B	47	47	0	5	5	6
A	46	46	0	5	11	3
Gis	45	45	0	6	4	6
G	44	44	0	6	10	0
Fis	43	43	0	7	3	9
F	42	42	0	7	8	6
E	41	41	0	8	3	3
Dis	40	40	0	8	10	3
D	39	39	0	9	7	0
Cis	38	38	0	10	4	0
C	37	37	0	10	9	6
H	36	36	0	11	7	0
B	35	35	1	0	3	0
A	34	34	1	0	10	0
Gis	33	33	1	1	9	0
G	32	32	1	2	5	6
Fis	31	31	1	3	4	0
F	30	30	1	4	2	6
E	29	41	0	8	3	3
Dis	28	40	0	8	10	3
D	27	39	0	9	7	0
Cis	26	38	0	10	4	0
C	25	37	0	10	9	6
H	24	36	0	11	7	0
B	23	35	1	0	3	3
A	22	34	1	0	10	0
Gis	21	33	1	1	9	0
G	20	32	1	2	5	6
Fis	19	31	1	3	4	0
F	18	30	1	4	2	6
E	17	29	1	5	2	6
Dis	16	28	1	6	1	6
D	15	27	1	7	4	0
Cis	14	26	1	8	6	6

(ohne Ring.)

			Fuß.	Zoll.	Lin.	Punkt.
C	13	25	1	9	7	3
H	12	24	1	10	11	3
B	11	23	2	0	6	0
A	10	22	2	2	3	9
Gis	9	21	2	3	8	3
G	8	20	2	5	4	6
Fis	7	19	2	7	1	9
F	6	18	2	9	0	6
E	5	17	2	11	4	0
Dis	4	16	3	1	5	0
D	3	15	3	4	4	3
Cis	2	14	3	6	6	9
C	1	13	3	8	5	3

(mit dem Ringe.)

Durchmeſſer und Peripherie von den untern Contratönen der Poſaune, unterhalb dem erſten oder unterſten C.

	Durchmeſſer.		Peripherie.	
	Zoll.	Lin.	Zoll.	Lin.
H	10	1	31	8
B	10	$6\frac{4}{7}$	33	2
A	11	$0\frac{3}{7}$	34	9
Gis	11	7	36	5
G	12	$1\frac{1}{4}$	38	2
Fis	12	$10\frac{3}{4}$	40	0
F	13	$4\frac{1}{2}$	42	0

Die erſte Menſurtabelle von der Länge der Poſaunenpfeifen enthält ſechs Kolumnen. Die erſte bezeichnet den Namen jeder Pfeife nach dem Klaviere, von unten hinauf. Die zwote ſeine Nummer in der Taſtenreihe; die dritte ihr Maaß nach Fuß u. s. w. Die Punkte 3 oder 6 oder 9 deuten ein Viertel, oder eine halbe, oder Dreiviertel Linie an. Unter dem ersten C folgen die Contratöne. Eben diese Beschaffenheit hat es auch mit der Tabelle über die Trompete und das Clairon, nur daß in der Clairontabelle die dritte Kolumne andeutet, wie man die Pfeifen in einigen Oktaven wiederholt. Diese Ziefern beziehen sich auf die Trompete, und zeigen, daß alle Pfeifen des Clairon nichts als Trompetenpfeifen sind, deren erstes C die dreizehnte oder das zweite C der Trompete ist.

Man muß die Längen aller Pfeifen mit Büchsen vom Oberende bis zum Unterende rechnen, so in die Büchsen hinein geht. Die Längen an Pfeifen ohne Büchsen, aber mit einem Ringe, oder auch an denen, die weder Büchse noch Ring haben, rechnet man von dem Oberende bis an die Nuß (Kugel). Die Posaune fängt sich an mit dem ersten C, und endigt sich im fünften D. Die Trompete fängt sich an mit dem zweiten C und endigt sich im sechsten D. Das Clairon fängt sich an beim dritten C und endigt sich beim sechsten D, wie die Trompete.

Die Menschenstimme besteht aus einer schmalen Cilinderröhre von Zinn, in der oben ein dünner zinnerner Kegel steckt. Dieses Schnarrwerk klingt 8 Fuß. Ihr Maaßstab enthält die Höhen des Cilinderchens, und die Nebenfigur die Weite desselben. Das dritte Maaß gehet die Höhen und Breiten des kleinen Kegelendes oder der Spitzen an. Die größten Höhen gehn von S zu X, und die Breite des kleinen Endes ist die Länge der Linie S. Man braucht sechs von diesem Maaße, die man an sechs runde Pfeifen von Nummer 2 anlöthet. Es sind sechs andre, deren Höhe von T zu X ist, und die Breite des kleinen Endes ist die Breite der Linie T; dazu gehören sechs runde Nüsse von Nummer 2. Man braucht 12 andre Kugelspitzen von V nach X; 12 andre von Y zu X, und 15 von Z nach X. Dieses macht 39 von drei verschiednen Längen, deren untere Weite aber einerlei ist, d. i. wie die Länge der Linie V, gleich Y oder Z. Diese 39 Kegel werden an 39 runde Nüsse Nummer 3 gelöthet. Die Breite der grossen Kegelenden nimmt man nach der Weite des cilindrischen Pfeifenstückes. Das obere Loch ist halb gedakft.

Hier folgen noch einige übergangne Instrumente der Orgelbauer. Nämlich die Nußform u. s. w. ehe ich den praktischen Theil dieser Kunst zergliedere.

Die Nußform (zur Kugel) der Schnarrwerke, von gegossnem Messing, aus zwo Hälften, an deren Ende das Gelenke ist. Wenn sie geschlossen ist, so siehet man an ihr oben die runden Gießlöcher, und die kleinen Löcherchen zu den Schwänzen gehen unter die Form herab, und dienen die eisernen Spieße, so nicht vollkommen cilindrisch sind, zu stellen. Die andern kleinen Löcherchen zwischen den grössern dienen die kleinen eisernen Spieße, die besser von Stahl sind, so wenig als möglich keglig gemacht werden, und unten durch die Form wie die grossen Spieße gehen, zu stellen. In der hier vorgestellten Formhälfte siehet man fünf rundliche Spindelhöhlungen,

höhlungen, so im Gusse die fünf Nüsse geben, nebst den Ausschartungen, damit die grossen und kleinen Spiesse darin stekken können. Die zwo größten Nüsse heissen vierekkig, ob sie gleich meist rund sind, und die kleinen drei heissen runde Nüsse. Sieben Arten dieser Nüsse sind für alle Orgeln hinlänglich. Von den fünf Nussen gehet durch die Mitte einer jeden ein dikkeres Spieß, und durch ihre kürzere Seite ein dünneres; dadurch entstehet in der Nuß ein grösseres Mittelloch, um das Mund-stükk, und ein kleines, um die Krükke durchzulassen. Am Griffe der Form hält ein Zapfen beide Formhälften zusammen. Da die Giesser die Spiesse nicht recht einlegen und diese Form nicht treffen; so folget eine genaue Beschreibung.

Alles kommt darauf an, sich erst ein Modell zur Form zu machen. Man drehet also erst die Nüsse von hartem Holze ab, wie sie in der Figur rundlich oder cilindrisch angedeutet sind; man stekkt das grosse Mittelspieß und kleine Seitenspieß durch, daß sie feste stekken, und nun macht man eine halbe Form von Gips, in die man, wenn der Gips noch welch ist, mitten ein und mit Fleiß die fünf durchspiessten Nüsse einsezzt, nachdem sie mit Oel bestrichen worden. Ist der Gips feste, so zieht man die fünf Nüsse sachte heraus, und man richtet die ganze Oberfläche der Form; man sezzt die Nüsse wieder ein, so daß sie genau die Mitte einnehmen, wo nicht, so wird der Gips für die etwas mehr ausgetieft, die nicht tief genug bis zur Mitte liegen. Die ausgebrochnen Gipsekken werden mit neuem Gipse ausgebessert. Ist die eine halbe Form fertig, und sind die Nüsse recht gelagert, so bestreicht man diese ganze Formfläche und Nüsse mit Oel, und man belegt die andre Hälfte mit Gips. Ist dieser hart geworden, so trennt man beide Formhälften mit Vorsicht, man nimmt die Nüsse heraus, reparirt alles. Dieses Modell muß dikker seyn und kein Schlußgelenke bekommen.

Ist die Form von Gips recht trokken, so formt man jede Hälfte besonders in Sand ab (welches der Giesser thut), um sie in Blei abzugiessen; man macht die Stükke des Gelenkes von Blei und löthet sie an den Formenden an. Eben so löthet man auch die Schwänze an ihre Stelle; man macht das Zapfenloch und stekkt den eisernen Zapfen ein. Alle innere Kanten müssen recht scharf bleiben. Um von der innern Güte der Form gewiß zu seyn, stekkt man die Spiesse ein, giesst geschmolzen Zinn ein, um Nüsse von Zinn zu machen, welches weder das Blei flüssig macht, noch daran hängt, wofern man nur das Innere der Form gut mit Kienholze be-räuchert, und das Zinn nicht zuheis ist. Sind die Nüsse recht rundlich, und gehen sie gut aus der Form, so ist alles richtig. Wenn also die Form richtig befunden worden, so zieht man am Gelenke den Nagel aus, und giebt die Form dem Giesser, der sie in reines und weiches Messing abgiesst. Diese Messingsform wird befeilt, gerichtet, gepuzzt, und muß inwendig alle Kanten scharf behalten; man giesset etliche Nüsse darin ab, bis solche leicht aus der Form gehen. Die Form muß dikke genug

F 2 seyn,

seyn, damit sie sich nicht krümme. Alle abgegoßne Sachen werden enger, als ihre Form ist.

Die Labienmensur (trace-bouche) ist ein Brett von geradem Holze, von willkührlicher Gröſſe, etwa 1½ Fuß lang, bis 10 Zoll breit, bis 12 Linien diff. Um diese Mensur zu machen, so ziehet man mit einer Reißschiene 8 Linien vom Rande A B Fig. 61. eine Linie, und noch eine andre von der unteren Bretteke bis D hinauf, so daß von den Enden B und D drei oder vier Linien von einer Linie zur andern machen. Von A bis C gehet eine Perpendikellinie, und eine Linie entfernt von C D und B A. Den Raum zwischen den zwoen groſſen Linien theilet man in A C in 8 gleiche Theile, und so auch den Raum zwischen den zwoen groſſen Linien E F. Von C bis H sind 3 dieser 8 Theile, und von A bis G 3 andre dieser 8 Theile, so daß zwischen G und H zwei bleiben, d. i. der vierte Theil von der Länge A C, d. i. die Mitte von A C. Eben dieses geschicht auch mit den Linien E F zwischen den zwoen groſſen Linien A B und C D, so findet man das Viertheil, welches man sich absticht, um die zwo Mittellinien mit Tinte auszuziehen. Endlich setzt man zwei Lineale, 8 Linien breit, 4 Linien diff, an die zwo groſſen Linien A B und C D feste gemacht, auf.

Die Fußmensur (trace-pieds). Tab. I. Sie kann auf der linken Seite der vorigen aufgerissen werden. Man befestigt am Rande ein Lineal L K, so nicht völlig so lang als das Brett ist. Gegen das Br..ende stekkt man einen kupfernen Stift, so daß das kleine Loch, welches er an seinem Mittelpunkt machen soll, die Vorderseite des Lineals I K bestreichet. Um nun ein bewegliches Lineal zu machen, setzt man ein anderes Lineal B an, unter welchem, gegen das Ende L das kleine Stükk des Kupfers gesteckt wird, dessen Loch groß genug ist, den Zapfen L in sich zu nehmen, um aus diesem Gelenke das untere Lineal zu verschieben. Das Instrument ist richtig, wenn das Unterlineal im Verschieben überall das obere berühret.

Das Labürlineal, Tab. I. Fig. B. ist ein kupfernes Lineal, eine Linie diff, einen Zoll breit und höchstens 5 Zoll lang. Die beiden Enden stehen fast winkelrecht aufgeworfen und sind rundlich. Nach der Umbiegung der beiden Enden muß das Kupfer recht hart geschlagen werden.

Der Registerhobel (filiere) um alle Lineale von Holz gleich diff zu machen. Tab. II. Fig. 31. Das Eisen und der Stellkeil haben einen Rand. Unten stekken zwei eiserne Lineale, um den Hobel auf dem Werktisch zu befestigen, wenn man arbeitet. Die groſſe Schraube, welche oben am Hobel als ein Griff oder Nase hervor raat, dient den Hobel hoch oder niedrig zu stellen. Tab. IIII. Fig. 107. ist der Hobel durchsichtig vorgestellt. Fig. 108. im Durchschnitte. Fig. 109. ist eine der groſſen Schrauben. Fig. 110. der Körper des Hobels auſſerhalb seines Kastens. Fig. 111. der äuſſere Kasten. 112. das Eisen zum Zapfenloche. 113. Brett des
Kasten-

Kastenbodens. 114. eine der Kastenseiten von inwendig. 115. Schraubenmutter. 116. geschlizzter Vorkeil. 117. Vordere Ende des Registerhobels; unten ist das Loch, die Register durchzuziehen. 118. die Stellschraube. 119. eben dieselbe. 120. eiserne Schraube. 121. die Angel. 122. Queerstükk. 123. der Wulst, mit Eisenblech belegt. Dieser Hobel, dessen Theile hier zerlegt sind, dient nicht Register von allerlei Dikken, sondern nur von drittehalb Linien zu verfertigen, denn so sind sie dikke genug; man kann sie aber doch mit diesem Hobel um eine halbe Linie mehr oder weniger machen. Zwo Personen ziehen im Arbeiten das Register durch diesen am Tische befestigten Hobel hindurch. Das natürliche Maaß dieses nüzzlichen Hobels ist folgendes, nach rheinländischem Werkmaaße von 12 zu 12. Sein Kasten ist vierseitig; die Kastenhöhe von aussen ist 2 Zoll, 10 Lin. seine Länge 4 Zoll, 2 Lin. die Breite 1 Zoll, 11 Lin.

2. Der praktische Theil des Orgelbaues.

Die Windlade (le sommier) ist der Grund von der ganzen Mechanik der Orgel; sie verdient daher die allergrößte Aufmerksamkeit, das genauste Maaß und die gehörige Grösse. Ihre Stellung muß bequem seyn, um leicht zu ihren schadhaften Theilen kommen zu können. Die meisten Orgeln haben mehr als eine Windlade, nämlich eine Hauptwindlade, eine Padallade, eine im Echo, eine im Positive. Aus der Erfahrung weis man, daß der Wind in den gar zu grossen Ausschnitten nicht Lebhaftigkeit genug behält, und daß ihre Länge von 5 Fuß gute Dienste leistet. Mit der Länge der Windladen ist es nicht eben so beschaffen, man kann sie so lang machen, als man will, aber zugroß sind sie nicht dichte und feste genug im Schlusse, ihr Holz wirft sich, und sie sind schwer zu bauen. Folglich muß man sie so kurz als möglich machen, wenn nur die Stimmen darauf nicht zudichte stehen, weil ihr Ton erstikft würde. Man ist gewohnt, die Hauptladen in zwei, drei und oft in vier Theile abzutheilen, weil man die Lade dadurch kürzer, fester und bequemer zu bauen macht, weil man Plaz bekommt, mit der Hand leicht zu den Pfeifen zu kommen, die auf der Lade stehen (welches ein Hauptartikel ist, den grosse Laden nicht haben), weil man leicht zu den Pfeifen der Fronte kommen kann. Indessen müssen diese Gänge zwischen den Laden so schmal seyn, als möglich, und nicht einen ganzen Fuß breit gemacht werden.

Die einfältigste Stellung der Pfeifen ist die beste, wenn man die Baßstimmen an die Enden, und die andren Pfeifen nach ihrer Reihe, immer gewechselt an jeder Seite, den Diskant in die Mitte der Orgel stellt, wofern Plaz genug zu den langen Pfeifen da ist. Je grösser und zahlreicher die Stimmen sind, je tiefer müssen die Ausschnitte seyn, damit die Klappen mehr Wind geben können. Die größte

Länge

Länge für die Klappen einer groſſen Windlade, um Wind genug für die Cancellen zu haben, iſt 12 Zoll, und die größte Breite zum Ausſchnitt der Bäſſe 9 Linien für die ſtärkſten Stimmen. Ueberſteigt man dieſes Maaß, ſo wird das Klavier zu hart zu drükken oder zu ſpielen. In Bäſſen läßt ſich eine Taſte (Klavis) nicht tiefer als 5 Linien niederdrükken, und der Diskant eine Linie weniger. Die Klappe muß 12 Linien breit ſeyn, um den Ausſchnitt anderthalb Linien an jeder Seite zu verſchlieſſen.

Das beſte Maaß iſt, die Ausſchnitte 9 Linien breit zu machen, wenn es groſſe Stimmen ſind, damit die größten Löcher 9 Linien, wie die Ausſchnitte, breit werden; man giebt ihnen queer durch das Regiſter 16 Linien Länge, und das Regiſter wird 30 Linien breit in den Hauptladen. Jeder Ausſchnitt in der Windlade kann nicht einerlei Breite haben; mancher iſt 9, 8, 7, 6, 5, 4 Linien und darunter breit, nachdem die Stimmen beſchaffen ſind. Die kleinſten Ausſchnitte einer mit Stimmen ſehr beladnen Windlade müſſen 6 Linien Breite bekommen. Bei recht groſſen Pfeifen, als 32 und 16 Fuß, ſetzt man zween Ausſchnitte und zwo Klappen auf eine einzige Taſte, und dieſes nennt man Doppelklappe, um Wind genug zu bekommen und die Taſte des Handklaviers drükken zu können. Und dieſes thut man mit anderthalb Oktaven bei vielen Stimmen, und mit einer Oktave bei wenigern. Sie bekommen gedoppelt ſo viel Wind; und da ein Ausſchnitt von 9 Linien breit und 42 Linien tief 378 Quadratlinien Oeffnung für den Wind giebt, ſo geben nun zween Ausſchnitte gedoppelt ſo viel, oder 756 Quadratlinien, d. i. eine Oeffnung von 27½ Linie im Gevierten. Die meiſten Orgelbauer laſſen jeden Ausſchnitt für ſich, und ohne Gemeinſchaft unter ſich, ſeinen Wind in die darüber ſtehende Pfeifen austheilen.

Der Bau der Windlade, und zwar einer groſſen. Ich nehme das Klavier von 50 Taſten an. Die Windlade ſoll 30 Regiſter haben, und zu einer vollſtändigen Orgel von 32 Fuß gehören, welche 5 Klaviere bekommt. Die dazu erwählten Stimmen ſind groß Poſaunencornet, groß Cornet, Principal von 32 Fuß in der Fronte, deſſen vier erſte Pfeifen weggelaſſen werden; Principal 16, Principal 8, Bourdon 32 zur Poſaune, Bourdon 16, dergleichen 8 Fuß; Poſaunenbourdon 16, Poſaunenbourdon 8, groß Naſard (Schnüffler), Bourdon 8 Fuß, Preſtant, groſſe Terz, Poſaunenpreſtant, groſſe Poſaunenmixtur (Fourniture) von vier Pfeifenreihen; Naſardsquarte, Doublette (Zweifuß) Naſard, Terz, groſſe Mixtur von drei Pfeifenreihen, Mixtur von vier Pfeifen, groſſe Cimbel von vier Pfeifen, Cimbel von fünf Pfeifen, Poſaune, Poſaunentrompete, Poſaunenclairon, erſte Trompete, zwote Trompete, Clairon. Dieſes beträgt 28 Stimmen in 30 Regiſter. Poſaunencornet, Poſaunentrompete u. ſ. w. heiſſet hier, weil man ſie auf eine und eben dieſelben Cancellen, Klappen und Klavier, als die Poſaune ſetzt.

Dieſe

Diese Windlade bekommt vier Abtheilungen, zwo für die Bässe, zwo für die Diskante. Die zwo Baßladen, deren jede 10 Klaves enthält, bekommen auf jeden Klavis eine dreifache Cancelle (Ausschnitt, gravure). Die zwo Diskantladen bekommen jede 15 Tasten (Klavis) und jede Taste eine Doppelcancelle. Alles zusammen macht 50 Tasten. Jede Taste bekommt eine der dreifachen Baßcancellen, und eine der doppelten Diskantcancellen, um die Posaunenstimmen und die auf dieser Cancelle oben angesetzten Stimmen zu spielen. Alle andre Stimmen nehmen ihren Wind aus den in den zwo Baßladen übrig gebliebnen Doppelcancellen, so wie aus den einfachen der zwo Diskantladen. Ein Theil der Stimmen wird auf die eine der Doppelcancellen der zwo Baßladen, der andre auf die andre vertheilt, weil diese Doppelcancellen auf jedem Klavis der Baßladen unter sich keine Windcommunication haben.

Man setzt auf die erste Cancelle jeder Doppelcancelle das Principal 32, Principal 8, groß Nasard, Prestant, Nasardsquarte, Doublette, grosse Mixtur von drei Pfeifen auf den Klavis, grosse Cimbel von vier Pfeifen auf den Klavis, erste Trompete, Clairon.

Auf die zwote Cancelle jeder Doppelcancelle, Principal 16, Bourdon 16, zweite Gedakft 8, Bourdon 8, grosse Terz, Nasard, Terz, Mixtur von vier Pfeifen auf die Taste, Cimbel von fünf Pfeifen auf die Taste, zwote Trompete.

Auf die einfache Cancelle der Posaune, sowohl auf den zwo Baßladen, als den zwo Diskantladen: groß Cornet, Bourdon 32, Bourdon 16, Bourdon 8 Fuß, Prestant, grosse Mixtur von vier Pfeifen auf die Taste, Posaune, Trompete, Clairon.

Dieses sind 20 Register, oder 20 Stimmen, deren Bässe auf die Doppelcancellen der zwo Baßladen kommen.

Nachdem man mit der Vertheilung und Anzahl der Stimmen eins geworden, welche auf die grosse Windlade kommen sollen, so besieht man den Platz im Orgelgehäuse, wohin man diese vier Theile bringen will, wie lang und breit man die Laden machen müsse (denn wenn die Register breiter werden, so wird die Lade mit breiter), wie viel Gang zwischen den abgesonderten Laden bleiben könne, wie man die Pfeifen stellen könne, wohin die Padgladen kommen werden, wie hoch die langen Pfeifen hinauf gehen u. s. w.

Die Länge der zwo Baßladen macht 41 Zoll, 7 Linien von aussen; die Länge der zwo Diskantladen 48 Zoll, 2 Linien von aussen; die Breite der vier Windladen von aussen 75 Zoll, 3 Linien, die zween Flügel des Rahmens mit darunter begriffen. Man schreibt sich auf Papier die Maaße von den Querstükken des Rahmens (chasiis) von der Cancelle, und den Barres der vier Ladenabtheilungen, von der Breite der Cancellen, den Dikken der Barres, und den Querstükken des Rahmens nieder. Diese mit Zahlen oder Linien aufgesetzte Maaße werden auf zwei

Bretter,

Bretter, so man Windladenmaaß nennt, oder Lineäle von trokfnem Nußholze gezeichnet. Ein Lineal ist 6 Fuß, 4 Zoll lang, das andre 3 Fuß, 6 Zoll; beide sind 4 Linien dikf, und etwa 2 Zoll oder etwas darüber breit. Die Dikfe und Breite ist hier willführlich, nur müssen sie gerade gehobelt, und nicht beschabt seyn, um darauf reinlich zu schreiben. Auf das Lineal von 6 Fuß, 4 Zoll ziehet man mit einer feinen Spitze zwo Parallellinien längst herab, jede von der andern 22 Linien entfernt, und auf diese trägt man die Breiten der Register und falschen Register, Pfeifenstökke u. a. Maaße. Mit Feder und Tinte werden diese Züge nachgezogen und der Name einer jeden Stimme beigeschrieben. Auf die linke Seite eben dieses Lineals kommen die Cancellen, Klappen der zwo Baßladen; auf das zweite Lineal von 3 Fuß, 6 Zoll kommen die Queerstükke, Cancellen und Barres; so wie noch auf dem längern Lineale bei den Baßladen die Maaße der Tiefe der Geleise, die Länge der Klappen, und der Oeffnung, die sie verschliessen müssen, die Breite aller Klappen, ihre Höhen u. s. w.

In den vier Laden sind die Klappen 12 Zoll lang, die Oeffnung der Cancellen vom innern Rande des Rahmens an 11 Zoll, 4 Linien u. s. w. Nunmehr denkt man auf ein gutes Eichenholz, um die Windlade zu bauen. In Frankreich wird das norwegische, so über Holland ankommt, allen andern vorgezogen. Es muß trokfen, ohne Risse, Aeste, ohne Splint seyn; das dichteste wird für die Klappen, Rahmen und Register ausgelesen. Ueberhaupt ist jedes Holz, so man nach seinem natürlich gewachsnen Maaße anwendet, weniger aufgelegt, sich zu werfen oder zu krümmen, weil es, wenn es grün gesägt wird, Zeit bekommt, im langsamen Trokfnen fester zu werden. Altes verlegnes Holz hat bereits seinen Leim, der ihm Stärke geben sollte, verdünstet, seine Fasern oder Stärke sind zerbrechlich, und es krümmt sich noch mehr, als recht trokfnes frisches Holz. Zartes Eichenholz von geraden Fäden schikt sich besser als Nußbaum hieher. Man kann sich im December oder Januar im Walde Eichen schlagen, solche sogleich grün zu Bolen von schikflicher Dikfe schneiden lassen, alle diese Bolen zween Monate unter Wasser legen, sie hernach unter einem Schoppen gegen eine Mauer längst aufrichten, so daß weder Sonne noch Regen dazu kommen, und keine Bole die andre berühre. So bleiben sie den ganzen Sommer durch angelehnt, und so kann man sie im folgenden Frühlinge behobeln. Bei 3 oder 4 Zoll dikfen Brettern muß man länger warten. Ein in Wasser gelegtes Holz trokfnet geschwinder, und manche bringen es hernach zum Ofen. So kauft man sich alle Stükfe Holz zur Windlade ein, nämlich die 4 Rahmen, jeder aus 4 Stükfen; 120 Register von festen geraden Fäden; die 4 Tafeln, jede aus mehrern Stükfen zusammen gesezt; 120 Pfeifenstökfe; 116 Barres; die 4 Bretter zu den Säkfchen; 120 Klappen von ausgesuchtem, nicht zuhartem, sondern geradfaserigem Holze. Das bräunste Eichenholz ist gemeiniglich das härteste

und

und schwerste, und wirft sich eher als das weißliche und weiche im Arbeiten. Das lezzte dient zu den Klappen.

Man macht alle Stücke breiter, dikker und länger, als die gegebnen Maaße sind, um sie behobeln zu können. Das eingekaufte Holz muß den Sommer über an trokknem Orte liegen; alsdenn wird es behobelt, nach dem Maaße gerichtet, und alles untaugliche auf die Seite gelegt, da die Windlade das Hauptstükk einer Orgel ist, und die geringste schwache Faser ein Pfeifengeheule machen kann, wenn sie von der Witterung bald aufschwillt, bald austrokknet und kürzer wird.

Wenn die acht Rahmseiten (Flügel, battants) des Cancellenrahmens der vier Windladen gerichtet, und zu 2½ Zoll für die Höhe und Dikke auf der Ladenmensur gesezzt worden, so nimmt man einen Flügel des Baßcancellenrahmens, man legt daran die Mensur der Cancellenausschnitte der Baßladen an, und man bemerkt mit Genauigkeit alle Ausschnitte, um die Zahnausschnitte am Rahmen zu machen, die man 4 Linien tief zieht. Nachgehends legt man gegen diesen Flügel die drei andren Flügel, die gleich groß seyn müssen, man zeichnet vermittelst eines Triangels die Zahneinschnitte zugleich auf die vier Flügel, wie auch die gedoppelten Zapfenlöcher an den Enden und an einigen Queerstangen (Cancellen), die im Rahmen zu liegen kommen, weil diese Laden zu drei Rahmen groß genug sind. Unter dem Worte Cancelle werde ich theils die Queerstangen (barres, Gitter), theils die leeren Räume oder Ausschnitte zwischen zwoen solchen Gitterstangen bisweilen anzeigen, da es die Orgelbauer eben so machen. Nun legt man das Ausschnittlineal der Diskantladen an einen der Flügel des Diskantrahmens an, und nachdem man alle Punkte davon abgenommen, so ziehet man auf die vier Flügel zugleich die Zahnausschnitte und Zapfenlöcher. Man nimmt hernach eine von den Queerseiten des Baßrahmens, man legt das Registerlineal darau, um darauf das oberste Feld der doppelten Zapfenstükke an beiden Enden zu bemerken, und diese reisset man auf alle acht Queerstükke des Rahmens zusammen ab, denn sie müssen alle gleich seyn. Zugleich werden die vier Zinkverzapfungen (mortaises) der Queerseite des Rahmens gezeichnet.

Sind alle Zinkverzapfungen, Zahnausschnitte und Zapfenköpfe fertig, nebst der Rinne am Vorderende eines der Flügel jeder Windlade an der Seite, wo der Windkasten hin kommt, so versieht man die vier Cancellenrahmen mit den drei Cancellenstangen. Man giebt jeder verbundnen Stelle überflüssigen Leim, ohne dabei Zwingehaken oder Zwingen zu Hülfe zu nehmen, und dennoch muß alles genau schliessen. Bei allen akkuraten Holzarbeiten muß man die Stükke niemals mit Zwang zusammen pressen, sondern nur die Hand und einige kleine Hammerschläge anwenden, weil sonst die Zapfenköpfe und Löcher leiden. Nachdem alles recht trokken ist, so heftet man alle Fugen durch Leim zusammen.

G   Wenn

Wenn alle Cancellen genau nach ihrer Länge und an jedem Ende winkelrecht geschnitten, so beobachtet man den Faden des Holzes oder den Strich, d. i. wie man den Schlichthobel darauf geführt; und so setzt man sie nach dem Holzfaden, oder man stellt die Hälfte, weil hier die Windladen groß sind, dergestalt, daß die Holzfaser so, und die andre Hälfte gerade entgegen liegt, um alles eben und ohne Späne zu machen. Die Cancellen müssen genau in die Zahnausschnitte passen, aber ohne mit Gewalt gezwungen zu werden. Im Einfügen giebt man den Zahn= ausschalten Leim, und man taucht die beiden Cancellenenden in den Leimtiegel. Sie müssen ein wenig unten und oben am Rahmen vorragen, d. i. sie müssen etwas breiter seyn, als der Rahme hoch ist. Oft wollen solche lange Cancellen von 7 1 Zoll, 7 Linien nicht recht gerade bleiben, da sie nur an den zwei Enden im Rahmen stek= ken, und alsdenn entstehen unregelmäßige Cancellenzwischenräume. Um diesem vorzubeugen, so macht man sich zwei Lineále, etwa 3 Zoll dikk, und 1 bis 2 Zoll breit, auf die man die Cancellen und ihre Zwischenräume dem Ladenmaasse gemäß zeichnet. Diese zwei Lineále nagelt man, so daß man die Nägel leicht wieder weg= nehmen kann, queer über die Cancellenstangen auf die zwo=Queerseiten des Laden= rahmens, so daß sie diesen in drei gleich grosse Theile abtheilen. Unter jedes Ende dieser Lineále legt man ein Stükkchen Pappe, ehe man sie aufnagelt, um sie zu er= höhen, damit die Cancellen über den Rahmen an den zwo Flächen der Lade vor= stehen mögen. Die Lineále liegen auf der Gegenseite, wo das Brett oder die Tafel nicht hinkommen wird. Die Cancellen werden von oben an dem Rahmen in ihre Zahnausschnitte gestekkt. Wenn nun viele in ihrem Lager sind, und an den En= den eingeleimt worden, so kehrt man die Lade wieder um, und erhält sie in ihrer Länge vermittelst der Zwekken feste, welche man in die Lineále schlägt, so daß die Cancellen genau in den Mensurzügen zu liegen kommen, die auf den Lineálen ver= zeichnet sind. Alsdenn bleiben die Lineále so lange liegen, bis das Fundamentbrett (Tafel) aufgelegt wird.

Die also gelegten Cancellen werden, wenn der Leim trokken ist, überall, wo das Fundamentbrett hinkommen soll, mit dem Rahmen gleich bestossen, so daß ein richtiges überall angelegtes Lineal alle Cancellen und den Rahmen aller Orten berührt. Alsdenn ist das Windladengitter im Stande das Fundament über sich zu nehmen.

·Zum Fundamentbrette gehört ein Eichenbrett, ohne Aeste, Ritzen und von geraden Fasern. Man schafft sich alle Stükke an, woraus es besteht, damit alle seine Schlüsse immer von den falschen Registern bedekkt bleiben. ·Diese Stükke müssen nicht sehr breit seyn, sondern nur von 3 oder 4, bis 7 oder 8 Zoll aufs höchste. Man spaltet diese Bretter der Länge nach 5 bis 6 Linien dikk, wenn das Holz dikker als nöthig ist. Man ziehet sie der Breite nach mit Fleiß ab, und macht sie höchstens 5 Linien dikk. Man vereinigt sie vollkommen von einer Seite, man
legt

legt sie an ihren Ort auf das Ladengitter, wo man sie schwach anzwekkt. In allen Stükken muß die Holzfaser einerlei Richtung haben. Man untersucht mit dem Lineal, ob alle Schlüsse durch die falschen Register bedekkt sind. Darüber zeichnet man, vermittelst des Ausschnittlineals, eine Linie mit Bleistift gegen über der Mitte einer jeden Cancellenstange, und auch alle falsche Register ab, bloß um die Stelle anzudeuten, wo man jede Zwekke einschlagen soll, wenn man das Fundamentbrett auflegen wird. Ehe man alle diese Stukke der Tafel wegnimmt, stekkt man alle Zwekken ein, es muß aber keine durch die ganze Dikke durchgehen. Diese eiserne Zwekken müssen einen Kopf, 1 Zoll Länge und nach Proportion Dikke haben. Nun werden alle Stükke des Fundamentbretts zusammen gelegt, und so bald als möglich geleimt, ehe sie sich werfen.

Der engländische Tischlerleim ist am gedeihlichsten, ob er wohl theurer ist; man kann mit ihm die reinlichste Arbeit machen, und der Orgelbauer gebraucht viel Leim. Der flandrische ist hier untauglich, weil er nicht so gut hält. Aller Leim muß trokken erhalten und also bei Zeiten eingekauft werden, weil ihn die Nässe verdirbt. Um ihn zu schmalzen, wird er in einer Schachtel, die am Boden etwas hohl ist, mit einem etwas bauchigen einpassenden Dekkel, in kleine Stükke zerdrükkt, damit er nicht wegspringe, wenn man auf den Drükfdekkel mit dem Hammer schlägt. Dieser zerdrükkte Leim wird im Leimtiegel mit 2 Zoll Wasser darüber übergossen und ans Feuer gestellt. Die ihn vorher erweichen lassen, verderben ihn. Den Leimtiegel sezzt man in ein ander Gefässe mit Wasser (Marienbad) und rührt ihn um; andre sezzen ihn gleich ans Feuer, und brauchen nur das Bad denn, wenn sie den Leim aufstreichen wollen. Man rührt ihn beständig mit einem Holzspatel von weissem Holze, z. E. Linden, Pappel, aber niemals von Eiche. Wenn er im Boden geschmolzen ist, so wird er an die Kohlen gesezt, geschäumt, und er muß rein fliessen und durch Leinwand geseiht werden. Man sorgt, daß er sich nicht am Boden ansezzt. Wäre der Leim zudikke, so würde man heisses und reines Wasser zusezzen. Einige ziehen das Flußwasser dem Brunnenwasser vor. Ausserdem schlägt der Leim um, und er muß daher nur von Mannspersonen gekocht und gemacht werden. Man kocht nicht länger, als auf 8 Tage. Wenn er schimmelt, taugt er nicht. Einige giessen Branntwein zur längern Dauer zu. Wenn man ihn von Zeit zu Zeit gelinde umschmelzt, ob man ihn gleich nicht braucht, so dauret er auch länger.

Ist alles fertig, so legt man die zwei Enden des Windladengitters auf die Ränder zweener Werktische. Unter der Lade stehen auf der Erde einige Kohlbekken, damit sich der Leim nicht zugeschwinde figire. Und nun überzieht man mit einem grossen Pinsel den Untertheil des ersten Stükks des Fundamentbretts mit Leim, und den Theil der Cancellen, so dieses Stükk der Tafel bedekken soll. Dieses legt man hurtig an seine rechte Stelle, indem man es nach allen Seiten hin und her rükkt,

um

um den überflüssigen Leim wegzubringen und die Luft heraus zu lassen. Alle Stiften werden mit Fleiß eingeschlagen, ein Stück nach dem andern hurtig und so akkurat als möglich angeleimt und bezwekkt; dabei müssen 3 bis 5 Personen helfen, jede hat ihren Hammer zu den Stiften, und ihre Zange, die krummen Zwekken geschwinde auszuziehen und andre einzuschlagen. Vor dem Aufleimen des zweiten Brettstükks muß aller Leim auf den Cancellen am ersten Brette und dem nächsten Schlusse weggewischt werden, damit das zweite Stükk vollkommen auf den Cancellen und dem ersten Brette passe und anliege. Um diese Genauigkeit zu haben, richtet man ein Brett, so lang als die Lade, 7 bis 8 Zoll breit, und so dikk, als das Fundamentbrett zu; man paßt das zweite Stükk ans erste, ohne Leim, und nun legt man das neu gemachte Brett gegen dieses Fundamentstükk, so es gegen das erste drükft, und man zwekkt das Hülfsbrett an jedem Ende mit Zwekken an. Das zweite Stükk Tafel wird weggenommen, und nebst den Cancellen, wie auch am Schlusse des erstern Stükks mit Leim versehen, an seine Stelle gebracht, gerutscht, vom Brette in seiner Lage erhalten, und geschwinde wie das erste bezwekkt. Man nimmt das Hülfsbrett ab, und verfährt mit allen übrigen Stükken eben so. An den beiden Seiten jedes Schlusses kommen die Stifte in zwo Linien zu stehen, damit sich die Verbindungen niemals verrükken mögen. Sollte eins dieser Stükke breit genug seyn, 2 bis 4 Register zu enthalten, so sezzt man eine Reihe Stifte unter jedes falsche Register, und auf die Mitte des Plazzes eines Registers, wenn dieses sehr breit ist. Auf jede Cancelle kommt in jeder Stiftreihe ein Stift, und zwo Reihen auf dasjenige Stükk Tafelbrett, so den Rahmen bedekkt. So wie man die Nägelchen einschlägt, so treibt ein Geselle eine Linie tief alle Köpfe mit einem am Unterende etwas hohlen Durchschlage, von der Dikke der Köpfe, zurükk, damit der noch nicht trokkne Leim Stellen finden möge, wo er die Tafel an die Cancellen desto besser vereinigen könne.

Manche Künstler fangen die Lade damit an, daß sie alle Tafelstükke an einander leimen, auf einer Seite eben machen, und sie auf die vier Stükke des Rahmens, und die 2 oder 3 Cancellen, die schon daselbst stekken, leimen und nageln, und eine Cancelle nach der andern einsezzen. Sie bedienen sich dazu eines geraden Lineals, 6 Linien dikk, etwas weniger breit, und ein wenig kürzer, als die Cancellen. Man leimt und nagelt es feste auf ein Brett, so 3 Zoll breit, und länger, als die ganze Lade lang ist. Dieses Werkzeug macht man an jedem Ende des Werktisches durch einen Zwingehaken feste. Nun giebt man der Tafel inwendig an der Lade Leim, wo die Cancelle liegen soll, wie auch den beiden Zahnausschnitten, und längst der Cancelle und den beiden Enden; man legt die Cancelle an ihren Ort, wendet die Lade um, so daß die Cancelle recht auf dem Brette liegt, und dieses dagegen ans Lineal schliesse, wobei die Cancelle gerade gehalten wird, wenn man

fie

sie nagelt. Alles wird längst aus an die gezeichneten Stellen benagelt, damit die Stifte durch die falschen Register bedekkt werden. Ist eine Cancelle feste, so kehrt man die Lade um und wischt allen Leim von der folgenden neuen Cancellenstelle weg. Und so folgen denn die zwote, dritte Cancelle u. s. w. Zu jeder kehrt man die Lade zweimal um, einmal um sie zu leimen und einzusezzen, das andre mal um sie zu nageln. Beide Arten sind gut, die erste aber vorzuziehen.

Sind alle Stifte zuruff geschlagen, so sezzt man die Lade auf die schmale Kante gegen eine Wand auf, die Ausschnitte (Cancellenräume) auswendig, und bringt sie gegen Sonne und Nässe in Sicherheit, bis der Leim recht trokken ist. Und nun folgt das Leimausgiessen. Man legt die Lade mit der Tafel unten und wagerecht, man nimmt die zwei Lineäle weg, die nun nicht mehr die Cancellen halten dürfen. Man fülle mit heissem Leime 4 bis 6 Ausschnitte (Cancellenräume) an, läßt es so eine Viertelminute stehen, bewegt den Leim verstreichend in jedem der 4 bis 6 Ausschnitte, und leeret den Leim in einen Kessel aus, indem man die Lade umkehrt und überneigt und alles auströpfeln läßt, und es wird frischer neuer Leim in die andren Räume eben so gegossen und eben so ausgeleert, worauf man die Lade gegen die Wand lehnt. Ist der Leim recht trokken und hart, so gießt man alle Cancellenräume zum zweiten male eben so aus. Jedes mal steht die Lade aufrecht, doch auf der Gegenkante, weil der nachrinnende Leim sonst am Ende der Räume eine kleine Rinne macht. Das Ausgiessen soll die Schweißlöcher des Holzes verstopfen, damit der Wind nicht künftig durchheule. Das Auströpfeln ist nöthig, denn die zudikken Leimstellen faulen bei feuchter Luft und trokknen niemals.

Ist der Leim erst in den Cancellenräumen recht trokken, so wird die Lade auf den Werktisch, die Cancellen unten gelegt, man richtet das Fundamentbrett mit dem grossen Schlichthobel von kleinem Eisen zu, um keine Späne zu machen, und das Brett muß vollkommen glatt, einförmig und gut bestossen seyn; Hobel und Schabeeisen würden alles verderben, weil sie aushöhlen; daher sezzt man alle Bretter dieser Tafel so zusammen, daß der Holzfaden einerlei Richtung bekommt; ohne diese Vorsicht würde es schwer seyn, das Fundamentbrett recht eben zu machen und zu verbinden. Um diese gerade Glätte zu untersuchen, hält man die Lade gegen die Sonne, so daß die Sonne die Oberfläche des Bretts queer über und nicht nach der Länge bestreicht. Und so kann man die kleinsten Fehler sehen; man sieht jeden Gang des Schlichthobels (varlope), wenn dessen Eisen zusehr vorgeragt, oder nicht flach genug gewezzt ist. Diese Stösse hobelt man mit dem kleinsten, gehörig gewezzten Schlichthobeleisen wieder weg.

Nunmehr folgen die nöthigen Löcher. Man bestimmt erst, welche Lage jede der vier Ladenabtheilungen bekommen soll, um zu wissen, wo die Vorderseite, die Hinterseite, das Ende der Lade hinkommen soll, so die ersten Pfeifen tragen wird.

Vordertheil heißt hier der Theil der Lade, wo man den Windkasten bohrt, oder an der Frontseite der Orgel, Hintertheil ist die entgegen gesezte Seite. Die Baßseite der Lade ist das Ende mit den größten Pfeifen; die Diskantseite gehört den Diskantpfeifen.

Nun legt man das Linealmaaß der Register und falschen Register an jedes Ende, wo die Querstükke des Rahmens sind, und oben an die Tafel an. Man sticht die Punkte ab, und zieht mit einer Spizze die Pläzze der Register und falschen Register. Mit Bleistift werden andre Linien zwischen den falschen Registern bemerkt, um die Stelle der Löcher zu wissen, die auf der Tafel gemacht werden, den Pfeifen jeder Stimme ihren Wind zu geben. Kommt eine Stimme auf eine gerade Linie, so zieht man nur eine zwischen 2 falschen Registern; soll sie als ein Zikkzakk laufen, so ziehet man 2 Linien, nur daß man die grossen Löcher nicht zunahe an den Rand des Registers macht; denn es müssen wenigstens 5 Linien am Rande des Registers jederzeit übrig bleiben, wenn das Loch in seiner ganzen Grösse fertig ist. Man paßt das Maaß der Baßausschnitte an die Baßladen, und das Diskantmaaß an, wenn man an einer Diskantlade arbeitet. Man legt nämlich diese Maaße an die Ränder des Ladenvordertheils und an den Rand des Hintertheils; man sticht die Mitte jedes Cancellenausschnitts mit Punkten ab, und ziehet mit dem Bleistifte Linien von einem Punkte zum andern, nach der ganzen Länge der Lade. Da sich diese Linien mit denen durchschneiden, die man zwischen den falschen Registern gemacht, so geben sie in jedem Durchschnittspunkte die wahre Stelle für jedes Loch.

Da die Baßlade dreifache Cancellenausschnitte hat, so muß man die, welche den Posaunenstimmen den Wind geben sollen, und die unterscheiden, über denen man die Ausschnitte der andern Stimmen anbringen will, welche gedoppelte Ausschnitte bekommen u. f. w. Hier muß man sich, wie folgt, verhalten. Man macht die Linien, so die Mitte der Posaunenausschnitte andeuten, wenn man will, mit schwarzer Kreide; die Linien, so die Mitte jedes der ersten Doppelausschnitte bezeichnen, mit Rothstein; und endlich den zweeten jeder Doppelräume mit weisser Kreide. Man bemerkt mit einem O von schwarzer Kreide alle Punkte, wo sich die schwarzen Linien mit den Linien der Register der Posaunenstimmen durchschneiden, und diese Nullen geben die Stellen für jedes Loch dieser Stimmen. So macht man Nullen mit dem Rothstein an allen Punkten, wo sich die rothen Linien mit den Registern der Stimmen durchschneiden, die man auf den ersten der Doppelausschnitte sezzen will. So bezeichnen ferner die weissen Nullen alle Punkte, wo sich die weissen Linien mit den Linien der Stimmregister durchschneiden, die auf dem zweiten der Doppelcancellen spielen sollen. Auf jeden Registerplazz schreibt man mit Bleistift den Namen seiner Stimme bei. Da die Diskantladen nur Doppelausschnitte haben, so zeichnet man den einen Ausschnitt schwarz für die Posaune, und den andern roth für alle andre Stimmen.

Nun

Nun thut man auf jede Null einen Schlag mit einem dikken Pfriemen und Hammer, eine Linie tief die Stelle des Loches zu bemerken, damit der Trauchbohrer recht in die Mitte und nicht weiter eingreife. Ehe man das Fundamentbrett bohrt, so muß man wissen, daß man den Cornetten nur zwo Oktaven giebt, und daß sie nur vom Mittel C des Klaviers anfangen. In unserm gegenwärtigen Ladenwerke, so wir hier beschreiben, giebt es 50 Tasten. Wenn man also jeden Ausschnitt nu= meriret, so kommt das Mittel C des Klaviers auf den 24sten Ausschnitt an einer der zwo Diskantladen, welche alle diese Ziefern paarweise hat. Hier macht man 14 Löcher, und man läßt den ersten Ausschnitt weg, woselbst für die Cornette keine Löcher gemacht werden. An der andern Diskantlade, deren Zahlen unpaar sind, kommen nur 13 Löcher für die Cornetten, und das erste Loch fällt auf den 25sten Ausschnitt; folglich läßt man die zwei ersten Ausschnitte weg, woran kein Cornetten= loch kommt. Hätten wir in unsrer Beschreibung nicht das erste Cis weggelassen, so hätten wir 51 Tasten, das Mittel C würde sich auf dem 25sten Ausschnitt befinden, und man würde 14 Löcher auf der Lade der unpaaren Ziefern, und 13 auf der Lade der paarweisen haben.

Sind nun alle Löcher gestochen, so bohrt man sie mit dem kleinen Eisen des Trauchbohrers, nämlich mit der Dikke von Nummer 2 der Bohrplatte. Ich werde die Durchmesser dieser Löcher der Bohrplatte nach rheinländschen Linien her= sezzen, um die Kupfer zu sparen. Es ist also der Durchmesser des größten Loches oder Nr. 14. sieben Linien rheinl. Maaß (den Zoll zu 12 Lin. die Linie zu 12 Skru= pel) 8 Linien, 2 Skrupel; Nr. 13. 7 Lin. 6 Skr. Nr. 12. 6 Lin. 7 Skr. Nr. 11. 6 Lin. Nr. 10. 5 Lin. 9 Skr. Nr. 9. 5 Lin. 5 Skr. Nr. 8. 5 Lin. Nr. 7. 4 Lin. 7 Skr. Nr. 6. 4 Lin. Nr. 5. 3 Lin. 3 Skr. Nr. 4. 3 Lin. Nr. 3. 2 Lin. 8 Skr. Nr. 2. 2 Lin. Nr. 1. 1 Lin. 4 Skr. Diese Bohrplatte enthält alle Löchergröffen der Windläden, die wir noch oft brauchen werden. Ist dieses geschehen, so führt man in zweierlei Richtungen den grossen Schlichthobel mit kurz gestelltem Eisen über die Tafel, um alle Splitter des Bohrers, aber keinen Span wegzunehmen.

Die Register sind hölzerne Lineäle, nicht vollkommen 3 Linien dikk, und lei= ten den Wind für die Pfeifen. Man legt sie zwischen die falschen Register. Sie müssen vollkommen über der Tafel schliessen. Fast alle Orgelbauer futtern sie von unten mit weissem Leder, daß der Wind nicht zwischen der Ladentafel und dem Re= gister durchschleichen möge. Allein das beständige Hin= und Herschieben der Register verursacht am Fundamentbrette ein Reiben, davon das Leder zerrieben wird, und gleichsam eine Lederwolke macht, die der Wind in die Pfeifen jagt, und welche die Registerschleifen verstopft u. s. w. Besser ist es also, das Leder wegzulassen, und lieber die Registerschleifen recht gerade zu machen, und das Hobeleisen recht gerade nach dem Lineale zu wezzen. Um die Registerschleifen recht gerade und überall gleich

dikke

diffe zu beſtoſſen, dient der oben gedachte Hobel (filiere). Tab. II. Fig. 31. Man ziehet die Regiſter ſehr genau nach ihrer Breite, die am Ladenmaaße bemerkt iſt, und drei gute Linien diff. Alsdenn befeſtigt man am Werktiſche den Hobel mit zween Bandhaken, man reibt die Regiſter ein wenig mit Seife, ſtekkt ſie durch den Hobel, ſchlägt das Hobeleiſen ſo weit ein, daß es ein wenig an den Regiſtern an-beißt, und zieht den Hobel ſachte hin und her, bis er nicht mehr angreift, da man denn die Schraube etwas dreht, um ihn niedrig zu ſtellen. Die beſte Regiſterdiffe iſt 2⅕ Linie; und kurz, je dünner die Regiſter ſind, je beſſer ſind ſie, doch ohne zerbrechlich zu werden. Sie werden nach dem Holzfaden in den Hobel gebracht, und gleichſam darin gerleben.

Die falſchen Regiſter macht man drei gute Linien diff, und genau nach dem Ladenmaaſſe breit. Man leimt und nagelt das erſte an; man paſſet daran das erſte Regiſter. Gegen dieſes leimt und nagelt man das zweite falſche Regiſter, an dieſes fügt man das zweite Regiſter u. ſ. w. bis alle falſche Regiſter feſte ſind; indem man jedes mit dem Ladenmaaſſe erſt unterſucht. Keine Zwekken müſſen dahin kommen, wo die Nägel des Pfeifenſtokfs hintreffen werden; alle Zwekken müſſen in die Can-cellenſtangen; und nicht in die Einſchnitte eindringen, von 3 zu 3 Stangen, und man muß keinen Leim unter die Regiſter durchlaufen laſſen. Endlich werden die falſchen Regiſter mit den Regiſtern wagerecht gehobelt. Die rechten Regiſter ragen 4 bis 5 Zoll vor der Ladenlänge vor; die falſchen aber bleiben nur ſo lang als die Lade. An jedem Ende macht man das Regiſter mit einem dünnen Stifte feſt, und nun nagelt man die Pfeifenſtökke auf. Dieſes ſind einen Zoll diffe Bretter, und ihre Breite reicht von der Mitte eines falſchen Regiſters bis zur Mitte des nächſten falſchen Regiſters. Das Holz der Pfeifenſtökke muß ohne Aeſte u. ſ. w. ſeyn. Wenn alle fertig ſind, ſo iſt jeder einen Zoll diff. Man paßt und richtet ſie genau nach dem Ladenmaaſſe, um ſie neben einander feſte zu nageln. Die Nägel dazu ſind von Eiſen, 2 Zoll lang, von etwas kleinem, aber gut gemachtem Kopfe. Man futtert ihre Köpfe mit mehreren Scheiben von ſolchem Leder, als man zum Oberleder der Schuhe nimmt. Um dieſes Futter leicht und genau zu verfertigen, ſo macht man am Ende eines Brettſtükkes viele Löcher, worin ſich einer dieſer Nägel leicht paſſet, und man ſchneidet das Leder in etwas gröſſere Stükke, als die Nagelköpfe ſind. Dieſe Leder werden mit einem Pfriemen durchbohrt, man ſtekkt den Nagel durch, und wenn man ihn mit 3 oder 4 Lederſtükken verſehen, ſo ſtekkt man dieſen Nagel in eins der Brettlöcher, ſo auf dem Werktiſche feſte gemacht iſt, man thut ein paar Schläge mit dem Hammer, um die Leder unter dem Kopfe dicht an einander zu trei-ben, und man ſchneidet ſie alle rings um den Kopf mit einem Meſſer ab, und zwar ehe man den Nagel wieder aus ſeinem Loche nimmt. Man hat daher viele Löcher in das Stükk Brett gemacht, weil ſich der Gang des Loches ausnützet, da man

die

die Leber zu schneiden Kraft anwendet; alsdenn läßt man es weg und nimmt ein
andres.

Da die zwo Diskantladen 48 Zoll, 2 Lin. lang sind, so werden sechs Paar
Nägel an jedem Pfeifenstoffe angebracht; denn sie stehen 2 und 2, d. i. es kommen
2 Nägel von 9 zu 9 Zoll, und da man 30 Pfeifenstöffe hat, so gebraucht man
360 Nägel. An der Baßlade, die fast eben so lang ist, braucht man noch einmal
so viel, d. i. 720 Nägel, die man gedoppelt nimmt, weil es vier Laden sind. Folglich muß man in allem 1440 Nägel beledern.

Wenn alle Pfeifenstöffe auf die Lade gelegt worden, so ziehet man von den
zwei äußersten Enden zwo Queerlinien, unter sich parallel, und dem äußersten Ende
der Queerstüffe des Rahmens gegen über. Dies beträgt genau die Länge der Lade,
und diese giebt genau die Länge für die Pfeifenstöffe. Zwischen den vorigen werden
sechs andre Parallellinien für die Stelle jedes Nagels gezogen. Man bohret die
Löcher zu den Nägeln des Pfeifenstoffs mit dem Trauchbohrer, dessen Eisen so diff
seyn muß, als die Nägel. Man macht mit dem ersten und dem letzten Pfeifenstoffe
den Anfang, um alle übrigen in ihrer Lage zu erhalten. Die Löcher werden etwas
schief gebohrt, um nicht das Register zu verletzen, und so stehen zwar immer 2 und
2 Nägel beisammen, aber oben am Kopfe weiter, unten enger bei einander. Sie
müssen die Cancellenstangen, aber nicht die Ausschnitte, d. i. ihre leere Zwischenräume durchdringen. Sobald man ein Loch am Ende des Pfeifenstoffs gebohrt,
so muß man sogleich einen Nagel in dieses Loch stekken und ihn einschlagen; erst alsdenn macht man das Loch am andern Ende, und schlägt den Nagel ein, weil sonst
der Pfeifenstoff verrüfft würde. Alle Nägel werden vor der Einsenkung in ihre
Löcher mit Fett bestrichen; denn die Gewohnheit, die Nägel vorher auszuglühen,
taugt nicht, weil sie im Feuer Schuppen bekommen. Um diesem vorzubeugen, so
macht man davon Pakete von 100 bis 300, man schlägt ein Leinentuch um, so
man mit groben Faden verbindet; alles wird in wohl geknetete Lehmerde eingeschlagen, die man langsam am Feuer troffnet. Die Rizzen streicht man wieder mit
Lehm zu; und der getroffnete Klumpen wird in glühende Kohlen bis zum Durch-
glühen gelegt, darin er von selbst kalt werden muß. Solchergestalt werden die Nägel weicher und zerbrechen nicht so leicht. Man giebt dem Nagelschmiede gemeiniglich ein Modell, wenn man diese Nägel bei ihm bestellt.

Wenn alle Pfeifenstöffe angenagelt worden, so kehrt man die Lade um und
um, d. i. die Ausschnitte nach oben, und man siehet in deren Grunde die Löcher der
Tafel. Man setzt in den Trauchbohrer das vorige Eisen, womit sie gemacht wurden; man stekft es in diese Löcher, und bohrt die Register und Pfeifenstöffe, doch
nicht gerade, besonders an der Länge der Ausschnitte, durch, woselbst man die
Löcher der Pfeifenstöffe, wenn man|die Tafel bohrt, etwas ziffzaffförmig bohren
kann.

H

kann. Dieses Zikkzakk dienet nur die Pfeifen ein wenig weiter zu stellen. Doch dieser Fall ist hier eben nicht, weil eine Stimme dicht bei der andern steht. Ausgemeisselte Pfeifenstöffe, z. E. für die Mixturen und Cimbeln, werden nur bis zu ihrer halben Dikke gebohrt, indem man das viel dikkere Bohreisen mit einem Stükkchen Holz verwahrt, damit es nicht zutief eingreife. Dieses auf die Mitte des Bohreisens aufgestekkte Holz ist hier dikk und cilindrisch, um nicht in die Ausschnitte zu kommen, da sonst die andren Hölzer zu den Pfeifenstokkbohrern bequemer sind, wenn man sie keglig schneidet, weil sie die Arbeit nicht verdekken.

Nun wird die Lade umgekehrt, die Pfeifenstöffe nach oben, und man bohret einige Löcher, die es seyn müssen, grösser auf. Um dieses gehörig zu verrichten, so ziehet man queer und über die Pfeifenstokke eben die Linien mit dreierlei Kreide, wie ich bei den Baßladen gesagt. Man gebraucht hier eben die Kreiden. Diese Linien gehen über alle Löcher, und unterscheiden die Ausschnitte der Posaunenstimmen, so wie den ersten und zweiten jeden Doppelausschnitts. Die Löcher, welche man grösser zu machen hat, sind von zweierlei Art; einige werden vierekkig, um mehr Wind durchzulassen, die andern bleiben rund. Anfangs stekkt man ein Bohreisen in das Loch, dessen Dikke sich für das kleinste Quadratloch schikkt. Es ist dieses Nr. 10 auf der Platte, so Tab. III. Fig. 66. verjüngt zu sehen ist. Diese Nummer 10 hat im Durchmesser 6 Linien rheinl. (da Nr. 14. 8 Lin. hat) die zwote 7 Lin. die dritte 6 Lin. 10 Skr. die vierte 6 Lin. 4 Skr. die fünfte oder jezzt gebrauchte 6 Lin. (von dem größten Loch oder Nr. 14. an gerechnet) Nr. 9. ist 5 Lin. 4 Skr. Nr. 8. ist 4 Lin. 9 Skr. Nr. 7. ist 4 Lin. 2 Skr. Nr. 6. ist 3 Lin. 9 Skr. Nr. 5. ist 3 Lin. 7 Skr. Nr. 4. ist 3 Lin. Nr. 3. ist 2 Lin. 8 Skr. Nr. 2. ist 2 Lin. Nr. 1. ist 1 Lin. 7 Skr. oder wie die vorhergehende Bohrplatte.

Wenn ich also von den Nummern der Löchergrössen reden werde, so muß man allezeit solche runde Löcher darunter verstehen, wie ich jezzt in der Eisen oder Kupferplatte abgemessen. In den Baßladen muß für die Cornets kein Loch seyn. Die dritte Stimme, nämlich Principal (la montre) von 32 Fuß, bekommt alle diese Löcher von Nr. 10. man macht sie hernach vierekkig. Eben diese Nr. 10. gehört für die sieben folgenden Stimmen. Ein grosser Theil dieser Löcher werden vierekkig gemacht. Die eilfte oder Grosnasard bekommt die vier ersten Löcher von Nr. 10. die vier folgenden von Nr. 9. die zwei andern von Nr. 8. einige sind quadrirt. Die zwölfte Stimme, Bourdon, 8 Fuß, hat alle Löcher von Nr. 10. und einige vierekkige. Die 13te, oder der Prestant, bekommt die zwei ersten Löcher von Nr. 10. zwei von 9, zwei von 8, zwei von 7, zwei von 6, und alle bleiben rund. Die 14te Stimme, nämlich die große Terz, wie die vorhergehende. Die 15te, oder der Prestant der Posaune, eben so. Die 16te, oder grosse Posaunenmixtur, bekommt kein Loch, weil der Pfeifenstoff vorher ausgeschnitten wird. Die 17te, oder

oder Nasardsquarte, acht Löcher von Nr. 6. und zwei von 5, alle rund. Die 18te, oder Nasard, vier erste Löcher von Nr. 7. vier von 6, zwei von 5, alle rund. Die 19te und 20ste Stimme, nämlich Doublette (Oktav 2 Fuß) und Terz, wie die vorige Quarte. Die Stimmen 21, 22, 23, 24, oder die zwo Mixturen (fournitures) und die zwo Cimbeln bekommen kein Loch, weil man vorher ihre Pfeifenstökke ausschneiden muß. Die Stimme 25, oder Posaune (bombarde), hat alle Löcher von Nr. 12. und viele viereckig. Die 26ste, oder Trompete der Posaune, hat alle Löcher von Nr. 12. alle rund. Die 27ste, der Posaunenclairon, hat alle Löcher von Nr. 10. und rund. Die 28ste, oder erste Trompete, wie die vorhergehende. Die 29ste, oder zwote Trompete, eben so. Die 30ste Stimme, das Clairon, eben so. Wenn alle diese Löcher also vergrössert worden, so verfährt man eben so mit der andern Baßlade, welche dieser ganz gleich ist.

Man nimmt hierauf eine der zwo Diskantladen vor die Hand, die man schon mit Nr. 2. in der Tafel zu den Registern und Pfeifenstökken gebohrt. Diese Löcher vergrössert man auf folgende Art. Die Stimmen 1 und 2, nämlich die zwei Cornets, bekommen alle Löcher von der Nr. 10. und werden hernach viereckig gemacht. Die Stimme 3, oder Folge des Principals 32 Fuß, hat die ersten acht Löcher von Nr. 10. diese werden viereckig, endlich zwei von Nr. 8. zwei von Nr. 7. zwei von 6, zwei von 5, und eins von 4. Die 5te Stimme, oder Principal 8 Fuß, hat drei Löcher von Nr. 5. sechs von 4, sechs von 3, alle rund. Die Stimme 6, oder Bourdon 32 Fuß, bekommt die neun ersten Löcher von Nr. 10. und werden viereckig geschnitten; das zehnte Loch ist Nr. 8. das eilfte von 7, zwei von 6, zwei von 5, diese bleiben rund. Die Stimme 7, oder Bourdon (Holzgedakkt) 16 Fuß, hat die drei ersten Löcher von Nr. 10. werden viereckig; drei von Nr. 7. drei von 6, drei von 5, drei von 4, bleiben rund. Die 8te Stimme, oder das zweite Achtfuß, (voraus gesetzt, daß die ganze erste Oktave in der Orgelfronte steht, und daß alle 30 Pfeifen auf die Lade angebracht sind) bekommt die ersten drei Löcher von Nr. 7. drei von 6, drei von 5, drei von 4, drei von 3, alle rund. Die Stimme 9, Bourdon 8 Fuß zur Posaune, die zwei ersten Löcher Nr. 8. zwei von 7, zwei von 6, drei von 5, drei von 4, drei von 3, alle rund. Stimme 11, oder Grosnasard, wie der Bourdon 8 Fuß. Stimme 12, oder Bourdon 8 Fuß, wie der Posaunenbourdon 8 Fuß. Stimme 13, oder Prestant, wenn er auf der Lade ganz steht, vier Löcher Nr. 6. vier von 5, vier von 4, drei von 3, alle rund. Stimme 14, oder grosse Terz, wie der Prestant. Stimme 15, oder Posaunenprestant, wie der vorige Prestant. Stimme 16, oder grosse Posaunenmixtur, bekommt noch kein Loch, weil man den Pfeifenstoff vorher ausschneiden muß. Stimme 17, oder Nasardsquarte, das erste Loch Nr. 5. vier von 4, vier von 3, fünf von Nr. 2. wie sie schon vorher gebohrt waren, alle rund. Stimme 18, oder Nasard, zwei

Löcher

Löcher Nr. 5. vier von 4, neun von 3, alle rund. Die Stimmen 19 und 20, oder die Doublette und Terz, wie die Nasardsquarte. Die Stimmen 21, 22, 23, 24, oder zwo Mixturen und zwo Cimbeln, ohne Loch, werden vorher ausgeschnitten. Stimme 25, oder Posaune, sechs Löcher von Nr. 11. neun von 10, sechs von 9, alle rund. Stimme 26, Posaunentrompete, neun Löcher Nr. 10. sechs von 9, alle rund. Stimme 27, oder Posaunenclairon, wie die Trompete. Die Stimmen 28, 29, 30, oder erste Trompete, zwote Trompete, Clairon, wie die Posaunentrompete gebohrt.

Wenn alle Löcher an den vier Windladen aufgebohrt sind, so werden einige, die es nöthig haben, vierekkig gemacht. Zu dieser Absicht entnagelt man alle Pfeifenstökke, man schneidet sie nach der Länge, und legt sie nach der Reihe. Die Register bleiben an den beiden Stiften feste an jedem Ende, und man zeichnet darüber die Virekke zu den Löchern, die man nach dem folgenden Maasse vierekkig macht. Um die Löcher vierekkig zu machen, bedient man sich eines schneidenden Meissels von dienlicher Breite, und man meisselt die Löcher so reinlich aus, daß sich das vierekkige Loch zugleich am Register, der Tafel, bis in die Ausschnitte hinein zeigt, dabei das Loch von unten so groß als von oben seyn muß.

Um bei der Baßlade das Ausmeisseln anzufangen, so zeichnet und hauet man die Löcher des Registers und des Fundamentbrettes zur dritten Stimme, d. i. Principal 32 Fuß, zugleich aus: denn wir lassen die vier ersten Pfeifen weg, und fangen mit F von 24 Fuß an. Also muß man sich nur an den ersten Ausschnitt des dritten Paares der Doppelausschnitte machen, den ich das dritte Loch nennen werde. Man macht es 9 Linien nach einer Gegend, und 16 auf der andern. Das vierte Loch hat 9 und 15 Lin. das fünfte 8 und 15 Lin. das sechste 8 und 13 Lin. das siebente 8 und 12 Lin. das achte 8 und 11 Lin. das neunte 8 und 10 Lin. das zehnte 8 und 9 Lin. Es ist zu beobachten, daß man 9 Linien Breite, nach der Breite des Ausschnitts, und die 16 Lin. nach der Länge des Ausschnitts rechnet, d. i. queer über das Register genommen, so daß das Register des Principals 32, 30 Linien Breite hat, und noch 7 Linien Holzbreite an jeder Seite des Loches übrig bleiben; und so bleibt das Register doch noch stark genug. Stimme 4, oder Principal 16 Fuß, zum ersten Loche 9 und 12 Lin. eins von 9 und 11, zwei von 9 und 10, zwei von 8 und 9, zwei von 8 und 8, zwei von 7 und 8 Lin. Stimme 5, oder Principal 8 Fuß, ein Loch von 8 und 8, eins von 7 und 8, zwei von 7 und 7, zwei von 6 und 7, zwei von 6 und 6; zwei Löcher bleiben rund nach Nr. 10. Stimme 6, oder Bourdon 32 Fuß, dem die 4 ersten Pfeifen fehlen, hat für das dritte Loch 8 und 18, zum vierten 8 und 17, zum fünften 8 und 15, zum sechsten 8 und 13, zum siebenten 8 und 12, zum achten 8 und 11, zum neunten 8 und 10, zum zehnten 8 und 9 Lin. Stimme 7, oder Bourdon 16 Fuß, ein Loch von 9

und

und 12, eins von 9 und 11, zwei von 9 und 10, zwei von 8 und 9, zwei von 8 und 8, zwei von 7 und 8 Lin. Stimme 8, oder das zweite Achtfuß, ein Loch von 8 und 8, zwei von 7 und 8, zwei von 7 und 7, zwei von 6 und 7, drei von 6 und 6 Lin. Stimme 9, oder Posaunengedakft 16 Fuß, ein Loch von 8 und 13, eins von 8 und 12, zwei von 8 und 11, zwei von 8 und 9, zwei von 8 und 8, zwei von 7 und 8 Lin. Stimme 10, oder Posaunengedakft 8 Fuß, ein Loch von 8 und 8, eins von 7 und 8, zwei von 7 und 7, zwei von 6 und 7, zwei von 6 und 6, zwei bleiben rund von Nr. 10. Eilfte Stimme, oder Großnasard, zwei Löcher von 7 und 7, zwei von 6 und 7, eins von Nr. 10. eins von Nr. 9. zwei von Nr. 8. zwei von Nr. 7. Also sind die ersten 4 Löcher vierekkig, und die andern 6 rund. Stimme 12, oder Bourdon 8 Fuß, wie vorher der Posaunenbourdon 8 Fuß. Stimme 13, oder Prestant, hat kein vierekkiges Loch. Stimme 14, oder grosse Terz, ohne vierekkig Loch. Stimme 15, oder Posaunenprestant, ohne vierekkig Loch. Stimme 16, oder grosse Posaunenmixtur, die 4 ersten Löcher von 8 und 13, die 6 andern von 8 und 12. Stimmen 17, 18, 19, 20, oder Nasards quarte, Nasard, Doublette und Terz, ohne vierekkige Löcher. Stimme 21, 22, 23, 24, oder zwo Mixturen und zwo Cimbeln; jedes hat die ersten 4 Löcher von 9 und 12, und die 6 andern von 8 und 12 Lin. Stimme 25, oder Posaune, hat 2 Löcher von 8 und 10, zwei von 8 und 9, zwei von 8 und 8, zwei von 7 und 8, zwei rund Nr. 14. Stimme 26, 28, 29, oder drei Trompeten, alle 10 Löcher rund Nr. 12. Stimme 27 und 30, oder zwei Clairons, haben alle 10 Löcher rund von Nr. 10.

Sind alle Löcher der Register und des Fundamentbrettes der zwo Baßladen fertig, so muß man auch die an den beiden Diskantladen nöthigen Löcher ausmeisseln. Ich werde nur die eine beschreiben, weil man an der andern eben das vornimmt. Die zwo ersten Stimmen, oder zwei Cornets haben die drei ersten Löcher von 8 und 8, drei von 7 und 8, drei von 7 und 7, vier andre von 6 und 7 Linien. Für diese zwei Cornets braucht man nur 13 Löcher an einer Lade, und 14 an der andern, weil diese zwo Stimmen nur 27 Tasten bekommen, und nur mit dem dritten C mitten am Klaviere anfangen. Stimme 3, oder Suite von Principal 32 Fuß, zwei Löcher von 8 und 8, zwei von 7 und 8, zwei von 7 und 7, zwei von 6 und 7 Lin. Die sieben andern rund nach den Nummern, wie ich oben bei den Diskantladen angegeben. Stimme 4, oder Principal 16 Fuß, ein Loch von 7 und 7, zwei von 6 und 7, eins von 6 und 6 Lin. Die andren Löcher Nr. 11. wie oben bei den Diskantladen. Stimme 5, oder Principal 8 Fuß, alle Löcher rund, wie oben gesagt. Stimme 6, oder Bourdon 32 Fuß, zwei Löcher von 8 und 8, zwei von 7 und 8, zwei von 7 und 7, zwei von 6 und 7, eins von 6 und 6 Lin. die andern 6 rund, siehe oben. Stimme 7, oder Bourdon 16 Fuß, ein

Loch

Loch von 7 und 7, zwei von 6 und 7, eins von 6 und 6 Lin. die 11 andern rund, wie oben gesagt. Stimme 8, oder zweites Achtfuß, alle Löcher rund, wie oben gesagt. Stimme 9, oder Posaunenbourdon 16 Fuß, wie der vorhergehende Bourdon 16 Fuß. Stimme 10, oder Posaunenbourdon 8 Fuß; siehe vorige Diskantlade. Stimmen 11, 12, 13, 14, 15, oder Großnasard, Bourdon 8 Fuß, Prestant, grosse Terz und Posaunenprestant; siehe oben. Stimme 16, oder grosse Posaunenmixtur, hat alle 15 Löcher vierekkig, 8 und 12 Linien. Stimmen 17, 18, 19, 20, oder Nasardquarte, Nasard, Doublette und Terz; siehe oben. Stimmen 21, 22, 23, 24, oder zwei Mixturen und zwei Cimbals, haben alle ihre 15 Löcher vierekkig, von 8 und 12 Lin. Stimme 25, oder Posaune, vier Löcher von Nr. 13. fünf von Nr. 12. sechs von Nr. 11. alle rund. Stimmen 26, 27, 28, 29, 30, oder drei Trompeten und zwei Clairons; siehe oben.

Sind alle Löcher geendigt, so nimmt man die Register weg; man legt sie auf die Pfeifenstökke, und es müssen alle Löcher auf einander passen. Sind alle Löcher eines Registers vierekkig, so ist es schwer, dasselbe auf den Pfeifenstoff recht zu legen; daher haut man die ersten und letzten Löcher des Registers nicht ehe vierekkig aus, als bis man dieses Anpassen verrichtet hat. Da in diesem Falle, d. i. die ersten und letzten Löcher noch rund sind, so passet man das Register auf den Pfeifenstoff, und stekft durch das erste und letzte Loch einen Zapfen gedränge, um auf dem Pfeifenstoffe alle Löcher des Registers mit einer feinen Spizze an den vier inwendigen Seiten eines jeden vierekkigen Loches zu zeichnen. Nun macht man das Register auf dem Pfeifenstoffe mit zween Haken an beiden Enden feste, man ziehet die zween ersten runden Zapfen aus dem ersten und zweiten Loche wieder heraus, und hauet sie mit dem Meissel aus, der zugleich das Loch am Pfeifenstoffe quadrirt. Endlich quadrirt man, vermittelst des Registers, die zwei Löcher des Fundamentbrettes, die noch nicht quadrirt waren. Es ist dabei zu beobachten, daß das Viereff der Löcher an dem Pfeifenstoff oben eben so groß seyn muß, als unten, und es also durch und durch gehen muß.

Wenn alle Pfeifenstoff löcher an den vier Laden quadrirt worden, so erweitert man alle Löcher oben an dem Pfeifenstoffe mit dem Aufreiber im Trauchbohrer an ihrem Rande, sonderlich an den quadrirten. Endlich geht man mit einem kleinen Hobel nach der Länge und Breite über den Pfeifenstoff, um alle Splitter wegzuschaffen. So schafft man auch von unten alle Sägenschnitte und Kanten daran mit der Raspel weg. Damit künftig, wenn sich das Holz werfen sollte, der Wind nicht zwischen dem Register und dem Pfeifenstoffe entwischen möge, so meisseln einige auf dem Fundamentbrette der Lade eben solche kleine, feine, wenig tiefe, nette Fugen aus, wie die unten an den Pfeifenstöffen sind, nur daß sie kleiner sind. Und dieses ist eine gute Vorsicht.

Die

Die meisten Orgelbauer bedienen sich niemals dieses Aufreibebohrers (la fraise), der kegelförmig und längst aus wie eine Feile ausgehauen ist; an dessen Stelle aber gebrauchen sie lieber das Brenneisen, deren zwei man auf einmal an dem kegligen schikflichen Ende glühend macht, und im Loche dreht, bis der Bauch des Loches so groß ist, als es seyn soll, ob sich gleich das Holz vom Brennen wirft, verkohlt und brüchig wird.

Einige Orgelbauer machen die Löcher der Pfeifenstöffe da, wo der Wind durch Conducte eingeleitet werden soll, anders. Wenn man mit dem kleinen Boh= rer die Tafel, Register und Pfeifenstoff gebohrt, und ehe man das Loch mit einem andern Bohreisen erweitert, so bringen sie ein anderes Bohreisen, welches man das vierekkige nennt, an, dessen ein Ende rund ist, und das Loch des Pfeifenstoffs recht ausfüllt, machen damit eine cilindrische Oeffnung so groß, als die Windleitung ha= ben soll, brauchen hernach ein rundes Bohreisen, um das Loch zu vergrössern, qua= driven es unten u. s. w. Diese Windleitung ist offenbar besser als in einem kegligen Loche, wie man mit dem Zahnaufreiber (fraise) macht; denn bisweilen ist man ge= nöthigt, diese Windleitungen (porte-vents) wegzubrechen, und alsdenn zerbrechen sie alle in ihren Löchern, da man sie sonst mittelst des Meissels ohne Beschädigung der Löcher wegschafft.

Noch sind die Pfeifenstöffe der Mirturen und Zimbeln zu meisseln übrig. Es ist aber bereits die einfache Art Pfeifenstöffe auszuschneiden, und die doppelte Art erwähnt worden. Einfache Art Pfeifenstöffe auszuhauen ist die, da man keine Fugen mit dem Fugenhobel, noch Leisten zu machen hat, als welches die doppelte Art ist. Um also den Pfeifenstoff der grossen Posaunenmixtur auszuschneiden, so legt man den Diskant ihres Registers gegen den Untertheil ihres Pfeifenstoffs an, und befestigt beide mit 2 Zapfen im ersten und lezzten Loche; man quadrirt die Löcher nach der oben angegebnen Grösse, d. i. von 8 und 12 Linien, man ziehet die zween runden Zapfen heraus, steckt zween andre vierekkige in zwei quadrirte Löcher ein, und quadrirt die, woraus man die runden Zapfen gezogen. Endlich quadrirt man das erste und lezzte Loch, die an der Tafel noch übrig blieben, dergestalt, daß die vierekkigen Löcher des Pfeifenstoffs nicht tiefer als bis zur Mitte ihrer Diffe werden.

Ist dies alles geschehen, so stellet man auf den Pfeifenstoff die vier Pfeifen, die erste einer jeden der vier Reihen, welche ein Klavis angiebt. Die erste aus der ersten Reihe ist eine Pfeife von 4 Fuß, welche 3 Zoll im Durchmesser hat. Die erste der zwoten Reihe ist 2 Zoll, 1½ Linie im Durchmesser. Die erste der dritten Reihe 1 Zoll, 8½ Linie. Man hält sie verkehrt auf den Pfeifenstoff mit ihrem oberen Ende, den Fuß in die Höhe. Man bemerkt auf dem Pfeifenstoff den Plazz dieser vier Pfeifen, und den Mittelpunkt einer jeden, und man ziehet längst dem Pfeifenstoffe Linien über diese Mittelpunkte mit einem Reißlineale, und diese Linien

geben

geben die Stelle für jede Pfeife. Hier stehet also die gröſte Pfeife nicht auf ihrer natürlichen Stelle, und man rükft ſie der Gröſſe wegen ein wenig links; man ſezzt ſie auf eine kleine Brükke; beſſer iſt es aber, ein klein Stükkchen Ausſchnitt zu machen, um dieſe Pfeife hinlänglich zu entfernen. Gegen über der Mitte eines jeden groſſen viereckigen Lochs ziehet man noch winkelrechte Linien, man macht queer durch die Dikke des Pfeifenſtoffs Löcher von Nr. 8. den groſſen Quadratlöchern und den winkelrechten Zügen gegen über; doch müſſen ſie nicht zutief und nicht durch und durch gehen.

Um einem jeden Loche des Pfeifenſtoffs für die Mixtur ſeine rechte Gröſſe, oder jeder Pfeife ihren rechten Wind zu geben, muß man wiſſen, daß ich mich in der Beſchreibung nicht bloß bei dem Pfeifenſtoffe der Baßladen aufhalten, ſondern zugleich den correſpondirenden Pfeifenſtoff der Diskantlade auf eben der Seite mit nehmen werde, als ob die groſſe Lade, anſtatt in vier Theile abgetheilt zu ſeyn, nur in zwei getheilt wäre; alſo werden die zwo Pfeifenſtöffe nur einen ausmachen, der in einem Stükke wäre. Doch ſoll dieſes nur von der Beſchreibung der Pfeifenſtöffe für die Mixturen und Cimbeln dienen; und ich ſezze noch zum Grunde, daß ich die Löcher dieſer zwo Stimmarten an zwo Windladen beſchreibe, welche durch unpaare Ziefern numerirt werden, ſo linker Hand an der Orgel ſtehen, d. i. von der Seite des erſten Klavier C.

Man macht die Löcher über dem Pfeifenſtoffe, nämlich für die gröſte erſte Pfeife von Nr. 7. für die kleinſte Nr. 4. für die zwo andern Nr. 5. für die zwo andern Taſten eben ſo. Für die vierte Taſte zur gröſten Pfeife Nr. 6. für die kleinſte Nr. 3. die andern zwo Nr. 4. und ſo auch für zwo folgende Taſten. Für die ſieben te Taſte der gröſten Pfeife Nr. 5. der kleinſten Nr. 3. der zwo andern Nr. 4. dergleichen für die folgende Taſte. Für die neunte Taſte wie für die vierte, weil ſich hier die Wiederholung anfängt. Desgleichen für die zwo folgenden Taſten. Die zwölfte Taſte für die gröſte Pfeife Nr. 5. für die kleinſte Nr. 3. auch für zwo andre Nr. 4. ſo auch für die zwo folgenden. Funfzehnte Taſte, wie die vierte, denn hier fängt ſich die zwote Repriſe an; eben ſo für zwo folgende Taſten. Achtzehnte Taſte, gröſte Pfeife Nr. 5. kleinſte Nr. 3. und die zwo folgenden Nr. 4. So auch für zwo folgende Taſten. Ein und zwanzigſter Gang, gröſte Pfeife Nr. 4. kleinſte Nr. 2. die zwo andern Nr. 3. Eben das gilt von den vier folgenden Taſten.

Wenn alle dieſe Löcher über den zwo Pfeifenſtöffen gebohrt ſind; ſo macht man eben ſo viel an den zwo andern correſpondirenden; man macht die Fugen von unten, man verſiehet ſie mit Leiſten, und giebt mit der Säge Schnitte, die eine halbe Linie tief ſind, und man erweitert die Löcher da, wo die Pfeifen ſtehen ſollen u. ſ. w.

Man muß noch die Pfeifenſtöffe der groſſen, oder erſten Mixtur von 3 und von 4 Pfeifen auf eine Taſte, ſo wie der Zimbeln ausmeiſſeln, deren erſte Taſte 4, und die lezzte 5 Pfeifen auf einer Taste hat. Um den Pfeifenstoff der ersten Mixs tur, von 3 Pfeifen auf die Taste, auszuhauen, so stellt man auf den Pfeifenstoff die erste Pfeife von einer jeden der drei Pfeifenreihen, wie vorher beschrieben wors den. Und nun folgen die Größen der Löcher, welche man über den Pfeifenstökken machen muß, um die Pfeifen zu stellen.

In der ersten Reihe der grossen Mixtur, so aus den größten Pfeifen besteht, bohret man für die drei ersten mit Nr. 7. für die drei folgenden mit Nr. 6. für die zwei andern mit Nr. 5. für die drei folgenden wieder mit 6; denn hier fängt sich die erste Reprise an. Die folgenden drei mit Nr. 5. die folgenden drei wieder mit Nr. 6. weil sich hier die zwote Wiederholung anfängt. Die drei folgenden mit Nr. 5. die drei folgenden sind von Nr. 4. und die zwei übrigen von Nr. 3.

In der zwoten Reihe, die ersten drei Pfeifen Nr. 5. die achtzehn folgenden Nr. 4. die vier andern bekommen Nr. 3.

In der dritten Reihe, die vier ersten Pfeifen Nr. 5. die achtzehn folgenden Nr. 4. die drei andern Nr. 3.

Die zwote Mixtur ist nur eine Folge auf die erste, und diese zwo Mixturen machen eigentlich nur eine einzige Mixturstimme aus, die man theilt, und auf zween Pfeifenstöffe und zwei Register verlegt, um die gar zu grosse Breite der einen und der andern zu vermeiden. Die größte Pfeife dieser zwoten Mixtur ist nur 16 Zoll hoch, und dagegen die größte der Posaunenmixtur 4 Fuß lang.

In der ersten Reihe sind alle Löcher Nr. 3. in der zwoten und dritten Reihe von Nr. 2. in der vierten Reihe Nr. 1.

Die Löcher an den Pfeifenstökken für die vier Reihen Pfeifen der ersten Reihe oder der grossen Cimbel sind folgende. Erste Reihe, deren 3 erste Pfeifen bohrt man mit Nr. 7. die 18 folgenden mit Nr. 6. die übrigen mit Nr. 5. In der zwoten Reihe, die 3 ersten mit Nr. 5. die 18 folgenden Nr. 4. die 4 übrigen Nr. 3. In der dritten Reihe, die 3 ersten Nr. 4. die 22 folgenden Nr. 3. In der vierten Reihe, die 3 ersten Löcher Nr. 3. die 22 folgenden Nr. 2. Für das zwoite Cimbal von 5 Pfeifen, so eine Seite des ersten Cimbals ist, bekommen in der ersten Reihe die 3 ersten Nr. 3. und die 22 folgenden Nr. 2. Eben das gilt auch von der zwoten Reihe. Die dritte hat Nr. 2. Die vierte Nr. 1. Die fünfte Nr. 1. Es ist unnöthig zu wiederholen, daß diese Pfeifenstöffe alle ausgemeisselt werden müssen, und man dabei die obigen Handgriffe anbringen müsse.

Ist alles geschehn, was an den Pfeifenstökken, Registern und dem Fundaments brette zu machen vorgeschrieben worden, so giebt man den Registern oder Schleifen derselben ihren Spielraum, daß sie bequem verschoben werden können, und ihrem Gange seine Grenzen. Man wählet, ob sich das Register öffnen soll, wenn man es aus der Windlade zieht, oder ob man es hinein schieben will. Es ist am ge

J

bräuchs

bräuchlichsten, daß man es im Anziehen öffnet; indessen geschicht es doch auch oft, daß die Bewegung dergestalt angebracht ist, wenn man einen Registerzug an der Seite des Klaviers zieht, daß sich das Register öffnet, indem es sich in die Lade hinein begiebt. Beide Manieren sind gleich gut. Hier setze ich voraus, daß das Register sich öffnet, wenn es aus der Lade gezogen wird. In beiden Fällen ist es wesentlich, daß der Organiste allezeit den Zug gegen sich ziehet, um das Register zu öffnen, und daß er den Zug zustoßt, wenn es sich verschliessen soll, der Zug mag nun dabei aus der Lade heraus, oder hinein gehen.

Die drei vornehmsten Arten, die Zuglinie oder Grenze der Register (les reperes) zu bestimmen, sind folgende. Die erste ist oben erwähnt worden. Die zwote besteht in einem Zapfenloche mitten in der Breite am Ende des Registers, mit dem viereckigen Zapfen, der in den Rahmen oder erste Cancellenstange der Lade paßt und eingeleimt ist. Dieser Zapfen liegt mit dem Obertheile des Registers gleich hoch, und man begreift, daß es weder vor noch rükkwärts, als nach der Länge der Verzapfung kann, und daß es im Verschliessen das größte Loch bedekkt, so wie es offen alle Löcher der Tafel gerade unter sich offen hat. Einige nehmen hier anstatt des hölzernen Zapfens ein Stükk dikken Eisendrat, den sie in die Tafel schlagen, und ihn durch das Register und Pfeifenstokk gehen lassen, so daß er oben einige Linien lang heraus ragt. Dies hat nur den Vortheil, daß man ein Register ganz heraus nehmen kann, ohne Pfeifen und Pfeifenstokk wegzunehmen; denn man ziehet diesen Riegel als einen Nagel aus, und stekkt ihn wieder ein. Da sich aber bei öftern und gewaltsamen Ziehen der Schleifen die beiden Enden des Zapfenlochs am Register in einer Erschütterung befinden, so wird das Loch, worin der Stift stekkt, ausgerieben, die Verzapfung länger, und der Rost kann auch hier schaden. Nach der dritten Art befestigt man ein Stükk Holz, so das Register an den beiden Enden unterfuttert, die aus der Lade heraus gehen. Dasjenige, womit man das Register am Ende des Zugwerks futtert, macht eine Aufhaltung, sobald es sich in die Lade hinein begiebt, und das, womit man das entgegen gesezte Ende futtert, macht die Aufhaltung, wenn man das Register zieht. Die beiden ersten Arten sind aber besser.

Man giebt also den Registern ihre Zugriegel, und zwar allen, d. i. jedes der vier Register, so für eine Stimme bestimmt und auf die vier Laden vertheilt ist, bekommt seine Anhaltung; und man braucht so viel, als Stimmen da sind, weil eine einzige Anhaltung für vier Register nicht lange gut bleibt. Wenn hingegen vier bei einer einzigen Stimme sind, auf jedes der vier Register eine, so kann keine Unordnung im genauen Schlusse und Oeffnen der Stimmen vorkommen, da eine jede Anhaltung nur den vierten Theil der reibenden Gewalt auszustehen hat.

Wenn die Lade von der Seite der Tafel her fertig ist, so kehrt man sie das unterste zu oben, d. i. die Cancellenstangen kommen oben zu stehen; man behobelt

diese

diese ganze Oberfläche, um das überflüssige Holz von diesen Stangen wegzustoßen, man richtet sie; ehe man aber alle Stangen schnurgerade macht, so setzt man die oben gedachten Leisten an, indem man zwo Linien zieht, jede von der andern 3 Zoll entfernt und mit dem Rahmenflügel parallel. Die erste ziehet man 1 1 Zoll, 4 Lin. vom innern Rande des Flügels, alles dem Ladenmaaße gemäß.

Um diese Leisten zu machen, nimmt man ein eichnes Lineal, 3 Zoll breit, wie es der Abstand einer Linie von der andern mit sich bringt, höchstens 2 Linien dikk, und genau nach der Breite gerichtet. Die Länge kann in mehrere Stükke getheilt werden, um zu allen Leisten genug zu haben, womit man die vier Windladen versehen soll. Auf diesen Lineälen ziehet man Linien nach der Queere und winkelrecht, um die Länge einer jeden Leiste anzudeuten, die etwa 3 Linien länger als die Breite des Cancellenausschnitts seyn muß, woran sie angeleimt werden soll. Wenn man ihre gehörige Anzahl gesäget, so richtet man sie mit dem Schlichthobel nach den Rissen, und alsdenn legt man jede an ihre Stelle zwischen den zwo Linien, und ziehet mit einem spizzen Eisen auf den zwo Cancellenstangen einen Strich an jeder Seite der Leiste. Man macht zween Einschnitte eine Linie tief, in die man die Leiste etwas gedränge schiebt, einleimt und mit dem Hammer etwas einschlägt.

Alle Leisten kommen so zu liegen und werden so geschnitten, daß ihre Holzfasern eine Gegenrichtung gegen die Fasern der Cancellen bekommen, oder überzwerch laufen; würde man sie nach einerlei Holzfaden und Richtung, wie die Cancellenstangen legen, so könnten sie mit der Zeit an einer oder der andern Seite den Leim verlieren, weil das Holz, welches in dieser Richtung in eins fort arbeitet, d. i. welches sich bald erweitert und bald verlängert, wenn es diese Bewegung eine Zeit lang gemacht hat, endlich vom Leime losläßt, woraus Nachtheil entstehen würde. Die kleinen Leisten brauchen nur die Cancellenstangen zu schüzzen, dürfen also nicht eingezapft, sondern nur recht angeleimt werden; man legt sie mitten zwischen die grossen Leisten und das hintere Ende der Lade. Sie bekommen beinahe anderthalb Zoll Breite.

Da unsre beschriebene Lade etwa 6 Fuß breit, und also sehr breit ist, so ist es gut, wenn man zwo Reihen kleiner Leisten, und diese wieder die ganze Distanz von den grossen Leisten bis zum Hintertheil der Lade in drei gleiche Theile theilet. Diese Vorsicht ist um so viel nüzzlicher, da es sich bisweilen zuträgt, daß die Cancellenstangen, so diese Stüzze nicht haben, eine Bewegung machen, die hinlänglich ist, daß das Pergament an vielen Orten Risse bekommt, indem damit alle untere Flächen der Ausschnitte verstopft werden. Ausserdem entstehet noch bei der gleichförmigen Richtung der Holzadern, so man den Leisten geben wollte, wenn sich einige Cancellenstangen werfen, hie und da eine Stelle, welche sich entleimt und von der Tafel losgeht, woraus ein Heulen oder Durchstechen des Windes entsteht; und dieser häßliche Fehler der Windladen ist nicht was seltenes.

J 2

Will

Will man, daß die Klappen schmal werden sollen, so bringt man eine Leiste an eine Seite einer jeden Oeffnung der Cancellenausschnitte, welche über 7 Linien breit seyn soll. Zu diesem Ende macht man eine kleine nette Schließleiste von 2 Linien an einer Seite des Ausschnitts und an jedem Ende, und passet und leimt eine Leiste von schicklicher Breite auf, damit diese Oeffnung nicht breiter als 7 Linien werde.

Hat man alle Leisten an die vier Laden angeleimt, so behobelt man, wenn der Leim trocken ist, die ganze Oberfläche, bis die Leisten und Cancellen mit dem Rahmen schnurgerade liegen, ohne Splitter zu lassen. Besonders muß der Schlicht-hobel den Theil der Cancellen, der sich in der Lade befindet, und woran die Klappen anliegen sollen, recht gerade bestoßen.

Man suchet sich kein zustarkes, aber doch überall gleich dickes Pergament, man schneidet es so breit, daß es den ganzen Raum von den grossen Stegen (Queerleisten, fiipots) bis an den Rahmen bedekkt, so daß sowohl die grossen Stege, als die Flügel-seiten des Rahmens bekleidet werden. Man macht also zwei, drei oder vier Stükke zurechte, um die ganze Länge des Windkastens heraus zu bringen. Die Fugen des Pergaments müssen mitten an jeder Cancellenstange zusammen treffen, und man muß daselbst nicht den einen Streif Pergament über den andern schlagen: man wei-chet sie einige Stunden lang in Wasser ein, bis sie davon recht durchdrungen sind, und man beschabet sie mit einem Messer an der Fleischseite.

Um dieses zu verrichten, so nimmt sich der Künstler, statt des gewöhnlichen Schurzfelles, ein Pergamentleder vor, um die Beinkleider nicht schmuzzig zu machen; er hält in der linken Hand ein Ende des angefeuchteten Pergaments, er stüzzet dasselbe an seinen Schenkel über dem pergamentnen Schurzfelle, hält das Messer horizontal, und dessen Schneide über das nasse Pergament gelehnt, zieht das Pergament in die Höhe, bis dessen Unterende unter das Messer trifft, und so be-schabet er das Pergament Stelle vor Stelle. Der Endzwekk ist, alles überflüssige Wasser heraus zu streichen, und auch etwas Kalk oder Fett wegzuschaben; zugleich öffnet man die Schweißlöcher, um den Leim desto besser einzunehmen und fester zu halten.

Man streicht auf die geschabte Pergamentseite und auf die ganze Fläche, die das Pergament bedekken soll, Leim auf, und bringt es an seinen Plaz. Man tun-ket eine vierfach gelegte Serviette in heiß Wasser, man windet sie so heiß als möglich aus, und breitet sie vierfach gefaltet auf das Pergament, und streicht die Hände mit Nachdruk darüber, bis man merkt, daß der Leim wieder warm geworden. Als-denn reibet man mit der Schneide eines hölzernen Messers die ganze Oberfläche des Pergaments längst den Cancellenstangen, um die Luftblasen und den überflüssigen Leim wegzuschaben. Endlich wischet man mit der feuchten Serviette allen Schmuzz und Leim weg.

Ist

Die Kunst des Orgelbaues. 65

Ist das Pergament troffen, so wird es mit dem Schlichthobel bestossen, dessen Schneide halbgerade ist, d. i. deren schiefe Lage das Mittel zwischen der gewöhnlichen Schräge und dem winkelrechten Stande hält, oder zwischen dem Grade der gewöhnlichen Schiefheit 50 und zwischen dem Grade 90; so daß der Schnitt oder die Schiefe des Hobeleisens 70 Grade macht, und zwar nach der Cancellenstangen Länge, und mit sehr kurzem Eisen, bis man alle Theile des Pergaments getroffen und recht glatt bestossen. Endlich schneidet man mit einem Federmesser alles Pergament durch, welches die Ausschnitte verschließt. Diese gemachte Oeffnungen werden von den Klappen bedeckt.

Vormals leimte man auf die Cancellenstangen und deren Zwischenräume im Windkasten statt des beschriebenen Pergaments ein Leder, mit der zottigen Seite oben. Auf diese Art schlossen die Klappen vollkommen an; aber dadurch wurden die Klaviere schwer oder hart zu drükken. Die zarte Lederwolle des Klappenleders und des Leders an den Cancellen klebten, so zu reden, in einander, und vergrösserten den Widerstand der Klappen an den Klaviertasten; ausserdem sezzet sich der Schmuzz vom Winde an die Klappen, und verursacht ein Sausen in der Lade.

Um die Klappen zu machen, so suchet man sich Eichenholz von geraden Fasern nach allen Seiten aus; es muß troffen und zart zu arbeiten, und so weiß oder licht als möglich seyn. Das fette, sehr harte und braune pflegt sich zu werfen. Man behobelt und richtet es winkelrecht, man ziehet es nach der Breite und Dikke, den Maaßen gemäß, die auf der Ladenmensur stehen. Man ziehet mit dem Streichmaaße längst und mitten am Rükken der Klappe einen ziemlich tiefen Strich, nachdem man die Spizze des Maaßes als ein Gerstenkorn, so schmal und länglich ist, zugefeilt. Endlich wird alles überflüssige Holz mit dem Schlichthobel an beiden Seiten weggenommen, und zwar bis dichte an den gemachten Strich. Die beiden Enden werden nett geschnitten nach der Figur, die sie bekommen sollen. Alle Klappen werden auf einerlei Art geschnitten; und daher bedienet man sich einer hölzernen Patrone dazu. Dieser Kaliber ist ein kleines Brett von beliebiger Länge, auf welches ein anderes Brettchen von willkürlicher Breite aufgesezzt wird. Vermittelst dieses Instrumentes zeichnet man sich die beiden Enden aller Windladenklappen leicht und gleich groß.

Wenn alle Klappen geschnizzt sind, so versieht man sie mit einem nicht geglühten starken Messingsdrat, den man einen Zoll vom Ende des Kopfes in den Rükken schlägt. Zu dem Ende macht man daselbst ein kleines Loch, genau so groß, als der Drat dikk ist, und durchbohrt die ganze Klappe. In dieses Loch stekkt man den kleinen Stift, dessen Schwanz man zu einer ziemlich langen Spizze feilt, die wie ein gemeiner Nagel zu einer Oese umgebogen wird, so daß die Oese ganz im Holze stekkt, und nichts davon vorragen möge. Einige Striche mit der Feile machen die

J 3 Oese

Oese oder Umbiegung, wenn es nöthig, noch wagerecht. Endlich werden die Klap̄pen beledert. Das Leder muß dazu recht ausgesucht, völlig, stark, überall gleich dikk seyn. Keine einzige Stelle darf gebraucht werden, die sich der Dikke nach zu zwo Schichten aufzulokkern scheint. Man beschabt es mit einem Messer auf der Seite, die der rauhen entgegen gesezzt ist. Man breitet es auf dem Tische, die rauhe bestoßne Seite unten, durch einige Zwekke aus, doch ohne es der Länge oder Breite nach zu spannen oder auszurekken; und alsdenn ziehet man mit Bleistift längst dem einen Rande des Leders eine Linie, an welche alle Köpfe der Klappen neben einander gereiht liegen; zwischen jeder Klappe bleibt ein sehr kleiner Zwischenraum, damit man mit der Spizze eines Messers durchkommen kann, wenn man dieses Leder durchschneidet, um die Klappen von einander zu trennen. Alle Klappen liegen auf dem Leder dergestalt, daß ihre Länge mit den Holzfasern des Brettes, worauf das Leder angezwekkt ist, einerlei Richtung macht, weil das Brett hier schmäler als überzwerch ist. Wenn man eine Stelle des Leders mit den Klappen belegt, so muß man allen Leim wegnehmen, der gemeiniglich die ganze Länge des Zwischenraums der Klappen einnimmt, und dieses geschiehet vermittelst eines hölzernen Messers. Ist der Leim recht trokken, so leimt man an der rauhen Seite einen Lederstreif über die Schwänze der Klappen, und dieser Streif muß breit genug seyn, um die Hälfte der schrägen Böschung des Schwanzes der Klappe zu bedekken; man läßt ihn über einen Zoll vorragen; vorher aber muß man die rauhe Seite bestossen, d. i. alles längst dem Rande des Lederstreifes dünne machen, welcher über die Böschung des Klappenschwanzes geleimt werden soll; doch gilt dieses nicht von der Gegenseite. Wenn also dieser Lederstreif auf seiner Stelle ausgebreitet worden, ohne ihn auszurekken oder zu ziehen, so legt man die in heissem Wasser genezzte und ausgewundne Leinwand längst darauf; endlich drükkt man das Leder mit einem hölzernen Messer noch besser an die äussersten Enden der schrägen Abdachung an.

Wenn der Streif recht trokken geworden, so deutet man mit einem Zirkel zween Punkte, einen Zoll weit von dem äussersten Ende der Klappenböschungen, oder 13 Zoll vom Kopfe der Klappen, an. An diesen beiden Punkten wird ein Lineal angelegt, nach dessen Länge man das doppelte Leder mit einem Messer durchschneidet. Eben dieses geschicht auch längst den Köpfen der Klappen, aber ohne Lineal, welches hier nicht nöthig ist. Man trennt alle Klappen, indem man mit dem Messer zwischen alle Zwischenräume fährt. Auf solche Art entstehen die Klappen mit der doppelten Belederung am Schwanze, und so, daß ein ziemlicher Theil der schrägen Abdachung beklerdet ist. Den Ueberfluß des Leders an der Trennung schneidet man genau und reinlich weg. Beim Beledern der Klappen sieht man darauf, daß der Rükken des Leders, oder die Mitte gegen die Mitte der Klappen komme, weil diese Stelle des Leders gemeiniglich stärker ist, und die Klappen auf ihre Stelle nicht recht

recht paſſen würden. Das Leder muß alſo ſeine regelmäßige Dikke haben. Darüber, daß man das Leder niemals über den Tiſch ausſpannen ſoll, um die Klappen
aufzuleimen, hat man zweierlei zu bemerken. Wenn man nämlich das Leder anzieht, ſo vermindert man deſſelben Dikke, und folglich ſeine weſentliche Stärke. Die
Hauptabſicht iſt aber dieſe, daß ſich das Leder mit der Zeit verkürzt, und die ganze
Fläche unter der Klappe nicht mehr bedekkt, dieſes geſchicht aber niemals, wenn
man das Leder in ſeinem natürlichen Zuſtande aufleimt. Einige Orgelbauer leimen
zwei Leder unter alle Klappen, weil ſie alsdenn weniger dem Heulen unterworfen
ſind. Doch es ſind zwei nicht ſo windfeſte als eins, wofern man ihm nur ſein
Recht thut.

Ehe man die Klappen in dem Windkaſten leimt, ſo muß man dieſen zuſammen
ſezzen. Zu dem Ende befeſtigt man die zween Träger oder Bretter der Lade, ſo an
dem Rahmen durch Zapfen oder Schlüſſel befeſtigt ſind; man ſtreicht Leim auf
alle Stellen dieſer Träger, die an den Rahmen paſſen; man leimt die Schlüſſel, und
befeſtigt ſie genau mit Nägeln am Leime. Man befeſtigt auch den kleinen Flügel,
indem man ſeinen untern Zapfen in eine Cancellenſtange leimt; man leimt und befeſtigt mit Zwekken die kleinen Stege, ſo eine Leiſte der Queerſtege und Cancellenſtangen tragen. Ueber alle dieſe Stükke paßt man das Pulpetenbrett auf.

Um die Klappen genau zu leimen, zieht man mit Bleiſtift eine Linie, 2 Linien
vom Rande des Endes der Cancellenöffnungen, um die Lage der Klappenköpfe anzudeuten. Man zieht eine andre Linie, 14 oder 15 Linien von der vorhergehenden,
um den Platz für die zween leitenden Seitenſtifte der Klappen (les guides) anzudeuten, zwiſchen denen eine Klappe ſpielt, oder auf- und niedergeht, ohne ſich zu
verrükken; endlich bringt man die Klappe an ihre Stelle, ſo daß man ihren Can-
cellenausſchnitt entdekkt, indem man ihr Schwanzleder ein wenig aufhebt. Wenn
man durch dieſes Mittel die Klappe recht gelagert, ſo daß ihre Bekleidung an jeder
Seite gleich iſt, ſo ſchlägt man nur an einer Seite und ſchwach eine gemeine Nadel
ein, welche die Klappe gegen eben dieſes Ende berührt; gegen das Vorderende zu
(man ſtelle ſich vor, daß es immer eine und eben dieſelbe Klappe iſt, ob ich gleich
die Folge der Handgriffe an einer andern beſchreibe) rükkt man die Klappe zurükk,
um die Oeffnung des Ausſchnitts zu entdekken, und man ſchlägt die zween Klappenleiter oder Stifte ein, welche die Klappe zwiſchen ſich nehmen, ohne ſie zu drängen.

Um dieſe Klappenhalter recht gerade und einförmig zu ſtellen, ſo bedient man
ſich eines Stükk Holzes bis 6 Zoll lang, 1 Zoll breit, bis 4 Linien dikk, langvierſeitig; an deſſen einem Ende macht man ein ſenkrecht herab gehendes Loch, ſo daß
der Drat oder Klappenhalter gedränge eingeht, ohne zu ſchwanken. Mit dieſem
Inſtrumente ſchlägt man dieſe Klappenleiter ein. Hierzu bohrt man ein kleines
Loch mit einer Ahle da, wo der Stift oder Halter ſtehen ſoll, man ſtekkt ihn ein,

legt

legt dieſes Stükk Holz gerade auf die Cancelle und hammert den Stift ein, bis er mit dem Holze gleich hoch ſteht. So werden alle Klappenhalter ſenkrecht und gleich hoch zu ſtehen kommen.

Wenn die zween Klappenleiter für jede Klappe nebſt der Nadel eingeſchlagen worden, ſo iſt es ganz leicht, die Klappen auf folgende Art zu legen und zu leimen. Man ſtreicht unter den Schwanz, 5 bis 6 Linien unter der Böſchung, Leim, wie auch auf den Theil des Pergaments, ſo dieſer Theil der Klappe bedekken ſoll, man legt ſie an ihre Stelle, den Kopf genau auf die mit dem Bleiſtifte gezogne Linie, und man drükkt das hölzerne Meſſer auf den Schwanz, damit der Leim gut annehmen möge. Man ſieht, daß die Klappen vermittelſt ihrer Leitdräter und der Nadel an den Cancellenausſchnitten auf jeder Seite gleich genau anſchlieſſen. Man zieht die Nadel aus. Einige Orgelbauer leimen einen langen Lederſtreif über alle Klappenſchwänze, damit dieſelben deſto beſſer halten mögen. Aus der Erfahrung weis man, daß ſich die auf die beſchriebne Art geleimten Pappen niemals wieder, es ſey denn in auſſerordentlichen Fällen, entleimen, und alſo iſt die erſte Art beſſer, als die Belederung der Schwänze.

Wenn die Klappen geleimt ſind, ſo nimmt man das Pulpetenbrett (planche des bourſettes), ſo den Theil unter dem Windkaſten ausmachen ſoll, man legt es dergeſtalt, daß die Oberfläche, welche inwendig in den Windkaſten kommen ſoll, dahin wirklich kommt, und daß ſein Vorderrand dem Kopfe der Klappen gegen über zu liegen kommt; zu dem Ende rükkt man es hinlänglich zurükke. Man bemerkt an ſeinem Rande vermittelſt eines Winkelhakens oder Triangels die Mitte einer jeden Klappe. Iſt dieſes geſchehen, ſo nimmt man dieſes Brett von ſeiner Stelle weg, und verlängert vermittelſt eines Triangels alle Züge, ſo lang als nöthig iſt. Mit einem Zirkel nimmt man die Diſtanz der Klappenöſen (pitons) bis zum Vorderrande des Windkaſtens, und deutet ſie auf dem Pulpetenbrette an. Man zieht mit dem Streichmaaße längſt über dieſen Punkt eine Linie, ſo alle queer gezogne Züge durchſchneidet. Man bemerkt alle dieſe Durchſchnittspunkte mit einem guten Stiche, und bohrt ein gerades Loch $3\frac{1}{2}$ Linie dikk, oder mit dem Bohreiſen Nr. 5. in dieſe Punkte.

Auf der Brettfläche, wo die Säkkchen (Pulpeten) hinkommen ſollen, erweitert man alle Löcher mit dem Hohlmeiſſel wenigſtens 6 bis 7 Linien tief, und führt nach zwo Richtungen einen kleinen Hobel darüber, um die Splitter wegzunehmen. Eben ſo werden alle Löcher an der andern Seite des Brettes etwas ausgerieben, um das Reiben der Weidenruthe daran zu vermindern. Zuletzt bohrt man alle gebohrte Löcher mit dem vorigen Bohreiſen nochmals nach, um ſie nett zu erhalten.

Zu den Pulpeten ſucht man ſich weiſſes Leder aus, ſo nicht zudünne, ſondern fleiſchig genug iſt, um ſich nach allen Seiten leicht ausziehen zu laſſen. Gemeinig=

meiniglich schneidet man es aus den Seiten der Hammelleder; das Lämmerfell ist nicht feste genug, und der Wind dringt leicht durch. Es muß das Hammelleder keine dünne bestoßene Stellen haben. Man schneidet viele Streifen von 3 bis 4 Zoll Breite heraus, und so lang, als das ganze Fell lang ist. Man stellt das Pulpetenbrett auf den Werktisch, macht es daran feste; der Leimtiegel steht daneben in seinem Marienbade, und bei der Hand befindet sich ebenfalls ein hölzernes Messer und eine Schüssel mit heissem Wasser, nebst zween kleinen gedrehten Stäben von hartem Holze.

Alsdenn breitet ein Geselle (nach der Länge des Brettes) ein Ende des Leder= streifes, die rauhe Seite unten, über die erste Höhlung des Pulpetenbrettes, in= dem er es zwischen den Händen etwas gespannt erhält. Ein andrer Gehülfe stekkt einen der Stäbchen in diese erste Höhlung mit Nachdruck. Der erste zieht das Leder rings umher aus, um nicht die kleinste Falte zu machen. Hierauf hebt er das Leder, indem der Stab immer in der Höhlung bleibt, in die Höhe, und streicht mit einem kleinen Pinsel Leim rings um das Holz, legt das Leder auf, streicht es mit dem Holzmesser überall an, so er in das heisse Wasser taucht, um das Leder nie= mals trokken zu reiben. Wenn das erste Säkkchen fertig ist, und der erste Stab immer darin stekken geblieben, um es feste zu halten, so breitet der erste Geselle eben dasselbe Lederstreifchen ein wenig über die zwote Höhlung, in die der zweete Geselle den zweeten Stab stekkt, ohne daß der andre los oder nachgelassen werden muß. Der erste zieht das Leder rings um diesen zweeten Stab, bis keine Falte mehr da ist. Und nun nimmt der zweete Gehülfe diesen zweeten Stab weg; der erste hebt das Leder, woraus das Säkkchen gemacht ist, in die Höhe, um auf das Holz rings um die Höhlung Leim zu streichen, und hütet sich jederzeit, daß kein Leim hinein laufe. Er legt das Leder wieder an seinen Ort; der zweete Geselle stekkt seinen zweeten Stab wieder ein, und der erste leimt das Leder wie zu den ersten Säkkchen feste, ohne eine Falte zu lassen.

Um die dritte Pulpete zu machen, nimmt man den ersten Stab aus der ersten Pulpete weg, und stekkt ihn über dem Leder in das dritte Loch, indem man den zweeten Stab in der zwoten Pulpete feste hält. Und so macht man die dritte auf eben die Art, wie die beiden ersten, so lange, als der Lederstreif zureicht. Wenn dieser ganz verbraucht ist, so schneidet man ihn nach dem Lineale und mit dem Messer längst jeder Seite der Pulpeten ab, um das Ueberflüssige fortzuschaffen. Man läßt bloß von dem Leder 6 Linien breit an jeder Seite der Pulpeten stehen. Dieses muß sogleich hinter einander geschehen, ehe der Leim trokken wird; denn sonst würde man das nicht losmachen können, was man mit der Messerspitze abgeschnitten. Die übrigen Säkkchen werden mit einem neuen Lederstreifen und eben so gemacht. Wenn alles trokken ist, wird ein hölzerner Keil in die Löcher unter die Säkkchen gestekkt,

K   und

und man zieht diese in die Höhe. Einige gebrauchen bei dem Pulpetenmachen keinen Gehülfen.

Sind alle Pulpeten fertig, so versieht man sie mit ihren Ruthen. Diese Weidenruthen müssen recht trokken, gerade, ohne Knoten seyn. Man nimmt nicht ihr dünnes Ende, weil dieses zuzart und sein Mark zudiff ist. Eben so wenig dient hier ihr grosses Ende, weil dessen Mark zukleln ist. Man schneidet diese Ruthen in Enden, höchstens 3 Zoll lang. Man stößt ihr Mark durch einen ungeglühten Eisendrat heraus. Sie müssen alle an beiden Enden gleich diff seyn, und in die Löcher des Pulpetenbretts willig einpassen, man macht sie recht glatt, und schneidet ein klein Ende, 3 Linien lang, davon zu der Haube oder Halse (chaperon) ab, welcher oben über die Säffchen angeleimt werden soll.

Man schneidet ein Ende ungeglühten Messingsdrat zurechte, macht an dessen unterem Ende eine Oese oder Ring, und stekkt diesen kleinen Spieß mitten durch die Ruthe und deren Hals, und zwar durch alle Ruthen. Man durchbohrt von unten und recht in der Mitte alle Säffchen mit einer feinen Spizze und schiebt die Ruthen durch. Man sorgt dafür, daß sich alle untere Ringe der Säffchen ein= ander zugekehrt bleiben, so daß man sie, wenn man wollte, alle zugleich auf ein Spieß stekken könnte. Die Ringe, welche über dem Ruthenhalse heraus kommen, bekommen eben diese Stellung, als die untern Oesen. Der Keil oder Zapfen ist ein Hölzchen, 8 Linien diff und 18 bis 20 Linien breit. Ueber den größten Theil desselben thut man einige Sägenstösse überzwerch und winkelrecht, höchstens 3 Linien tief, und zwar recht gegen über der Mitte der Säffchen und der Mitte der Klappen, und sie müssen breit genug seyn, damit daselbst die Feder ihre Freiheit behalte. Man stekkt diesen Keil so nahe an die Säffchen, daß er sie von hinten fast berührt, und man befestigt ihn mit Zwekken. Alles Inwendige des Windkastens wird mit wohl geleimtem Pergamente gefuttert, d. i. die Hinterseite, die Enden und das Pulpeten= brett wird damit bekleidet.

Ist alles dieses Oberwerk fertig und recht trokken, alsdenn, und ehe nicht, wird das Pulpetenbrett auf beständig angemacht. Man befestigt es mit Leim und Zwekken. Von aussen leimt man kleine Lederstreifen auf alle Fugen. Man bringt den in heisses Wasser getauchten und wohl ausgewundnen Leinenlappen auf alle diese Streife des Leders, und schneidet sie nach dem Lineal nett ab.

Die Oesen sind von geglühtem Messingsdrat, und so dikke als die Ruthen. Sie stellen ein etwas mehr an den beiden Enden umgebognes lateinisches S, oder eine längliche 8 vor. Ihre beide Haken müssen länglich seyn. Wenn man sie als Haken an den Zapfen der Klappen und an den Halering einhängt, so muß das Säffchen nicht gespannt, sondern eine gute Linie schlaff gemacht werden, weil sich mit der Zeit die Säffchen ein wenig zurüffe ziehen, und die Klappen zupfen würden.

Alle

Alle diese Oesen (esses) werden, der Zierde wegen, gleich lang zugeschnitten und gleichmäßig zu S gebogen. Nun fehlen nur noch die Federn, um das Innere des Windkastens in seiner Vollkommenheit und fertig zu sehen.

Diese Klappenfedern (ressorts) bestehen aus hart geschlagnem Messingsdrate. Der gemeine, den man bei den Eisenkrämern findet, und ungeglüht ist, ist hierzu noch nicht hart genug. Man kauft also zwar solchen ein, er muß aber dikker seyn, als die Federn brauchen. Man zieht ihn noch einmal durchs Zieheisen, ohne ihn auszuglühen, und zwar durch viele Ziehlöcher desselben, um ihn dünner und härter zu machen. Wenn sich ein Klavier gut spielen lassen soll, so muß die rechte Dikke des Messingsdrates zu den Federn genommen werden. Bei zudikken Federn spielt sich das Klavier immer schlecht, und es wird nie diese sanfte Elasticität an sich nehmen, welche man unter den Fingern im Anschlagen der Tasten empfindet, so die Organisten Vivacität nennen, welches das Hauptverdienst des Manuals ist, und nicht wenig beiträgt, die schnellen Läufe der Hand und die Cadencen angenehm und reinlich heraus zu bringen. Ist der Messingsdrat zudünne, so werden die Federn zuschwach; man mag sie gleich mit aller Gewalt spannen wollen, so werden doch die Klappen immer halb offen stehen bleiben, nicht überall dichte anliegen und ein Heulen machen. Soll eine Feder ihre rechte Dienste thun, so muß sie, wenn man sie aufs stärkste spannt, die Taste so wenig hart zum Niederdrükken machen, als es möglich ist, und wenn man sie ein wenig losspannt, so muß die Taste sanft und lebhaft wieder in die Höhe gehen. Auf solche Art ist das Klavier willig, wofern noch die Abstraktur, das Klavier und das übrige seine gehörige Beschaffenheit hat.

Nur eine lange Erfahrung macht es, daß man sich nicht in der Wahl über die Dikke des Federdrates irret; indem bisweilen ein geübter Orgelbauer alle seine Federn wieder heraus nehmen und ändern muß. Daher sezzen einige lauter falsche Federn unter die Klappen, und warten, bis die Lade, Abstraktur und Klaviere an Ort und Stelle gebracht sind. Alsdenn nehmen sie eine falsche Feder weg, und sezzen eine andre tüchtige zum Versuche ein. Finden sie nun die rechte Dratdikke, so machen sie alle andre von diesem Drate. Falsche Federn nennt man unförmliche Federn von Eisendrate, stärker als er seyn soll; man sezzt sie nur so lange zum Anhalten der Klappen unter, bis die Lade und alles an seinem rechten Orte ist. Diese starke Eisenfedern stemmen sich an die Klappen an, und drükken das Leder derselben an die Cancellenausschnitte für das erste vollkommner an, um sie dazu zu gewöhnen.

Weis man nun die Art des Messingsdrates, und die Länge und Dikke der Feder, so macht man sich ein Instrument zurechte, um alle Federn einförmig und mit Fleiß zu biegen. Es ist dieses das so genannte Federbrett. Gegen das eine Ende desselben schlägt man einen eisernen Stift feste ein, der 3 bis 4 Linien dikke ist, um an der Feder das Auge zu winden. Eben so feste schlägt man einen andern starken

Eisendrat in das Brett, um daran den spizzen Haken des einen Federschenkels zu hängen; der dritte Stift zeigt, wo man den Drat abschneiden muß. Die Distanz beider Schenkel muß die Erfahrung auf dem Brette lehren, um darauf alle übrige zu machen.

Anfangs muß der Drat, der auf Rollen liegt, gerade gerichtet werden. Dazu darf man nur 6 bis 7 Nägel oder starke Stifte auf ein Stükk Brett, 8 oder 9 Zoll lang, und 6 bis 7 Zoll breit, einschlagen, so ist der Dratrichter fertig. Die Nägel sind ohne Köpfe, von weichem Eisen, um sie nach der Dikke und Stärke des Drates etwas biegen zu können. Man ordnet diese Zwekke nach dem Versuche, indem man sie beinahe nach einer geraden Linie hinter einander einschlägt, und so lange versucht, bis der Drat dazwischen gerade gespannt ist, indessen daß die Dratrolle auf einem Stifte stekkt, indem man von ihr den Drat zwischen den Zwekken abwikkelt, und mit einer Zange anzieht und ausstrekkt. Der Drat strekkt sich also zwischen den gebognen Zwekken, die in einer etwas weniger schlangenförmigen Linie eingeschlagen sind, allmälich gerade aus. Wenn dieser Dratrichter gut ist, so kann man in einer Viertelstunde eine ziemliche Menge Drat gerade richten, wie die Nadler.

Um die Federn zu machen, so feilet man das eine Ende des Messingsdrates recht spizz. Drei Linien der Länge nach biegt man ihn mit einer Zange fast winkelrecht. Dieses winkelrechte Ende hängt man an den Stift; man legt den Drat auf die Spindel, um welche man ihn einmal ganz herum biegt, und dieses heißt das Federauge; endlich ziehet man ihn zum andern Stifte, wo man ihn abschneidet. Dieses ungespizzte Ende wird winkelrecht nur 2 Linien lang umgebogen. Das Federbrett liegt auf dem Werktisch feste gemacht. Oder man rollt die erste gemachte Feder wieder ganz von einander, schneidet alle übrige Dräter darnach gleich lang, feilt dem einen ihrer Enden seine Spizze an, und giebt allen auf dem Federbrette die beschriebne Form. Unter die Doppelklappen müssen etwas schwächere Klappen gelegt werden, damit die Tasten, so diese Doppelklappen aufziehen müssen, nicht zu schwer zu drükken, und härter als die werden, so nur einfache Klappen aufziehen, indem alle Tasten eines Klaviers gleich leicht zu drükken seyn müssen.

Gemeiniglich sezzt man die Federn winkelrecht, oder mit den Klappen parallel, so daß sich ihr Auge gegen den Hintertheil des Windkastens kehrt. Ihr zugespizztes Ende oben liegt in der kleinen Rinne am Rükken der Klappe; denn dazu dient diese Fuge eigentlich. Das andre Ende der Feder, welches man seine Ferse (talon) nennt, stekkt im Sägenschnitte der Unterlage, so daß die kleine winkelrechte Umbiegung sie hält, daß sie nicht nach hinten ausweichen kann. Einige machen das Oberende der Feder nicht spizz, sondern stekken es in ein Loch am Rükken der Klappe. Das andere Ende stekken sie in ein Loch der Unterlage im Grunde ihres Einschnitts. Es ist wahr, daß sich eine Feder, deren beide Schenkelenden in Löchern feste stekken,

niemals

niemals verrüffen kann; aber sie ist auch dabei im Zwange, und das Klavier niemals willig; ausserdem kann man sie alsdenn nicht so leicht repariren, noch durch
sie eine Klappe recht stellen. Also ist die erste Methode besser. Don Bendos de
Celles, ein Benediktiner in Frankreich, der in Großfolio l'Art du Facteur d'Orgues
in 3 Theilen in den Jahren 1766 und 1770 heraus gab, daraus ich hier einen
Auszug liefere, hat sich eine andre Art, die Federn einzusezzen, ausgesonnen, wobei er sich gut befunden. Er kehret sie in ihrem Lager gerade um, und bringt den
Schwanz gegen den Vordertheil des Windkastens, und die zween Haken gegen dessen
Hintertheil. Sie liegen schief, um nicht an die Pulpeten zu stossen. Der Fersen-
haken ist hinter der Unterlage feste. Der untere Theil der Feder ist länger als der
obere, und zwar um die halbe Breitenhälfte der Unterlage. Wenn diese 18 Linien
breit ist, so bekommt der Untertheil der Feder 9 Linien mehr als der obere, und so
kommen die Einschnitte an der Unterlage nicht, wie gewöhnlich, winkelrecht, sondern
schief. Da man sonst nach der gemeinen Art schlecht oder gar nicht zu den Federn
kommen kann, um sie zu spannen, oder loszulassen; so ist es nach dieser Art leicht,
man darf sie nicht wegnehmen, sondern nur mit einem Finger in den Windkasten
rükken, so werden die Klappen mitten zwischen ihre beide Leitdräter (guides) geschoben, ohne sich an dem einen oder andern zu klemmen, oder zu reiben.

Ueberhaupt muß eine Feder gegen die Mitte der Klappenlänge, und zwar etwas
mehr nach vorne zu drükken, oder wirken. Nach der gemeinen Ausübung wird
dieser Stüzzpunkt ein wenig zuweit nach vorne gegen den Kopf der Klappe angebracht; und daher sieht man auch oft genug, daß die Schwänze der Klappen schlaff
werden, welches ein grosser Fehler ist. Wenn man eine Feder einsezzt, so muß man
nicht vergessen, den obern Haken in die Höhe zu zwingen, damit er mit seiner Spizze
in die kleine Rinne des Klappenrükkens eingreife, und man muß sie zu diesem Ende
recht spizz feilen. Wird eine Feder mit dieser Vorsicht eingesezzt, so verrükkt sie sich
nie von ihrer Stelle.

Ist alles Inwendige des Windkastens fertig, so leimt man an die vier Ekken
an jedem Stükke des Windkastens, in die Winkel der Schlußleisten, ein Stükk
Leder, welches an den Ekken reinlich geschärft ist, so daß es nach aussen gleichsam
einen aufgeworfnen Rand bekommt, der gleichförmig angeleimt wird. Es müssen,
der Nettigkeit wegen, diese Lederstükke gleich groß seyn. Zu dieser Absicht schneidet
man ein Stükk Leder zu, und passet es vorher etliche male in die Ekken. Ueber
dieses Leder macht man eine Patrone von Holz von gleicher Grösse. Man legt diese
Patrone aufs Leder, und dieses schneidet man rings um die Patrone zu. Man
schneidet aber eine hinlängliche Menge davon zurechte, die man rändelt.

Um das Leder zu rändeln oder zu schärfen, legt man es auf die glatte Seite,
die rauhe oben, und auf einen glatten Marmor. Man beschabet es mit einem schar-

K 3   fen

fen Messer, das beinahe wie ein Tischmesser aussieht, rings herum, bis es, so zu sagen, selbst scharf wird. Man verrichtet dieses jederzeit auf der rauhen Seite, und dieses muß überall gleichmäßig und in der Breite von 3 oder 4 Linien geschehen, wobei man das Messer öfters wezzt. Sind alle Ekken geschärft, so leimt man sie in die Winkel der Schlußleisten, indem man den Leim auf die rauhe Lederseite aufträgt, und gleich darnach wird die warme Leinwand, wie gewöhnlich, angelegt. Das völlige Anstreichen des Leders wird mit dem hölzernen Messer verrichtet, um in die Ekken zu kommen, damit kein Wind verstreichen möge.

Die Verspündung oder das Spund an den Thüren der Windkasten sind eichene Bretterchen, 6 Linien dikk. Sie müssen nicht gedränge in ihren Schluß einpassen, sondern man lässet Spielraum genug für die Dikke des Leders übrig, so man rings um sie herum aufleimt. Ist die Verspündung gemacht, so nagelt man gegen das eine Spundende und auswendig einen eisernen Haken oder Arm, oder einen starken Ring, dessen Angel hinten beledert wird. Man leimt auch hinten einen Streif Leder, anderthalb Zoll breit, mit der glatten Seite auf, so daß dies Leder um 8 bis 9 Linien rings herum grösser als das Brettchen ist. Dieses beträgt 4 Lederstreifen, so man Ende an Ende, und an ihren Enden vierekkig an einander sezzt, dabei man sich hütet, das Rauhe mit dem Leime zu beschmieren. Um dieses reinlich zu verrichten, streicht man den Leim auf den Rand des Hintertheils des Brettes rings um, 8 bis 9 Linien breit auf. Man legt hierauf das Leder an, ohne es auszuziehen, nachdem man dessen glatte Seite beschabt hat; man legt ein Papier darauf und biegelt es warm.

Wenn der Leim recht trokken ist, so haket man das Spund mit Nachdrukk, doch ohne Gewaltsamkeit, in seinen Schluß ein. Das Leder faltet sich nunmehr an der Dikke des Spundes von selbst, es kann sich aber daran nicht anleimen, weil hier noch kein Leim aufgetragen ist. Gehet das Spund noch zuleicht aus und ein, so leimt man an den nöthigen Stellen auf die Dikke des Spundes noch einen kleinen Streifen Leder über das vorige Leder, unter welches man nun Leim streicht. So bleibt das Spund in seinem Loche oder Eingange des Windkastens stekken, damit der Leim trokknen möge; worauf man alles überflüssige Leder wegschneidet.

Um das Spund am Windkasten feste zu halten, gebrauchen einige Orgelbauer schlechte eiserne Haken mit zween Zapfen, deren einer im Rahmen der Lade, der andere am Pulpetenbrette stekkt; sie bringen daselbst einen hölzernen Keil an, der das Spund hält. Andre nehmen einen kleinen Streifen von Eisen, der um einen Nagel beweglich ist, so im Rahmen stekkt; am andern Ende ist ein kleiner Einschnitt, der sich an einen andern Nagel hängt, welcher im Pulpetenbrette stekkt. Besser wäre es, zwo Krampen von starkem Eisen, in der Mitte gegen das Spund etwas bauchig, zu nehmen. Eine Schraube hält das Unterende der Krampe am Pulpetenbrette, und die Krampe haket sich mit dem Oberende an eine Schraube ein, so im

Rah-

Rahmen stekkt. Dieser Verschluß hält das Spund in seinem Schlusse, und das
Pulpetenbrett in seinem Lager feste, woraus es sich sonst leicht verrükken könnte.
Nun ist noch das lezzte Stükk Arbeit an der Lade vorzunehmen, nämlich die
Cancellenausschnitte, oder deren leere Zwischenräume zu verschliessen. Einige leimen sie mit Pergament zu, und dieses ist die gewöhnlichste Art. Andre nehmen
starkes Papier dazu; noch andre Leder; wieder andre stekken in jeden Ausschnitt ein
dünnes Holz, so sie daran leimen, und wenn alles gerade gemacht ist, so leimen sie
Leder über. Da aber dieses Holz mit seinen Fasern eben die Lage hat, wie an den
Cancellenstangen, so schwillt es in feuchter Witterung auf, und verkürzt sich in trokknem Wetter. Im Aufschwellen berührt es die Cancellen, und dränget die Windlade länger aus einander. Da aber das Fundament mit den Fasern überzwerch
liegt, hierbei Widerstand thut, und nicht nachgeben will, so muß sich die Lade unterwärts krümmen, besonders da noch die Last der Pfeifen dazu kommt. Am besten
ist es also, wenn man zwei bis dreimal starkes Papier oder Pergament aufleimt.
Nimmt man Leder dazu, so trägt man den Leim auf die rauhe Seite auf, und
braucht dabei die nasse warme Leinwand und das Holzmesser, womit man längst
den Cancellenstangen streicht, um die Luft heraus zu treiben. Die Ekken des Leders
werden am Schlusse geschärft. Nimmt man Pergament, so weicht man es vorher
eine Zeit lang in Wasser ein, man beschabt es wie gewöhnlich, und gebraucht die
heisse Leinwand. Starkes Papier leimt man sogleich auf, und man bedient sich dabei ebenfalls der warmen Leinwand, und streicht das Holzmesser über alle Cancellen;
ist es trokken, so wird noch ein zweites und drittes aufgeleimt.
Da nun die Lade fertig ist, so bringt man alle Register an ihren Ort, und
nagelt die Pfeifenstökke nachlässig darauf. Vorher bestößt man sie ein wenig an
jeder Seite, damit sie sich nicht einander berühren, sondern eine Viertellinie Distanz
zwischen zweien bleibe, weil sich die Pfeifenstökke in nassem Wetter erweitern, und
sich daher mit Gewalt in die Höhe begeben wollen, da ihr Holz dikke genug ist; bisweilen sprengen sie sogar die Nägel heraus. Und daher muß zwischen ihnen ein kleiner Zwischenraum gelassen werden. Um die Ruthen, die unter dem Pulpetenbrette
heraus kommen, zu versichern, so nagelt man daselbst einen hölzernen Steg, längst
aus mit einer Fuge, flüchtig an, um alle Ruthen in Freiheit zu erhalten. Beim
Wegbringen der Lade an ihren Ort nimmt man alle Register und Pfeifenstökke ab.
Es folgen nunmehr die Maaßen zu der bisher beschriebnen grossen Windlade.
Um aber diese drei Tabellen zu verstehen, so enthalten die beiden erstern die Breite
der Cancellenzwischenräume (Ausschnitte, gravures), die Dikken der Cancellen-
stangen (barres), wie auch der Queerstükke des Rahmens, der vier Windladen.
Die dritte Tabelle giebt die Breiten der Register, der falschen Register, nebst der
Dikke der zween Flügel (battants, zwei Rahmenstükke der Verzapfung) der vier
Windladen.   Die

Die erste Tabelle hat vier Reihen Zahlen. Diese erste Reihe bedeutet die Klavierordnung der Ausschnitte und der Pfeifen für jede Stimme auf einer Baßlade. Die zwote Kolonne bedeutet eben das für die andre ähnliche Baßlade. Die von 3 zu 3 wiederholten Ziefern 1 1 1, 3 3 3, u. s. w. oder 2 2 2, 4 4 4, u. s. f. bedeuten, daß drei Ausschnitte, die mit einerlei Ziefern bezeichnet sind, nur einen Klavis ausmachen, dessen jeder einen dreifachen Ausschnitt hat. Die zween erstern eines jeden Klavis machen das, was man Doppelausschnitte nennt, und der dritte eines jeden Klavis, so mit B bezeichnet ist, bedeutet, daß dieser Ausschnitt einfach und für die Posaune bestimmt ist. Jeder Klavis ist durch eine gedoppelte Linie abgesondert, so von 3 zu 3 bemerkt ist, um ihn bloß zu unterscheiden; denn ob sie gleich gedoppelt ist, so bedeutet sie doch nur eine Cancellenstange, als die einfachen Striche. Die dritte Ziefernkolumne deutet die Breite von jedem Ausschnitte. So sieht man, daß es Ausschnitte von 9 Linien, und andre von 8 Linien Breite giebt. Jeder Ausschnitt, der durch die Zahl angedeutet wird, die seine Breite angiebt, ist durch einen kleinen Strich abgesondert. Dieser kleine Strich stellet die Cancellenstangen vor, deren Difke durch die vierte Kolumne angezeigt wird. So siehet man, daß es eine Menge Cancellenstangen 8 Linien difk giebt, da andre 7 Lin. und andre 6 Lin. difk sind. Oben auf der Tabelle sieht man drei Queerstriche, welche an den vier Laden die Difke von 22 Linien für das Queerstükk des Rahmens angeben, ohne die Zahnausschnitte im Rahmen mit zu rechnen. Die zwote Tabelle hat, wie die erste, ihre vier Kolumnenziefern, die eben das bedeuten, als die Ziefern der ersten Tabelle. Man sieht hier doppelte Queerstriche von 2 zu 2 Ziefern, um anzudeuten, daß die zwo Diskantladen, deren Maaße diese Tabelle enthält, nur zum Doppelausschnitte gehöre, darunter der mit B bemerkte, von 2 zu 2, für die Suite der Posaune und der andern Stimmen, die auf eben dem Ausschnitte klingen sollen, bestimmt ist; indessen daß der andere, der von 2 zu 2 übrig bleibt, für die Suite aller andern Stimmen bestimmt ist. Die zwo ersten Ziefernkolumnen bedeuten, wie in der ersten Tafel, die Ordnung der Pfeifensuite für jede Stimme. Man bemerke, daß die Cancellenstangen dieser Diskantlade viel differ als in den Baßladen sind, weil diese dreifache Ausschnitte haben, und also ihre Pfeifen Weite genug zu stehen haben müssen; denn man muß die Räume von 3 zu 3 Ausschnitten rechnen. Da die Diskantladen nur Doppelausschnitte haben, und man die Raumweiten oder den Abstand der Pfeifen nur von 2 zu 2 Ausschnitten rechnen darf; so muß man nothwendig die Cancellenstangen difk genug machen, damit die Pfeifen hinlänglichen Raum bekommen. Aus dieser größern Difke der Stangen in der Diskantlade folgt, daß solche länger als die Baßlade werden muß, weil dieselben in einer und der andern gleich viel, nämlich 29 seyn müssen; da die 29 dieser in allem 7 Zoll Difke mehr, als die 29 der andern

dern betragen, so wird die eine um 7 Zoll länger als die andre. Unter der Kolumne stehet also, daß die Baßlade nur 41 Zoll Länge hat; da nach dem Sazze unter der andern Kolumne die Diskantlade schon 48 Zoll hat.

Die dritte Tabelle giebt die Ordnung und die Breiten der Register und falschen Register an. Sie besteht aus vier Kolumnen. Die erste Kolumne ist die Ordnung oder Reiße der Stimmen nach den obigen Regeln. Die zwote Kolumne enthält die Stimmnamen. Die dritte die Breite eines jeden Registers, so gerade unter seiner Stimme steht. Die kleinen Striche, so jedes Register trennen, sind die falschen Register, deren Länge in der vierten Kolumne steht; oben steht die Dikke der Cancellenstangen. Alle Ziefern in diesen drei Tabellen, so die Breite der Ausschnitte, die Dikke der Cancellenstangen und der Rahmen, die Breite der Register und falschen Register angeben, bedeuten Linien von einem Zoll des Königfusses. Für die Breite der Register und falschen Register ist nur eine einzige Tabelle da, weil diese für die vier Laden, so gleich breit seyn müssen, eine und eben dieselbe ist.

Diese Maaße und Ausmessungen der vier Laden werden auf Papier nach den folgenden Tabellen geschrieben, und hiernächst auf zwei hölzerne Lineäle gerissen, so man das Windladen:maaß nennt. Eins ist von trokknem Nuß= oder Eichenholze 6 Fuß, 4 Zoll; das andre 3 Fuß, 6 Zoll lang; beide 4 Linien dikk und etwa 2 Zoll oder darüber breit.

Windladenmaaß.
Erste Tabelle.

Cancellen der 2 Baßabtheilungen der grossen Lade zu 10 dreifachen Ausschnitten.

Queerstangen des Rahmens ≡ 22 Linien dikk.

1	2	9 Lin. breit.		7	8	9 Lin. breit.		B.	13	14	8 Lin. breit.
		8 Lin. dikk.				8 Lin. dikk.					7 Lin. dikk.
	1	2	9 8	B.	7	8	8 8		15	16	8 6
B.	1	2	8 8		9	10	8 7		15	16	8 6
	3	4	9 8		9	10	8 7	B.	15	16	8 6
	3	4	9 8	B.	9	10	8 7		17	18	8 6
B.	3	4	8 8		11	12	8 7		17	18	8 6
	5	6	9 8		11	12	8 7	B.	17	18	8 6
	5	6	9 8	B.	11	12	8 7		19	20	8 6
B.	5	6	8 8		13	14	8 7		19	20	8 6
	7	8	9 8		13	14	8 7	B.	19	20	8

Die Länge der 2 Baßladen beträgt 42 Zoll, 7 Linien von aussen.

L   Zwote

Zwote Tabelle.

Cancellen der 2 Diskanttheile der grossen Lade mit 15 Doppelausschnitten.

Queerstangen des Rahmens $\equiv$ 22 Linien dikk.

21	22	8 Lin. breit.		31	32	7 Lin. breit.	41	42	6 Lin. breit.
		13 Lin.dik.				12 Lin. dik.			11 Lin. dik,
B. 21	22	8	B. 31	32	7		B. 41	42	6
		13			12				10
23	24	8	33	34	7		43	44	6
		13			12				10
B. 23	24	8	B. 33	34	7		B. 43	44	6
		13			12				10
25	26	7	35	36	7		45	46	6
		13			11				10
B. 25	26	7	B. 35	36	7		B. 45	46	6
		13			11				10
27	28	7	37	38	7		47	48	6
		13			11				10
B. 27	28	7	B. 37	38	7		B. 47	48	6
		12			12				10
29	30	7	39	40	6		49	50	6
		12			11				10
B. 29	30	7	B. 39	40	6		B. 49	50	6
		12			12				10

Die Länge der 2 Diskantladen ist 48 Zoll, 2 Linien von aussen.

Dritte Tabelle.

Register und falsche Register der 4 Theile der grossen Windlade.

Flügelstükk des Rahmens $\equiv$ 22 Linien dikk.

1. Groß Cornet der Posaune. 18 Lin. breit. — 8 Lin. dik.	16. Grof.Posaun.Mixt. 4 Pf. 28 Lin. breit, — 12 Lin. dik.
2. Groß Cornet. = = 18/8	17. Nasardequarte. = = 14/9
3. Principal 32 Fuß. = 30/8	18. Nasard. = = 15/9
4. Principal 16 Fuß. = 24/8	19. Doublette. = = 14/9
5. Principal 8 Fuß. = 20/8	20. Terz. = = 14/12
6. Bourdon 32 Fuß. = 30/8	21. Groß Mixt. 3 Pfeif. 24/12
7. Bourdon 16 Fuß. = 24/8	22. Mixtur 4 Pfeifen. = 24/12
8. Zweite Achtfuß. = 20/8	23. Groß Cimbal 4 Pfeif. 24/12
9. Posaunenbourdon 16 F. 24/8	24. Cimbal von 5 Pfeif. 24/12
10. Posaunenbourdon 8 Fuß. 20/8	25. Posaune. = = 22/12
11. Groß Nasard. = 20/8	26. Posaunentrompete. = 18/12
12. Bourdon 8 Fuß. = 20/8	27. Posaunenclairon. = 18/12
13. Prestant. = = 15/9	28. Erste Trompete. = 18/12
14. Grosse Terz. = = 15/9	29. Zwote Trompete. = 18/12
15. Posaunenprestant. = 15/12	30. Clairon. = = 17

Die Breite der 4 Windladen ist von aussen 75 Zoll, 3 Lin, die 2 Flügel des Rahmens mitgerechnet.

Ich

Ich übergehe hier die Pedallade, die Echolade u. s. w. weil die Handgriffe, die bei der bisherigen grossen Windlade beschrieben worden, einerlei sind, nur daß man das Maaß ändert. Ich werde daher nur noch das Windladenmaaß für ein gewöhnliches Positiv von 8 Fuß hersezzen, welches sich zu einer Orgel von 8 Fuß Principal schickt. Die Bedeutung ist wie bei der vorigen.

Windladenmaaß für ein gewöhnliches Positiv von 8 Fuß.

Cancellenstangen und Ausschnitte für ein Positiv von 8 Fuß.

≡ 22 Lin.		
2 7/18	46 4/7	29 6/12
4 7/18	45 4/8	28 6/12
6 7/17	44 5/8	27 6/12
8 7/17	43 5/8	26 6/12
10 7/16	42 5/8	25 6/13
12 7/16	41 5/9	23 6/13
14 7/15	40 5/9	21 6/14
16 7/15	39 5/9	19 6/14
18 7/14	38 5/9	17 7/15
20 6/14	37 5/10	15 7/15
22 6/13	36 5/10	13 7/16
24 6/13	35 5/10	11 7/16
50 4/6	34 6/10	9 7/17
49 4/6	33 6/11	7 7/17
48 4/7	32 6/11	5 7/18
47 4/7	31 6/11	3 7/18
	30 6/11	1 7

6 Fuß, 6 Zoll, 9 Linien lang.

	≡ 22			15
1. Principal 8 Fuß.	20	8. Terz.		15/10
2. Prestant.	18/10	9. Quarte.		15/10
3. Diskant von 8 Fuß.	20/10	10. Larigot.		15/15
4. Nasard.	18/10	11. Mixtur von 3 Pfeifen.		20/15
5. Flöte 4 Fuß.	18/10	12. Cimbal von 3 Pfeifen.		20/15
6. Bourdon 8 Fuß.	20/10	13. Trompete.		20/12
7. Doublette.	15/10	14. Cromorne.		18 / ≡ 12

ℒ 2

Der

Der Diskant von 8 Fuß offen wird so ausgedehnt, als der Plaz verstattet, z. E. durch drittehalb oder drei Oktaven hindurch.   Daju kann man einen lauten Baß von 4 Fuß, mit dem Prestant gleichstimmig, und dem Flötenbasse von 4 Fuß ähnlich, sezzen.   Aber alsdenn muß man diese Stimme, Flöte 8 Fuß, entfernen. Bei engem Raume kann man die Stimmen etwas dichter sezzen, und die Lade etwas kleiner machen.   Die Klappen werden 7 Zoll lang, und die Cancellenstangen 32 Linien breit.

Die Windlade ist hier nicht angegeben; man kann sie selbst auf folgende Art finden.   Man fügt zur Klappenlänge einen Zoll hinzu, um den Schwanz zu leimen; einen Zoll zur Dikke des Hinterbretts des Windkastens, und endlich die Breite des Vorderrahmens der Lade, die Zahnausschnitte mit begriffen.

Die Generalregel für die Länge der Klappenöffnung in einer Positivlade ist, daß man sie fast um einen Zoll kürzer als die Klappen macht.   Um die Höhe des Windkastens zu finden, so muß man erst die Höhe der Klappen wissen.   Diese sind 9 Linien breit, und folglich 13 Lin. hoch.   Man giebt einen Zoll Raum zwischen der Höhe der Klappen bis zum Untertheil der Unterlage; diese wird 16 Lin. dikk. Noch giebt man etwa 3 Lin. über der Unterlage bis unter das Brett des Schlusses des Obertheils des Windkastens.   Alle diese Maaßen zusammen genommen machen 3 Zoll, 8 Lin. inwendiger Höhe.   Man richtet hierbei sein Augenmerk auf die Kleinheit der Diskantklappen, deren Cancellenausschnitte nur 4 Lin. breit sind, und daher müssen ihre Klappen nur 7 Lin. Breite bekommen.   Diese haben also, wie die andern, 13 Lin. Höhe, welches fast doppelt so viel als ihre Breite beträgt.   Uebrigens ist diese Windlade nicht abgetheilt und nicht zugroß.   Im Basse hat man 12 verlegte Ausschnitte.

Bisweilen werden Orgeln ohne ein Positiv gebaut.   In dieser, oder auch in andrer Absicht verlangt man, daß viele Stimmen gebrochen oder halbirt werden, d. i. wenn man den Registerzug rechter Hand aufzieht, daß sich bloß der Diskant der gebrochnen Stimme, ohne ihren Baß allein öffnet u. s. w. so daß man, um eine ganze Stimme zu öffnen, zween Züge, einen rechts, den andern linker Hand ziehen muß.   Hier folget die beste Art zu dieser Registerbrechung (brisure).   Ich sezze voraus, daß alle Pfeifen auf der Lade wechselweise von einer Seite zur andern versezzt sind.   Man sehe Fig. 84.   Alle Ziefern, deren Reihen hier nur angefangen sind, deuten die Reihen und Folgen der Pfeifen an.   Nach dieser Registerbrechung hat man nothwendig zwei ganze Register für eine einzige Stimme vonnöthen.   Die zwei schmälern Register nahe bei einander, doch ohne sich zu berühren, werden der Länge nach durch vier Spizzen von etwas starkem Messingsdrate von einander getrennt, die nicht dikker als die Registerdikke sind.   Es ist diese Trennung nöthig, damit die Bewegung eines Registers nicht das andre, kraft ihres gegenseitigen Reibens,

mit

mit ſich fort ſchleppe, wenn man es auszieht, oder zuſtößt. C D iſt das Baßregiſter, ſo die Löcher des Baſſes zu der Stimme enthält, die man brechen will. Man ſiehet am Ende C das Loch ſeines Zugwerks. A B iſt das Diskantregiſter. Sein Zugloch iſt am Ende B. Wenn man alſo dieſes rechts zieht, ſo öffnet ſich der Diskant; und ziehet man das linke bei C, ſo öffnet ſich der Baß in eben der Stimme. E F iſt der Pfeifenſtoff, welcher über die beiden Regiſter genagelt wird. Die beigeſezzten Zahlen zeigen die Uebereinſtimmung der Löcher an den Regiſtern und am Pfeifenſtoffe.

Um dieſes nun zu Stande zu bringen, ſo bohret man das Fundamentbrett nach der Figur an den beiden Regiſtern. Man ſezzt die zwei Regiſter, die man an jedem Ende durch einen Stift feſte hält, auf, und nagelt den Pfeifenſtoff auf. Man kehrt die Lade um und um. Man bohret gänzlich das Fundamentbrett, das Regiſter und den Pfeifenſtoff, und nach der völligen Gröſſe, die das Loch haben ſoll (wofern die Ausſchnitte breit genug ſind) für die, ſo numerirt ſind, 4, 8, 12, 16, 20, 26, 30, 34, 38, 42, 46, 50, 47, 43, 39, 35, 31, 27, 21, 17, 13, 9, 5, 1. Sind die Ausſchnitte nicht breit genug, ſo quadrirt man hernach die Löcher. Alle andre Löcher gehen nicht durch und durch, ſondern nur bis halb in die Diffe des Pfeifenſtoffs. Iſt alles geſchehen, ſo nimmt man den Pfeifenſtoff weg, den man, wie folgt, ausſchneidet. Man macht an allen Stellen, wo man nur die halbe Diffe durchbohret hat, queer durch die Diffe an der Kante K die Löcher 2, 6, 10, 14, 18, 22, 23, 19, 15, 11, 7, 3. An der Seite H die Löcher 24, 28, 32, 36, 40, 44, 48, 49, 45, 41, 37, 33, 29, 25. Dieſe Löcher werden nur ſo tief queer durch die Brettkante gebohrt, als wo hernach die Löcher oben auf kommen ſollen, und zwar wie ein Zikkzakk. Alle dieſe in der Kante des Pfeifenſtoffs gemachte viereffige Löcher oder hohle Minengänge werden wieder mit Korkpropfen zugeleimt. Dieſes iſt überhaupt die Art Mixturen aufzuſezzen, da 4 oder mehr Pfeifen auf einem einzigen Loche zugleich angeblaſen werden, indem man durch die Kante eine hohle Mine durch den Pfeifenſtoff bis unter das rechte Pfeifenloch ausgräbt.

Damit man ſelbſt für ſich die Breite der Regiſter erfinden könne, um die Stimmen breit genug aus einander zu ſezzen, ohne eine Pfeife niederlegen zu dürfen, ſo ſezze ich, daß der Plazz zu der Breite der Lade groß genug ſei. Man beſtimme alſo ihre Länge, die Breite der Ausſchnitte, die Diffe der Cancellenſtangen. Man zeichne auf ein Brett, in ihrer rechten Gröſſe, einige Ausſchnitte mit ihren Stangen der Baßlade. Siehe Fig. 128. a b, c d, e f u. ſ. w. ſind die Ausſchnitte. Die Räume zwiſchen dieſen Ausſchnitten ſind die Cancellenſtangen; e c e g ſind die Zahnausſchnitte; A B der Rahmen. Ich ſezze, man wollte die Breite für das Regiſter der Doublette, d. i. einer cilindriſchen offnen Pfeife von 2 Fuß wiſſen. Man nehme alſo von der Pfeifenmenſur der Doublette den Durchmeſſer ihrer erſten oder größten zweifüſſigen Pfeife, und halbire dieſen Diameter, ſo bekommt man deſſen

L 3   Halb-

Halbmeſſer (Radius), womit man den Zirkel a 21 ziehet, deſſen Centrum man mitten und gegen das Vorderende des Ausſchnitts a b ſezzt. Nun nimmt man den Halbmeſſer der dritten Pfeife (ich verſezze die Pfeifen wechſelweiſe links und rechts), ziehet damit den Zirkel 22, indem man ſein Centrum 22 auf den zweeten Ausſchnitt c d ſezzt, ſo daß der Zirkel etwas vom erſten a 21 abſteht, damit ſich dieſe beide Pfeifen nicht berühren. Ueber das Centrum 21 ziehet man die Linie 15 16 mit dem Ladenrande parallel. Ueber das Centrum 22 eine andre Parallele 13 14. Dieſe zwo Linien bemerken das Zikzaff, ſo man den Löchern der Lade für dieſe Stimme geben muß, nämlich 21 22 l n u. ſ. w. Macht man endlich andre Zirkel l n nach dem Maaße der übrigen Doublettenpfeifen, ſo wird man ſehen, daß ſie hinlänglichen Plazz zu ſtehen haben. Es iſt genug, die zwei erſten zu ziehen. Die folgende Stimme ſei z. E. die Terz. Nehmet den Radius ihrer erſten Pfeife, machet den Zirkel i auf eben den Ausſchnitt a b, ſo daß der Zirkel nicht den Zirkel 22 berühre, ziehet über ſein Centrum i die Linie 5 6; nehmet den Halbmeſſer der dritten Pfeife, und ſchlaget über dem zweeten Ausſchnitte c d den Zirkel k, der den Zirkel i nicht anſtreichen muß; ziehet die Linie 3 4 über das Centrum k. Eben ſo kann man, wenn man will, die Pfeifen 5 7 ziehen, wenn man ihr Centrum m o auf die Linie 5 6 und 3 4 ſezzt. Sie finden hier Breite genug für ſich. Iſt man mit den zwo Stimmen fertig, ſo macht man es mit den übrigen Stimmen eben ſo, deren Pfeifen man nicht niederlegen will. Nun ſuchet man die Regiſterbreiten.

Zu dem Ende ziehet man die Linie 17 18 entfernt genug von 15 16, damit die Löcher, die man längſt derſelben machen ſoll, das Regiſter nicht ſchwächen, und daß allezeit 5 bis 6 Linien Holz an der Seite der größten Löcher bleiben. Eben dieſe Diſtanz bekommt der andre Rand 11 12 des Regiſters, und die Breite des Regiſters wird durch die 2 Linien 17 18 und 11 12 beſtimmt. Eben das macht man auch am andern Regiſter mit den 2 Linien 7 8 und 1 2, welche die Breite des zweiten Regiſters andeuten. Der Pfeifenſtöffe Breite iſt ordinär von der Mitte eines blinden Regiſters zur Mitte des folgenden blinden. Hier iſt die Breite eines Pfeifenſtoffs von der Linie 9 10, oder der Mitte eines blinden Regiſters, bis zur Linie 23 24, die man als die Mitte eines andern blinden Regiſters anzuſehen hat. Der andre Pfeifenſtoff geht von der Linie 9 10 bis zur Linie 19 20, ſo der Ladenrand iſt. So verfährt man mit den übrigen Stimmen. Nach dieſer Methode handelt man, wenn man eine Lade verfertigen will, auf welcher alle Pfeifen auf ihrem Winde ſtehen ſollen.

Der Bau der Klaviere. Bei der Orgel befindet ſich das Manualklavier für die Finger beider Hände, und das Pedalklavier zum Treten mit den Füſſen. Beide werden nach den Grundſazzen der Hebel zuſammen geſezzt. Bei jedem Hebel ſind drei weſentliche Punkte zugegen, der Stüzzpunkt, die Laſt, und die Kraft.

So

So ist der Menschenfinger hier die Kraft, der Stützpunkt ist der Untersteg, und die Last die Klappe, welche die Taste herab ziehen soll, der sie widersteht; Feder und Wind sind die zwo Ursachen dieses Widerstandes. Die Taste des Klaviers ist hier der Hebel. Dem Hebel Hülfe geben heißt den Lastpunkt dem Stützpunkte näher bringen. Je näher der Lastpunkt dem Stützpunkt gebracht wird, einen desto kürzern Raum durchläuft der Lastpunkt, oder die Abstraktur. Folglich gewinnt man, was man auf einer Seite verliert. Die mehresten Orgelbauer sezzen den Schwebepunkt der Tasten dergestalt, daß die zwei Fünftheile der Länge einer Taste vorwärts, und die drei Fünftheile hinterwärts kommen; andre legen ein Viertheil vorne, und lassen drei Viertheil für das Hinterstükk. Die erstern geben dem Hebel mehr Hülfe, als die andern, und nach der erstern Art fühlet der Finger, wenn er die Taste niederdrükkt, weniger Widerstand.

Ich sezze, die Taste sinkt um 5 Linien herab, so durchläuft im ersten Falle der Schwebepunkt, oder der Einhängepunkt, einen Raum von 3 Linien; folglich öffnet sich die Klappe eben so tief: denn ich nehme an, daß die Abstraktureisen gleich lang sind. Im andern Falle sinket Taste und Klappe 3¾ Linien. Man siehet, daß man in diesen beiden Arten, den Einhängepunkt auf die zwei Fünftheile oder drei Viertheile der Tastenlänge zu verlegen, den Vortheil hat, daß sich die Klappen um ein ansehnliches öffnen; allein das Klavier ist nicht so sanft im Anschlage. Der doppelte Widerstand von den Federn und dem sich pressenden Winde ist besonders im andern Falle merklicher, da noch diese Ungelegenheit dabei vorkommt, daß man die Stäbe der Tasten ungemein lang schneiden muß. So würden bei vier Klavieren die Tasten 39 Zoll lang werden. Welche Länge und Schwere! da sich lange Tasten selten gerade erhalten und unter dem Finger stehen bleiben.

Die Manier, den Einhängepunkt mitten an der Tastenlänge anzubringen, scheinet den Vorzug vor den zwei Fünftheilen vorne, und drei Fünftheilen hinten, zu verdienen, weil man alsdenn die Tasten so kurz als möglich macht, und diese bleiben also gerader, leichter; nur öffnet sich die Klappe nicht so tief: allein diesen Verlust kann man entweder durch die Länge der Klappen, oder durch ein kürzeres Abstraktureisen, daran die Taste hängt, welches man kürzer als das macht, woran die Abstrakte der Klappe angehängt wird, ersezzen.

Sollen die Klaviere gut spielen, so müssen sie sehr genau gemacht werden. Das beste Holz zum Rahmen ist recht trokknes Nußholz von geraden Fasern. Dieses läßt sich am nettsten schneiden. Das beste Holz zu den Tasten ist Eichenholz; man wählet ein solches, wie zu den Klappen: siehe oben. Man nimmt dazu Bretter von tauglicher Dikke; aber man spaltet sie nicht in grobe Stükke, und sie müssen nicht schwammig, sondern von geraden Faden seyn. Stabholz schikkt sich dazu recht gut, wenn es nicht schwammig ist.

Ehe

Ehe man ein Klavier zu machen anfängt, so verfertigt man sich ein **Klavier-maaß.** Man nimmt dazu ein Lineal von glattem Holze, als Nuß= oder Birnholz, 30 Linien breit, 3 Lin. dikk, 26 Zoll lang, und gut gerichtet. Die Fig. 129 stellet das Klaviermaaß viermal kleiner vor, als natürlich. Ziehet nämlich 16 Linien vom Rande die Linie H P mit einem Streichmaaße von seiner Spizze. Nehmet längst dieser Linie die Länge von 25 Zoll, 2 Lin. und bemerkt zween Punkte H und P in dieser Distanz, an jedem Ende einen. Theilet den Raum vom Punkte H zum an= dern Punkte P in 30 gleiche Räume für die 30 Tasten, so die vier Oktaven des Kla= viers, eine Taste mehr, ausmachen. Um diese Eintheilung leichter zu finden, so theilet man den Raum H P in 2 gleiche Theile; denn jede Hälfte in 3; denn jedes Drittheil jeder Hälfte in 5 gleiche Theile, so hat man 30 gleiche Theile. Ziehet bei den Punkten L R M O u. s. w. bis Q Perpendikel so breit als das Lineal ist, und so bei den andern Punkten andre Linien, die sich auf der Linie H P endigen.

Um die Halbtasten (les feintes) zu bekommen, theilet die Breite einer Taste a h in 8 gleiche Theile; davon nehmet fünfe, so man von a nach b trägt; bemerkt den Punkt b. Nehmet diese Zirkelöffnung a b, traget sie von c in e, bemerkt den Punkt e. Theilet die Distanz von e bis b in 3 gleiche Theile, und bemerkt den Punkt d i u. s. w. so bekommt man die Cisse und Esse. Zu den andern Halbtasten theilet die Breite einer Taste V M in 5 Theile, nehmet deren drei, traget sie von m nach o, bemerkt den Punkt o. Fasset m o, traget sie von c nach g, bemerkt den Punkt g. Theilet die Distanz von o zu g in 5 Theile, und merket die 4 Punkte n p r l an. Eben das thut man mit den Distanzen von O nach V u. s. w. so be= kommt man alle Fisse, Gisse, Aisse. Das lezzte Cis sezzet mitten zwischen das lezzte C und lezzte D, von der Breite der andern Cisse. Wenn man endlich die bei= den überflüssigen Enden des Lineals zierlich und vierekkig nach der ersten und lezzten Perpendikellinie abgeschnitten, so ziehet man alle Züge mit Tinte nach, und schreibt bei jeder Taste und Halbtaste ihren Namen bei.

Man ziehet vermittelst der Länge des Klaviermaaßes die schnurgleichen Flächen der Schlußzapfen der Queerstükke am Hinterstükke des Rahmens; man stößt mit dem Kehlhobel daselbst Fugen ein. Alle Löcher werden winkelrecht und genau ge= macht, so wie alle Stükke des Rahmens. Um die Tasten zu machen, so richtet man sich ein dünnes vierseitiges Brett zu. Fig. 130. wo es aber viermal kleiner, als natürlich, und geometrisch gezeichnet ist. Es ist aus mehreren Brettern von 6½ Linie dikk zusammen gesezzt. Man leimt sie eins an andre, so daß sie an irgend einer der senkrechten Linien des Klaviermaaßes zusammen passen, welches man zu dem Ende anhält. Die Breite dieses Brettes C D muß genau so lang als das Maaß seyn. Seine Länge A B muß vom Grunde der Fuge des Queerstüks hinten am Rahmen genau, und vorne mit den Aermen des Rahmens gleich hoch liegen.

Man

Man erwärmt die Schließkanten, man streicht recht heissen Leim auf, und presset alles in der Zwinge feste. Ist der Leim trokken, so richtet man das Brett gerade und gleich. Man macht längst dem Ende A D und unterwärts einen Schluß, und dazu passet man das Brett vielmals auf; es muß sich, wie die Tasten, herauf und herab bewegen, wobei aber doch diese Art von Zunge oder Ansezzkopf, so von einem Ende zum andern gleich groß seyn muß, gedränge in seine Fuge einpaßt, ohne im geringsten zu schwanken, welches grosse Aufmerksamkeit erfordert. Endlich muß das Brett noch frei zwischen die beiden Arme seines Rahmens, jedoch zur Zeit noch ohne die Tasten, gehen.

Ist das Brett fertig und gerichtet, so zeichnet man das Klavier nach folgender Art darauf. Man ziehet mit einer Spizze, 16 Linien vom Vorderrande B C, die Parallellinie H P, Fig. 130. 2 Linien von da wird eine andere Parallele t u, 4 Zoll vom Vorderrande eine andres x, 2 oder 3 Lin. davon die Linie g k gezogen. Mitten in der Länge der Tasten, oder wo man willens ist den Schwebepunkt (Stüzzpunkt) zu sezzen, wird die Linie y z gerissen. Die Linie H P endigt und be= gränzt die Länge der Tastenplatten, und diese Länge ist nach dem Plazz oder Rang, den ein Klavier bekommen soll, verschieden. Bei fünf Klavieren macht man die Platten des ersten 16 Lin. die des andern 15 Lin. die am dritten 14 Lin. die am vierten 13, und die am fünften 12 Linien lang. Diese Länge nimmt, wie man sieht, ab, erstlich um die obern Klaviere nicht zusehr zurükke zu bringen, und das ist unbequem; zweitens um die Stüzzpunkte des zweiten Klaviers nicht zusehr zu= rükke zu sezzen, indem die Unterabstrakten (demoiselles) nothwendig hinter dem Ende der Halbtasten des lezzten Klaviers, für welches man längere Tasten machen müßte, durchgehen müssen. Die Linie t u, so etwa 2 Linien von der Linie H P entfernt ist, wenn man im Grossen arbeitet, dient die Zapfenlöcher anzuzeigen, die man machen muß, um die Enden der Halbtasten von den andern Tasten abzuson= dern. Diese Zapfenlöcher, welche über dem Klavierbrette sehr klein sind, müssen unten viel länger werden.

Die Länge der aufgeleimten Tastenplättchen (placage) gehet vom Vorderrande B C bis zur Linie s x, und oft nicht so weit, oder auch weiter, nachdem das Klavier mehr oder weniger entblößt wird. Die Linie q k bedeutet die Reihe der Löcher für die Leiter, so über die vordern Queerstükke des Klavierrahmens zupassen müssen. Diese Leiter werden jederzeit so weit nach vorne gebracht, als es möglich ist. Die Linie y z ist die Reihe der Oesen, das Ziehwerk oder die Demoiselles einzuhaken. Die Linien f l g h bezeichnen die Länge der Zapfenlöcher, so zum Gange für den Zug des Unterklaviers dienen, wofern eins da ist. Diese Zapfenlöcher sind 3 Linien lang, wofern das Unterklavier unbeweglich seyn soll. Soll es sich aber verschieben lassen, so müssen diese Zapfenlöcher so lang als der Weg seyn, den das Unterklavier

M   machen

machen soll, und noch etwas länger, damit sich die Abstraktur nicht reibe, wenn das Unterklavier ein oder ausgeschoben wird. Diese Zapfenlöcher sind nur eine gute Linie breit. Ist alles bisherige hingezeichnet, so legt man das Brett an seinen Ort, d. i. in seinen Rahmen und in seine Fuge, befestigt es daselbst, und macht anfänglich die Löcher zu den Stiften, indem man zugleich und völlig das Queerstükk des Rahmens und das Brett längst der Linie A D durchbohret, so man auf das Queerstükk gerissen. Man stekkt, so wie man bohrt, die Stifte ein, die von geschlagenem Messingsdrate sind, und an dem einen Ende eine Oese haben. Endlich macht man die Löcher auf die Linie q k, Fig. 130. für die Leiter, etwas dikker als für die Stifte; doch durchbohrt man nicht das darunter befindliche Queerstükk, sondern deutet nur daselbst die Löcher an. Man gebraucht dazu eine Stahlspizze oder Ahle. Diese Stahlspizze ist ein Stükk vierekkiger Stahl von 2 oder 3 Linien lang, mit einer rundlichen Schneide und flach am Ende. Man glühet sie aus und wirft sie in kaltes Wasser, scheuret sie mit Bimstein und Wasser, wischet sie ab und stekkt sie in glühende Kohlen, bis sie blau angelaufen ist; alsdenn nimmt man sie heraus und läßt sie kalt werden. Einige nehmen Täschnernadel, und um sie in einen Griff zu stekken, machen sie ein Loch in ein Stükk Holz, füllen es mit geschmolznem Zinn an, und stekken die Nadel am Loche ein. Man beraspelt das Zinn vierekkig, bis es gedränge und gerade in das vierekkige Loch am Kopfe des Trauchbohrers paßt. Man kann damit bequem Löcher machen, wenn ein Holz nicht spalten soll.

Man nimmt das Brett von seiner Stelle und schneidet daran die Zapfenlöcher, die zwischen den Linien H P und t u stehen. Diese Löcher sind oben 2 Linien tief und unten länger. So macht man auch die Zapfenlöcher zum Gange des Zuges am untern Klaviere.

Ist man damit so weit gekommen, so legt man die Plättchen oben auf den Vordertheil des Bretts auf. Die Belegung besteht in Knochen oder schwarzem Ebenholz. Die Knochen sind zu den Orgelklavieren besser, weil dieselben härter sind und länger ausdauren. Man bedienet sich dazu der Ochsenfüsse. Man säget sie zu Platten, die so breit als die Tasten sind, und beraspelt sie. Das Weißmachen geschicht auf folgende Art. Man löschet in einer Pfanne ein Stükk ungelöschten Kalk, so groß als eine Faust, mit ein wenig Wasser. Wenn sich der Kalk gelöscht und zu Teig verwandelt hat, so gießet man beinahe 2 Pinten oder 3 bis 4 Pfunde Wasser zu, unter welches man ein wenig zerstossenen Alaun mischt. Wenn alles wohl gemischt worden, so legt man die Knochen ein, läßt die Pfanne höchstens 2 bis 3 Minuten kochen, und hebt die Pfanne wieder vom Feuer. Wenn das Wasser etwas von seiner Hizze verlohren, so nimmt man allen Schaum ab, alles muß erkalten, und man wäschet die Knochen in frischem Wasser ab; sie trokknen lang-

langsam an der Luft, denn sie würden an der Sonne oder Wärme Risse bekommen, oder in längerem Kochen verderben. Wenn sie trokken sind, so richtet man sie auf einer Seite mit einem Hobel von geradem und zakkigem Eisen zu, man giebt ihnen die Tastenbreite und behobelt sie in einer hölzernen Form, erst mit dem Zahneisen, und denn mit dem geraden Eisen, bis sie überall gleich dikke sind. Endlich leimt man sie an ihre Stelle auf das Griffbrett mit der gezähnten Seite auf, man bedekft sie mit Papier und doppelter Leinwand darüber, so man mit einem Holze belegt, und bringt sie unter 2 oder 3 Zwingen. Zulezzt hobelt man sie gerade. Ueber diese Knochenplättchen zieht man nach dem Klaviermaaße alle Linien, die sie auf dem Griffbrette bedekken, und noch andre Linien nach der Länge, theils grob, theils fein, um die Zierrathsglieder anzubringen. Oben auf kommen kleine Löcher, um die Enden der Halbtasten von den Tasten zu trennen. Legt man die Tasten mit Ebenholz aus, so säget man daraus Blätter, so breit als das Holz ist, man hobelt es mit geraden und gezakkten Eisen, richtet es auf allen Seiten, damit jedes Blatt gut ans andere passe, leimt eins mit Leim oben und unten ans andre, daß sie sich nicht werfen, bedekft alles mit Papier und verfährt wie mit den Knochen.

Ehe einige Orgelbauer das Klavier sägen, so leimen sie die Knie (talons) entweder über, oder unter dem Griffbrette auf, nachdem selbige über oder unter das Klavier kommen sollen. In dieser Absicht ziehen sie zwo Linien queer über das Griffbrett, von einem Ende zum andern, die um die ganze Knielänge von einander abstehen, und zwischen diese zwo Linien leimen sie ein Lineal, dem sie die Form des Knies geben. Endlich leimen sie einen Lederstreif auf, der das Knie ganz bedekft; wenn also das Klavier aufgesägt worden, so sind die Knie fertig, und an ihrem Orte aufgeleimt und gehörig beledert. Hierbei ist nun ein Fehler, wenn der Holzfaden der Knien dem Holzfaden der Tasten überkreuzt, und der Leim endlich losgeht. Also muß man das Lineal nach seinem Queerfaden nehmen, es aus etlichen Stükken zusammen sezzen, und der rauhen Lederseite den Leim geben.

Die Unterknie müssen nicht die obern Knie berühren; zwischen beiden muß eine halbe Linie Plazz bleiben, und die Tasten müssen sich niemals im Spielen einander mitdrükken. Im Durchsägen muß alles winkelrecht und mitten durch die gemachten Züge geschnitten werden. Die Dratstifte werden in dem vordern Queerstükke des Rahmens vorgebohrt und eingeschlagen, und die Unterstifte vierekkig gemacht, damit das Queerstükk nicht spalte; man macht sie von geschlagnem Messingsdrate, weil sich die Tasten daran weniger als an den Eisendrat reiben, so Rost sezzt. Jede Taste wird in ihre Stelle gelegt und frei gefeilt, damit sich die Finger nicht an ihren scharfen Ekken verlezzen. Die Knochen werden mit Schachtelhalm und Wasser glatt gerieben, und mit Leinwand, oder feinem Hutfilze, feinem Tripel und Wasser, so wie auch das Ebenholz polirt. Gemeiniglich sind die Halbtasten von

M 2 Knochen

Knochen und weiß, wenn man die Taſten mit Ebenholz auslegt. Elfenbein iſt freilich beſſer und wohlfeiler als Knochen; allein es wird gelb; und die Knochen ſind weiſſer und härter. Die Halbtaſten ſind in den erſten Klavieren länger, als in den lezzten. Oft macht man ſie 3 Zoll lang bei einem Klavier.

Im erſten Klaviere können die Halbtaſten 2 Zoll; im zweiten 1 Zoll, 9 Linien; im dritten 1 Zoll, 6 Lin. im vierten 1 Zoll, 3 Lin. und im fünften 1 Zoll lang werden. Man macht ſie 6 Lin. hoch in den Bäſſen des erſten und zweiten Klaviers, wenn es deren vier giebt. Bei fünf macht man ſie ſo hoch wie für das dritte; für das Echo, Recit, und die Diskante der andern Klaviere macht man ſie nur 5 Linien hoch. Iſt das Klavier fertig, ſo hängt man die Unterabſtrakten (demoiſelles) ein, und leimt ein Tuchſtreif auf den Vorderrand des Queerſteges, darin die Taſtenſtifte ſtekken, damit die Taſten nicht klappern.

Das Klavier (vom Oeffnen der Windlade) beſteht heut zu Tage aus 49 Taſten (Klavis, Palmul, Tangente) von Lindenholze, welches leicht iſt, ohne ſich zu werfen. Wenn mehrere Klaviere da ſind, ſo hat man die Abſicht, ſie zu koppeln, d. i. ſie ſo zu verſchieben, daß die niedergedrükfte Taſtatur des einen Klaviers auch zugleich die übrigen Klaviere vollſtimmig ſpielen möge. Nach der gemeinſten Art leimt man unter die Taſten kleine Drukfhölzer, die 1 Zoll lang, und etwas weniger breit und dikk ſind, die auf ähnliche Hölzer über den Taſten des Unterklaviers paſſen, indem beide Koppelhölzer neben einander vorbei ſtreichen, ſo daß das geſpielte Obers klavier nicht das Unterklavier in Bewegung ſezzt. So bald man aber das obere zurükfe ſtößt, ſo paſſen ſeine Hölzer genau auf die Hölzer des untern, und man ſpies let beide zugleich. Eben dieſes gilt von drei oder vier Klavieren; nur muß der Ors ganiſte während des Verſchiebens die Finger ſo lange von den Oberklavieren entfers nen. Bisweilen ziehet das untere das Oberklavier mit ſich herab, indem man den obern Abſtrakten beſondre Mütterchen oder Schlingen giebt, in welche die untern eingreifen. Einige erreichen die Abſicht durch eine Koppelung, ſo vermittelſt eines blinden Klaviers von einer unbeweglichen Taſtatur gezogen wird, oder durch Zapfen am Vorſezzbrette u. ſ. w. Die Halbtaſten des Klaviers heiſſen chromatiſche, und die langen niedrigen werden diatoniſche Taſten genannt. Unter den Taſten mindert ein untergeleimtes Tuch das Raſſeln derſelben, und zwiſchen den Klavieren zeiget ſich ein angeſchrobnes Vorſezzbrett. Das Pedal enthält ebenfalls ſeine chromatiſche und diatoniſche Taſten, ſeine Stifte mit der Leiſte darüber, die Taſten ſpielen mit ihrem Hinterende in langen Scheiden, ſo in ein Brett geſchnitten werden, indeſſen daß man den chromatiſchen einen Kopf oder Aufſazz giebt, und alle von einer meſ ſingnen Dratfeder, wie im Manuale, von unten her wieder nach dem Tritte hinauf gedrükft werden. Die alten Orgeln hatten im Manuale nur 15, im Pedale nur 8 Taſten, da man jezzo im Pedale 25 von C, Cis, bis zum eingeſtrichnen C macht.

Die

Die Schneiden werden mit Tuch gefuttert, und viele machen auch hier die Pedal-
taften von Lindenholze. Man ſitzt über dem Pedale auf einer Pedalbank, deren
Füſſe unten divergiren, und von einer Leiſte, worauf die Füſſe des Spielers ruhen,
zuſammen gehalten werden. Die Schlitze der Scheiden iſt ſo lang, als es nöthig
iſt, um den Balg ganz zu öffnen, und damit die Calcaturtaſte des Balges tief
genug niedergetreten werde. Zu dem Ende ſtehet der Calcant auf einer hohen Bank,
und ſtützt ſich im Niedertreten gegen eine feſte horizontale Stange mit den Händen
an. In alten Orgeln befanden ſich gegen 24 Bälge, jeder 3 Fuß lang, zu 12
Calcanten; am Ende jedes Balges war ein Schuh befeſtigt, in den man eintrat
und damit den Balg aufzog, zu der Zeit, da man den Nebenbalg niedertrat. Heut
zu Tage giebt man einer Orgel von 60 Stimmen 4 Bälge, welche man in einem
beſondern Balggehäuſe verwahrt, im Mangel des Platzes oben an das Gewölbe
rückt, durch Striffe aufzieht, oder mit den Händen und mit Riemen aufhebt.
Den kleinen Poſitiven giebt man hingegen Doppelbälge, deren unterſter den Wind
ſchöpft.

Das Pedalklavier braucht ebenfalls ſein Maaß. Einige geben den Pedal-
taften 7 bis 9 Linien Dikke; es wären aber ſchon 4 genug. Man macht ſie von
Eichenholz, 13 bis 14 Zoll lang, 6 Lin. dikk, 10 Lin. breit. Der Rohmen kann
von Eichen oder Nußbaum ſeyn. Sie bekommen ihre Taſtenſtifte, und doppelt ſo
ſtarke Federn als die Ladenklappen. Das Pedalbrett iſt von Eichenholz, und ſeine
Zapfenlöcher ſind unten weiter, damit der Schmutz der Schuhe durchfallen möge.
Es wird über dem Rahmen durch 4 oder 6 Schrauben feſte gehalten. Gemeiniglich giebt man dem Pedale zwei Oktaven.

Die Abſtractur. Siehe Fig. 78. wo dieſelbe ſehr einfach iſt, da ſie in groſſen
Orgeln und bei vielen Stimmen und Laden ſchon mehr zuſammen geſetzt wird.
Wenn die Windladen an ihrem Orte liegen, ſo paßt man ein langes Lineal unter den
Weidenruthen an, und man bemerkt auf dem Lineal den Punkt gegen jeder Ruthe
über. Man numerirt alle dieſe Punkte nach der Einrichtung der Lade, man bemerkt auf dem Lineale die ſenkrechte Stellung des Klaviers, und unten die Punkte,
die ſelbige vermittelſt des Klaviermaaßes vorſtellen. Man numerirt ebenfalls dieſe
Klavierpunkte. Endlich ziehet man die Abſtraktur nach horizontalen Linien, ſo die
Wellen, und nach ſenkrechten, welche die ziehenden Dräter vorſtellen, auf das ſenkrecht über dem Klaviere ſtehende Wellenbrett. Man muß einen Raum von 2½ Zoll
zwiſchen dem einen Abſtraktureiſen und dem nächſten Eiſen, ſo ſich an der benach-
barten Welle auf einerlei Linie befindet, übrig laſſen. Und dieſes gilt von allen
ſolchen Wellen. Wellen von 5 oder 6 Fuß Länge müſſen, damit ſie ſich nicht biegen, 1 Zoll dikk werden; und 7 bis 9 Fuß lange Wellen werden 13 bis 15 Linien
dikk. Alle Wellen werden von gutem Eichenholze und gemeiniglich achtekkig gemacht,

M 3

macht, weil ſich dieſe Figur für ſie am beſten ſchikkt. Um ſie achtekkig zu machen, wie auch die Drehſpindeln am Regiſterzuge, ſo beſtößt man das Holz und macht es vierekkig, und durch die richtige Beſtoſſung der Ekken achtekkig. Aus der obigen Erklärung der Abſtraktur wird man erſehen haben, daß jede Taſte an einem Drate feſte iſt, welcher ein Eiſen oder Arm der am Wellenbrette in horizontalen Schichten liegenden Wellen zieht, indeſſen daß der andre Wellenarm die Pulpete und Klappe der Lade herab zieht und öffnet. Die Zapfen der Wellen ſpielen in hölzernen oder meſſingnen Pfannen, und die lezzten ſind beſſer. Man macht ſie aus Meſſings= platten, die eine Linie dikk ſind, und zu Streifen geſchnitten werden, und dieſes Modell dient zu allen übrigen, die man zugleich zuſchneidet, feilet und durchbohrt. Die Doppelpfannen bekommen ebenfalls nur eine Linie Dikke, wie die einfachen, nur daß die doppelten um eine Linie breiter ſind und zwei Löcher bekommen. In dieſe zwei Löcher paſſen die zween Zapfen der zwo Wellen, ſo auf eben derſelben Linie liegen; beſſer aber iſt es zwo einfache Pfannen 6 Linien von einander anzubringen. Die Pfannen werden mit ihrem Fuſſe eingeſchlagen. Jede Welle hat eine halbe Linie Spielraum.

Zu den Eiſen der Abſtraktur gehört ein Eiſendrat, der wie ein Federkiel dikk iſt, woraus man Enden von 3 Zoll lang ſchneidet, die man ausglüht, und im Glühen an dem einen Ende breit ſchlägt. Kalt feilet man dieſes Ende rund, man ſchlägt ein Loch daſelbſt zwiſchen dem Schraubenſtoffe ein, und rundet es für den Meſſings= drat aus. Es giebt dreierlei Arten, wie man die Abſtraktureiſen auf den hölzernen Wellen anbringt. Die erſte iſt, wenn man dieſe Eiſen wie Nägel zuſpizzt, und in das vorgebohrte Loch der Welle einſchlägt, auch wohl bis 3 Linien queer durchtreibt und vernietet. Nach der zwoten feilt man die Enden der Abſtraktureiſen ſchrauben= mäßig aus, und windet ſie mit einer Zange feſte ein. Die dritte Art iſt beſſer und hurtiger; man feilet den Fuß zurechte, bohret in die Welle das Loch und ſchlägt das Eiſen ſachte mit dem Hammer ein, eine Linie queer durch, und vernietet es. Alle flache Köpfe dieſer Eiſen ſehen einander an. Im Einſchlagen muß die Welle im Schraubenſtoffe eingeklemmt ſtekken, weil das Holz ſonſt ſpalten würde. Der Vorſprung von allen Eiſen iſt gleich groß und etwa 2 Zoll. Nun wird an ein Ende einer jeden Welle einer der Zapfen mit einem Vorſprunge von 3 Linien auf beſtän= dig eingeſchlagen. Dieſe Zapfen ſind zweierlei; einige kürzer, die andern länger. Man ſchlägt die kürzen auf beſtändig ein, und die längern nur denn, wenn die Welle ſchon in ihrem Lager liegt, ſo daß ſein Ende aus der Pfanne hervor geht. Ehe die Zapfen eingeſchlagen werden, bohret man, indem man die Welle in der Hand um= dreht, ein Loch ein, welches recht gerade ſeyn muß. Die Zapfen ſind ¼ Linie dikk, daß ſie ſich nicht biegen. Bei kleiner Abſtraktur, und wenn das Wellenbrett aus vielen verbundnen Brettern beſteht, legt man alle Wellen an ihre Stelle, ehe man

die

Die Kunst des Orgelbaues.

die Abstraktur an ihren gehörigen Ort bringt. Jede Welle muß vollkommen frei spielen. Was die nach zween Armen am Ende umgebognen Krükken betrifft, so vernietet man diese zween Arme an dem Ende des Drates auf zweierlei Art. Die erste entsteht, wenn man die Eisen heiß macht; taugt aber nicht; man thut also besser, wenn man an beiden Enden der kleinen Stange mit dem Zwikkbohrer ein Loch bohrt und die kleinen Arme darin vernietet. Einige bohren lieber die beiden Enden des Eisens mit dem Zwikbohrer und treiben die Zapfen gedränge ein. Wenn man diese eiserne Wellen, die aus starkem Drate bestehen, an ihre Stelle bringt, biegt man die Pfannen etwas auswärts und paßt die Zapfen ein. Nach einer andern sehr gewöhnlichen Art biegt man nur die Dratwelle an beiden Enden zu zween Armen um, und läßt diese Winkel in einem durchlöcherten Zapfen spielen; andre umklammern die Welle an etlichen Orten ihrer Länge lose mit Drätern, die ihr erlauben, sich frei umzudrehen.

Was bieher von den herab ziehenden Abstrakten gesagt ist, gilt auch von nieder-drükkenden Abstrakten. An diesen liegen die Eisen nach einer verkehrten Richtung. Die Flächen dieser Eisen müssen mit der Länge der Wellen parallel liegen, weil man die Abstraktenstreifen an die Zugabstrakten anhängt, und den Drukkabstrakten an-dre Eisen glebt.

Die Registerzüge sind viereckige Stangen von Eichen oder Nußbaum, an jeder Fläche 10 Linien, und bestimmt, die Stimmen zu öffnen, oder zu verschliessen. Sie gehen durch zwei Bretter, und endigen sich am längsten Arme der grossen Dreh-spindeln, an denen sie eingezapft sind. Diese Einschlißung geschicht auf zweierlei Art. Man zeichnet sie anfangs zwo gute Linien breit durch einen doppelten Strich an den zwoen entgegen gesetzten Seiten; oder man macht lieber diese Schlizze mit einer Säge und dem Meissel. Vorher aber wird das Loch für den Arm gebohrt, damit das Holz hernach nicht spalten möge. Nun wird der Registerzug an den Arm der Drehspindel gehängt. Der Registerknopf hat einen Fuß, um ihn einzuleimen und zu verzapfen.

Die grossen Drehspindeln (pilotes tournants) sind zweierlei. Gemeiniglich macht man sie von Holze, wenn man Plazz genug hat; oder von Eisen, da sie we-niger Raum einnehmen. Beide Arten sind gut. Wenn man sie von Holze macht, so sucht man das festeste Eichenholz dazu aus. Sind sie nur 3 oder 4 Fuß hoch, so sind 2 Zoll im Gevierten zur Dikke genug; die von 7 bis 10 Fuß Höhe bekom-men viertehalb Zoll zur Dikke. Sie müssen recht stark seyn und sich nicht biegen. Man giebt ihnen achteckige Flächen. Die hölzernen bekommen zween Arme von Eisen. Gemeiniglich macht man den Unterarm, woran der Registerzug ist, 8 Zoll lang, und den Oberarm halbmal kürzer. Das kleine Ende des Arms, woran 2 oder 3 Löcher sind, wird höchstens anderthalb Linien dikk und einen Zoll breit; da

das

das grosse Ende 6 Linien dikk, 15 Lin. breit ist, und bis zum kleinen Ende immer schmäler wird. Man vernietet den eisernen Arm in der Spindel, wenn man ihn heiß eingestekkt. Die hölzernen Drehspindeln bekommen ihre zwei Zapfen oder Pfannen von Eisen, viertehalb Linien dikk und von grobem Drate. Die eiserne Drehspindel ist eine Stange Eisen, bisweilen einen Zoll im Gevierten, wenn die Spindel lang ist; oder 9 bis 11 Lin. im Gevierten, nachdem sie kurz ist. An beiden Enden dieser Spindel sind ebenfalls zween verkehrte Arme aufgehauen und übergeschweißt. Ihr Oberarm ist für die Pedal= und Positivregister gemeiniglich hakig gebogen; zu grossen Windladen aber gerade, wie an den hölzernen Drehspindeln. Ihr oberer Zapfen ist drittehalb Zoll lang, und der untere einen Zoll. Grosse Spindeln spielen in einer kleinen Eisenplatte in dem untern Queerholze, so die Spindeln trägt. Die Drehspindel verdoppelt die Kraft, weil der Unterarm derselben doppelt länger als der Oberarm ist. Wenn also die Gewalt des Orgelspielers, der das Register aufzieht, oder zustößt, 10 Pfunde beträgt, so beträgt das Ende des kleinen Armes 20 Pfunde Kraft. Diese 20 Pfunde wachsen durch die Bewegung des Balanciers (der 6 Lin. dikk, 2 Zoll breit, und unten immer schmäler ist) und werden am Register der Lade zu 80 Pfunden; alles nach der Natur der Hebel.

Der Bau der Blasebälge. Ueberhaupt sind grosse Bälge den kleinen vorzuziehen. So werden Bälge von 8 bis 9 Fuß Länge, die 4 oder 4½ Fuß breit sind, in einer Orgel besser als die gewöhnlichen, so 6 Fuß lang und 3 Fuß breit sind, gehalten. Grosse Bälge machen einen gleichförmigern Wind, weil sie sich unter einem kleinern Winkel öffnen. Ein Balg von 8 Fuß, der sich 3 Fuß hoch öffnet, macht etwa einen Winkel von 20 Graden; ein Balg von 6 Fuß, mit 3 Fuß Oeffnung, wie man gemeiniglich verfertigt, macht einen Winkel von 7 bis 8 Grad mehr. Zweitens nehmen die grossen grössere Falten an, die bei ihrer Breite in den kleinen Bälgen unmöglich zu machen sind. Diese grosse Falten machen den Balg fester, weil man nicht so viel Leder braucht; denn je mehr Leder, je schwächer ist der Balg, weil Leder nicht so stark als Holz ist. Ein grosser Balg braucht nicht so viel Falten, weil seine Falten groß sind. Wenn ein Balg gedrükkt wird und sich öffnet, so weichen alle seine Späne aus, und krümmen sich in den Falten bis auf einen gewissen Punkt. Sie ziehen, kraft ihrer Elasticität, das Oberbrett um desto stärker herab, je mehr Falten da sind. Folglich muß der Wind stärker werden, wenn das Oberbrett ganz und gar in der Höhe, als wenn es niedriger ist, und die Falten weniger schief stehen. Leder läßt mehr Wind durch, als mit Pergament gefuttertes Holz. Ferner bläßt ein grosser Balg länger und also gleichförmiger, und man braucht weniger Bälge, wenn sie groß sind, indem drei grosse Bälge, 8 Fuß lang, 4 Fuß breit, so viel als fünf andre, 6 Fuß lange und 3 Fuß breite Bälge ausrichten, und ausserdem kosten diese drei grössern nicht so viel als die fünfe, und die Reparatur ihrer neuen Belederung macht weniger Kosten.   Man

Man kann in einem Orgelwerke niemals zuviel Wind haben; dieses ist ein Grundsatz: denn eine grössere Menge Bälge macht keinen stärkern, sondern nur hinlänglichen Wind, und ein einziger Wind würde eine ganze Orgel mit gehöriger Stärke, aber nur auf einen Augenblick anblasen. Dieses kann man durch den Windmesser erfahren, den man auf einen grossen Windkanal setzt, und der bei einem gehenden Balge die Flüssigkeit eben so hoch steigen läßt, als wenn alle Bälge zugleich gehen. Gemeiniglich giebt man den Bälgen von 6 Fuß fünf Falten; will man nur vier machen, so müssen sie breiter verfertigt werden. Folglich brauchen kleine Bälge viele Falten. Die beste Methode bei grossen Bälgen ist, wenn man ihnen drei vorspringende Falten giebt; ja es wählen geschickte Orgelbauer lieber zwo vorspringende Falten, und dieses scheinet noch besser zu seyn.

Die gewöhnlichste Art die Blätter des Balges zu verfertigen ist diese, daß man verschiedne Bretter gleich dikk hobelt, und sie vermittelst einer langen Fuge an beiden Seiten eines jeden zusammen füget. Ausserdem bringt man an jedem Schlusse 3 oder 4 Bänder an. Alles wird geleimt und mit Nägeln befestigt. Auf das Oberblatt befestigt man mit Leim und Nägeln zwei starke Hölzer oder Queerstükke, eins 10 bis 12 Zoll vom andern. Auf das Unterblatt legt man drei Hölzer, die nicht so dikk, aber breiter sind, und befestigt sie mit Leim und Nägeln. Diese Hölzer schützen und erhalten das Blatt, welches nicht lange Zeit dauren würde, weil daran grosse Löcher zu den Klappen und den Schlünden angebracht werden. Diese Blätter sind von Eichenholz, und für achtfüssige Bälge 2 Zoll dikk; für sechsfüssige 1½ Zoll. An dem Oberblatte läßt man das Mittelbrett 6 bis 8 Zoll länger als die andern. Man macht daran ein Zapfenloch, 6 Lin. breit und 1½ Zoll lang. Man macht ein Loch 6 Lin. im Durchmesser queer durch die Holzdikke, mitten dem Zapfenloche gegen über, um einen dikkförmigen Nagel einzustekken, der die eiserne Stange des Zugwerks hält. Man macht aber dieses Loch nicht mitten an der Holzdikke, sondern etwas darunter, damit das Holz über dem Loche stärker bleibe, als unten.

Jedes Blatt bekommt ausserdem noch ein dergleichen Holz, 1½ Zoll dikk nach aussen, und 16 Lin. nach inwendig; man macht sie 3 Zoll breit, man leimt und nagelt sie feste. Diese beide Hölzer liegen mit den Enden der Blätter gleich hoch, und sind beide gleich lang, damit die zwei Enden, wenn der Balg fertig ist, eine gerade Fläche machen, woran sich die kleinen Enden der Falten stützen können; sie ragen an jeder Seite einen guten Zoll vor.

Drei oder vier Zoll vom innern Rande der Falten macht man die Oeffnung zum Rahmen der Klappen. Die Regel bei diesem Baue ist: man giebt der Oeffnung, welche die Klappen verschliessen sollen, so viel mal 3 Quadratzoll, als die Grösse des Blattes Quadratschuhe enthält. Ich setze, der Balg sey 8 Fuß lang, 4 Fuß breit. Man multiplicire beide Maaße mit einander, so entstehen 32 Quadrat-

N   fuß

fuß Oberfläche. Nun müssen die Oeffnungen 3 Quadratzoll auf jeden Quadratfuß des Blattes bekommen. 32 drei mal machen 96. Also müssen die Oeffnungen der Klappen zusammen genommen 96 Quadratzoll machen. Da es nun zuträg= licher ist, lieber 4 als 2 Klappen zu machen, damit sie sich weniger werfen, so thei= len wir die Summe der 96 Quadratzoll in vier Oeffnungen. Dieses macht 24 Quadratzoll, so jede Oeffnung bekommt. Da nun jede 6 Zoll lang und 4 breit ist, so kommen just 24 Quadratzoll auf jede, und 96 auf alle. Noch besser wäre es, den Rahmen statt der 4 auf 6 Klappen oder Ventile anzulegen. Alsdenn bekämen die Oeffnungen nur 16 Quadratzoll; und man würde den Oeffnungen 5 Zoll Länge, und 3 Zoll 2 Lin. Breite geben. Diese kleinere Klappen wären noch zuverlässiger; denn grosse Klappen werfen sich allezeit. Ein Balg 6 Fuß lang, 3 Fuß breit, be= kommt zur Klappenöffnung 54 Quadratzoll. Wir machen die Klappen viel länger als breit, weil sich die Holzfasern nach der Länge weniger, als nach der Breite werfen.

Nunmehr weis man die Klappenöffnungen, und also auch die Grösse des Rah= mens, der die Klappen trägt. Dieser wird 14 Zoll breit und 17½ Zoll lang. Man legt ihn unter dem Blatte des Balges in einen Einschnitt von 1 Quadratzoll; folg= lich muß die grosse Oeffnung des Blattes an den vier Seiten um 1 Zoll kleiner, als das Auswendige des Rahmens werden. Es wird also überhaupt 15½ Zoll lang und 12 Zoll breit seyn.

Gegen den Kopf des Balges giebt es noch zwo andre Oeffnungen für die zwo Windschnauzen (gosiers), mit einer schrägen Abschärfung. Statt der eisernen oder kupfernen Gelenke bedient man sich der Strikke, so für einen achtfüssigen Balg 5 Lin. diff, und so aus kleinen Seilen gedreht seyn müssen, daß sie kein hartes Striff aus= machen, welches nur zerbrechen würde. Man drehet ein Ende des Strikkes auf, um es an das Ende eines Elfendrates, so 1 Fuß lang und 1 Linie diff ist, und dessen Ende man mit der Zange zu einem kleinen Ringe umbiegt, zu befestigen, welches mit Leim und Bindfaden geschicht. Dieser Drat dient gleichsam statt einer Nadel, den Striff in die Löcher einzufädeln. Diese Löcher zu den Strikken zu machen, so hat die Queerleiste 14 kleine Ausschnitte, 5 gegen beide Enden und 4 in der Mitte, jeden 1 Zoll weit vom andern. Diese Löcher müssen just so groß seyn, als das Striff diff ist. Man bohret die Löcher schräge. Ehe man die Strikke durchzieht, so leimt man längst und von oben über die zwo beschriebnen Queerleisten einen Streif Leder, damit sie sich nicht berühren, wenn eine über der andern liegen wird, und damit der Balg im Gehen nicht knarren möge, wenn sich Holz an Holz reibt. Ist dieses Leder recht trokken, so legt man die zwei Blätter, eins auf das andre, in ihre rechte Lage. Man fädelt die Strikke ein, die man etliche Zoll länger als nöthig heraus läßt, und man befestigt sie an dem einen Ende. Man fasert das Striff auf, tränkt den ausgefaserten Theil mit Leim, treibt einen hölzernen mit Leim bestrichnen Zapfen

nach

nach den Queerfasern ein, um das Holz nicht zu spalten, und wenn man also die 14 Enden des Strikks an dem Oberblatte feste gemacht hat, und der Leim trokken ist, so wendet man den Balg um, um auch die andren Enden der Strikke feste zu machen. Man drehet sie auf, zerfasert sie, und es ergreift ein Geselle das Ende mit einer Zange, ziehet es stark an, als ob er einen Nagel ausziehen wollte, und alsdenn drükkt ein andrer Gehülfe den geleimten Zapfen ein. Eben dieses wiederfähret allen Löchern, doch so, daß kein Leim an die Stelle des Strikks komme, so zum Gelenke dienen soll. Die ganze innere Fläche der beiden Balgblätter wird mit Pergament beleimt; vorher aber leimt man auf alle Fugen Lederstreife, deren beide Ränder man schräge abschärft. Dergleichen leimt man auch längst den zwo Queerleisten, wo die Gelenke inwendig im Balge sind. An den beiden Enden und am Ende der Blätter kommt 1 Zoll lang kein Pergament hin. Dieses schneidet man nach der Leimung längst einem Lineale mit dem Messer ab. Der Balg bekommt drei vorspringende Falten, die vier einwärts gehende ausmachen. Man verfertigt sie von Eichenholz, 11 Zoll breit und überall 3 Lin. diff. Man säget sie aus Brettern, denen man vorher die Länge, Breite und Gestalt giebt, die sie haben sollen. Man unterscheidet sie in die Boden= und Seitenfalten. Wo die Seitenfalten den Bodenfalten begegnen, sticht man mit dem Stecheisen von jeder Seite wenigstens einen Zoll ab, damit die Falten, wenn sie zusammen gefallen und ruhig im Lager sind, an jeder Seite wenigstens 2 Zoll von einander abstehen, und um das Seitenleder zu beherbergen, welches sich faltet, wenn der Balg zu ist; das Leder würde zerreissen, wenn diese Höhlung zuenge wäre. Sind die Falten oder Späne gesägt, so macht man sie, wie gesagt, gleich dikk und recht gerade; die scharfen Kanten werden der ganzen Länge nach mit dem Stabhobel abgerundet, doch bloß an den äussern Kanten, sowohl in= als auswendig am Balge.

Wenn die 8 Späne für den Boden des Balges, und die 16 Späne für die Seiten geendiget sind, so futtert man die Oberfläche, die inwendig im Balge kommt, mit Pergament. Ueber alle kleine Risse wird vorher geschärftes Leder, und denn erst Pergament darüber geleimt. Man schonet damit 9 Linien vom Rande jedes Spanes zu bedekken, wo man die scharfe Kante bestossen, weil man daselbst Leder aufleimt, welches auf Holz besser als Pergament hält. So wie man einen Span mit Pergament belegt, so legt man ihn, das Pergament oben, auf den Tisch, man futtert den zweeten Span und legt ihn auf den vorigen, und so alle übrige, das Pergament oben, damit niemals Pergament auf Pergament komme, und dabei ist jeder Span noch mit einem Brette bedekkt, damit sie gerade bleiben, und sich nicht werfen, oder zusammen kleben. Ist alles trokken, so schneidet man eine Anzahl Lederstreife, vermittelst zweier Lineäle, 6 Lin. diff, 20 Lin. breit, 3 Fuß lang. Man legt beide auf einander mitten am Leder, nach der Länge hin, und schneidet mit der

Spitze

Spizze des Messers längst dem ersten Lineale. Man nimmt es von seiner Stelle, und legt es hinter und gegen das zweite Lineal. Man schneidet längst demselben, welches man mit dem Lederstreif von der Stelle nimmt, und man legt diés zweite Lineal hinter und gegen das erste Lineal, schneidet längst dem zweiten Lineale, und so fährt man mit dem Streifenschneiden fort. Dieses ist der Handgriff überhaupt, Streifen von Pergament oder Leder zu schneiden; da diese Lineäle so breit als die Streifen sind. Ein einziges Quadratlineal, 20 Lin. breit an jeder Fläche, ist zwar leichter, aber es biegt sich auf dem Tische leicht krumm. Bei dem Leimen der doppelten Lederstreifen auf alle Falten hat man zwei andre Lineäle, um die Streifen etwas breiter zu schneiden, da sie über die ersten geleimt werden sollen: Alle Theile des Leders sind nicht tauglich, sondern nur die stärksten, und man nimmt nur 4 Streifen aus der Mitte und nach der Länge, wo das Leder am stärksten ist. Die Seiten des Leders dienen nur für die Faltenseiten. Alle Streifen werden an den Enden geschärft, sobald man sie zugeschnitten. Endlich wird ein Lederstreif längst den Spänen und am Rükken zweener verbundnen Späne aufgeleimt, doch ohne das Leder nach seiner Länge zusehr auszudehnen; aber desto stärker zieht man es nach seiner Breite, nachdem man die heisse ausgewundne Leinwand darauf gelegt; weil der Zug nach der Länge ein Leder dünne macht und seine Poros öffnet, und der Zug nach der Breite nöthig ist, weil es sich, wenn der Balg geht, ausdehnt und sich die Falten nicht beisammen begeben, um feste zu seyn. So leimt man also einen Streifen an das Ende des andern, so lang die Späne sind. Jedes Ende ist geschärft. Das Leder darf nur 7 bis 8 Linien an jeder Seite der Falte breit seyn, und zwar bei allen Falten gleichmäßig. Dazu bedient man sich eines Lineals, das so lang ist, als die Seitenfalte, und längst aus einen Rand hat. Dieses wird auf den Rand der Falte gelegt, mit dem Rande gegen dieselbe, und man schneidet, so werden alle Falten eine gleiche Breite bekommen.

Wenn dieser erste Lederstreif von einem Ende zum andern auf das Paar Späne geleimt worden und recht trokken ist, so leimt man einen etwas breitern Streif auf; dieser aber hält nicht schlechterdings die ganze Faltenlänge feste. An den Seitenfalten braucht nur derselbe etwa 5 Zoll nahe am kleinen Ende zu reichen, in Betracht, daß die Ueberschläge es hinlänglich futtern werden. Gegen das grosse Ende läßt man anderthalb Zoll ohne Doppelleder, so wie die beiden Enden der Falten des Balgbodens. Die Ekken, die man daselbst leimen muß, machen diese Enden doppelt genug. Der innere Faltentheil wird so gefuttert, daß der zweete Lederstreif, den man daselbst auf den ersten leimt, wie dieser, ganz von einem Ende zum andern gehen muß.

Wenn sowohl die Grund- als Seitenspäne des Balges zwei und zwei verbunden, und der Leim trokken ist, so verbindet man sie zu vier und vier, d. i. man verbindet zwei Paare, und giebt ihnen doppelte Lederstreifen auf die obige Art. Ist

der

der Leim trokken, so fügt man an dieses doppelte Paar ein anderes Paar, bis daß alle Späne, die zusammen halten müssen, an einander gefugt und geleimt sind. Endlich breitet man sie auf dem Tische fast platt aus einander, und man leimt Pergamentstreifen, etwa 18 Lin. breit, längst den einwärts gehenden Winkeln, sowohl an den innern als äussern Winkeln auf. Ehe schlägt man die Falten nicht von unten nach oben zurükk, bis nicht erst das aufgeleimte Pergament trokken ist, wobei man die Stellen mit dem Holzmesser streicht. Die Winkel werden etwas abgerundet, damit die scharfen Kanten das Leder nicht zerstechen. Endlich nimmt man die Falten von ihrer Stelle, und beledert die Falten des Balgbodens. Dazu gehört ein Zwirnband, 1 Zoll breit, stark und gut gewebt; und man gebraucht 18 Fuß, oder 5 Ellen für einen Balg. Man legt die Bodenfalten des Balges auf den Tisch, die inneren Balgflächen aufwärts gekehrt. Jedes Ende wird mit einem Zwekk und dergestalt befestigt, daß von einer Falte zur andern 9 Zoll bleiben. Man schneidet das Band in 14 bis 15 Zoll lange Enden, man tränkt sie an beiden Enden mit Leim, man leimt diese über die Falten, indem das Band gespannt ist, und man leimt sogleich auf diese Bandenden ein Stükk Leder, um sie zu befestigen. Diese Bandenden heissen Zügel (brides), weil sie bestimmt sind, den Umfang der Oeffnung einer jeden Balgfalte in ihrer Erhöhung zu erhalten; indessen daß die vier lezzern nur bloß mit einem Ende an den zwei Balgblättern angeleimt werden. Die Zügel der Seitenfalten brauchen schon mehr Umstände. Man schneidet sechs Bandenden zu, so einen Fuß lang sind, tränket ein 3 Zoll langes Ende des Zwirnbandes mit Leim, und leimt es auf den Rükken des kleinen Endes einer der Falten, und darüber ein etwas breiteres Leder. Ein jeder Balg bekommt vier Ueberschläge von Leder, jeden 14 Zoll breit; deren zwei 14 Zoll lang, und die andern zwei 3 Zoll länger sind, indem man dazu mit dem Papiere nach allen Krümmungen der Falten das Maaß nimmt. Diese Ueberschläge werden aufgeleimt, und zwar zwei über einander, so daß der erste Ueberschlag um 8 Linien kürzer ist, als der obere.

Ich übergehe hier die noch übrigen Arbeiten an den Bälgen. Wenn diese völlig fertig sind, so probirt man sie auf folgende Art, ob sie windfeste sind. Man legt den Balg platt auf die Erde, das Oberblatt unten gekehrt. Man verschließt die Oeffnungen der Windkanäle dadurch, daß man auf jeden ein doppeltes Leder mit einem Brette darüber mit vier Nägeln befestigt, man hebt das Unterblatt recht hoch auf und läßt es stark gehen. So wie man das Blatt aufhebt, öffnen sich die Klappen, und sie fallen genau zu, sobald man das Blatt stark gehen läßt. Eine oder zwo Personen können auf den gehobnen Balg steigen, und dennoch merkt man nicht, daß das Blatt niedersinket.

Die Kanalschnauzen (gosiers) sind vier durch eine Zunge und Fuge zusammen gefugte Bretter. Ihre innere Flächen wurden vorher mit Pergament gefuttert, und die Klappenöffnung eingeschnitten. Die grossen Windkanäle (grands porte-vents) bestehen ebenfalls aus vier Brettern, und dienen, der Windlade den Wind auszutheilen. Die verschiednen Theile der Windkanäle sind: der Theil unmittelbar unter den Bälgen; der, welcher vom Gebälge zum sachten Tremulanten geht; der von diesem zur grossen Windlade geht; der zu den Pedälen, zum Positiv geht u. s. w. Jeder dieser Theile bekommt nach seiner Absicht gehörige Proportionen, wenn man die Bälge nicht erschöpfen will. Nach der runden Figur, welches die beste wäre, folgt die viereckige; diese ist noch besser als die vierseitige (meplat), weil die inneren Flächen an der letztern mit dem Reiben wachsen. Muß man diese Kanäle brechen und mit Kniestükken versehen, so muß man sie niemals winkelrecht schneiden, weil sich der Wind in winkelrechten Knien schwächt. Daher muß man den Kniestükken stumpfe Winkel geben, die den Kanal noch dazu abkürzen; je näher nämlich das Gebälge der Orgel liegt, desto lebhafter bläset der Balg. Wenn die Orgel gespielt wird, so fliesset der Wind in den Kanälen als ein sanfter Strom, so daß ein darin aufgehängtes Papier, wenn man ein Glas einsezzte, gar keine Bewegung machen würde; und dieses beweiset auch die grosse Menge Staub im Kanale, die der Wind sonst verwehen müßte.

Um nun die Grösse der Kanäle zu finden, damit sie weder zuklein, noch zugroß werden; so folget die Tabelle von den Windladenlöchern des ersten C von einigen Stimmen, nach den Summen der Quadratlinien. Die Löcher können viereckig, oder vierseitig seyn. Z. E. 144 Linien bezeichnen ein Ladenloch, welches 12 Lin. im Gevierten, oder 9 Lin. an einer Seite, und 16 Lin. an der andern haben kann; oder man kann 18 Lin. auf eine, und 8 Lin. auf die andre Seite rechnen: denn aus beiden kommen doch 144 Lin. in der Multiplication heraus; gesezzt, daß man auch an den Laden die Löcher niemals so groß machte.

Das erste C der grossen Lade.

	Quad. Lin.
32 Fuß offen, das F hat zum Loche	144 Quad. Lin.
Bourdon 32 Fuß, das F	144 — —
16 Fuß offen, erste C	108 — —
Bourdon 16 Fuß, erste C	108 — —
8 Fuß offen, erste C	64 — —
Bourdon 8 Fuß	64 — —
Flöte offen 8 Fuß	64 — —
Großnasard	49 — —
Prestant	30 — —
Grosse Terz	30 — —
Nasard	18 — —
Quart	16 — —
Terz	16 — —

Summe 855 Quad. Lin.

Pedal-

Pedallade.

32 Fuß offen, erste C	224 Quab. Lin.	Großnasard	⸗	81 Quab. Lin.
Bourdon 32, erste C ⸗	224 — —	Flöte 4 Fuß ⸗ ⸗	50 — —
16 Fuß offen ⸗ ⸗	144 — —	Posaune ⸗ ⸗ ⸗	144 — —
Bourdon 16 ⸗ ⸗	144 — —	Trompete ⸗ ⸗ ⸗	64 — —
Flöte 8 Fuß offen ⸗	81 — —	Clairon ⸗ ⸗ ⸗	48 — —

Ich soll die Grösse des Windkanals finden, der vom Gebälge zum sachten Tremulanten geht, wenn der Wind nicht separiret ist. Addiret die Grössen der Löcher der grossen Lade vom ersten C der vollständigen Terzstimme, des Positives und aller Pedalstimmen. Multipliciret die Summe mit 6, so giebt die Quadratwurzel des Produkts die innere Quadrirung dieses Kanals.

Man addiret demnach die Löchergrössen der grossen Lade von allen C der Stimmen, welche die grosse Terzstimme ausmachen; siehe oben die Tabelle. Dieses macht eine Summe von 855 Linien im Gevierten. Addiret eben so die Löcher der Positivlade vom ersten C durch alle Stimmen, die zur Terzstimme gehören; dieses macht 256 Quadratlinien. Addiret die Löcher der Pedallade vom ersten C durch alle Pedalstimmen; dieses macht 1558 Quadratlin. So geben alle 3 Summen zusammen 2669 Quadratlin. Multiplicirt diese mit 6, so kommen 16014 Quadratlin. heraus. Also sollte der erste Windkanal, der vom Gebälge zum sachten Tremulanten geht, zu seiner Grösse 16014 Quadratlin. bekommen. Nun finde man ein Viereck, dessen Länge und Breite, mit einander multiplicirt, 16014 heraus bringt. Also ziehet man aus dieser Zahl die Quadratwurzel; so bekommt man zu einer Seite des Quadrats 126½ Linie, d. i. 10 Zoll, 6½ Linie zu einer jeden innern Fläche des Kanals, wofern die Windleitung nicht getrennt ist.

Ist der Wind getrennt, und man will die Grösse eben dieses Kanals wissen, so addiret die Löcher der Lade von C der grossen Terzstimme. Die Summe multiplicirt mit 11, so giebt die Quadratwurzel eine der vier innern Seiten des Kanals.

Für den Positivkanal besonders, addiret die Positivlöcher der Lade vom ersten C aller Terzstimmen und Schnarrwerke. Die Summe multiplicirt mit 10, so giebt die Quadratwurzel eine innere Seite.

Den Kanal der Pedale zu finden, addiret die Löcher der Pedallade vom C aller Grundstimmen. Die Summe wird durch 10 multiplicirt, und die Quadratwurzel giebt die innere Quadrirung.

Den Kanal zu finden, der vom sachten Tremulanten zur grossen Lade geht, addiret die Löcher der grossen Lade vom ersten C der grossen Terzstimme; multiplicirt die Summe mit 10, und es deutet die daraus gezogne Quadratwurzel das innere Quadrat des Windkanals an.

Wie

Wie viel Bälge oder Gebläse gehört zu einer gewissen Grösse der Orgel? Suchet nach der ersten Regel den Hauptkanal und dessen Inhalt in Quadratzollen. Nun muß das Gebläse, in der Anzahl und Grösse der Bälge zusammen genommen, so viel $2\frac{1}{2}$ Fuß enthalten, als es Quadratzoll in der innern Grösse des Hauptkanals giebt. Um nach dem vorigen Exempel die Proportion des Gebläses gegen die Orgel zu finden, so suche man, wie viel die obige Summe 16014 Quadratlinien an Quadratzollen macht. Zu dem Ende dividiret diese Summe mit 144; denn so viel Quadratlinien macht ein Quadratzoll. Der Quotient ist 111, d. i. 111 Quadrat-zoll. Nun sagt die obige Regel: Alle Bälge eines Gebläses enthalten zusammen genommen so viel man $2\frac{1}{2}$ Quadratfuß, als die Capacität des Hauptkanals Quadrat-zolle hat. $2\frac{1}{2}$ mal 111 Quadratzolle machen beinahe 278. Also müssen alle Bälge zusammen 278 Fuß Oberfläche an ihrem Oberblatte enthalten. Sind diese Bälge 6 Fuß lang, 3 Fuß breit, so enthält jeder 18 Quadratfuß, weil 3 mal 6 achtzehn macht. Man findet, daß man fast 16 Bälge braucht, in Betracht, daß 15 mal 18 nur 270 machen. Sind die Bälge 8 Fuß lang und 4 Fuß breit, so gehören 9, um die Orgel mit hinlänglichem Winde zu versehen. Hier berechne ich nicht die An-zahl der Bälge nach den Kubikfussen Luft, die alle Bälge zusammen verschliessen; sondern wir messen nur die Oberfläche des Oberblatts an jedem Balge. Da diese grosse Orgel einen getheilten Wind haben muß, so reichen 9 grosse Bälge nicht zu, sondern es müssen ihrer 10 seyn, um den Wind zu separiren, weil man z. E. $2\frac{1}{2}$ Balg sagen kann. Man legt also 4 grosse Bälge, 8 Fuß lang, 4 Fuß breit, um den Wind durch den Hauptkanal bloß der grossen Lade und den gedachten Stimmen der grossen Orgel zuzuführen. Zween andre blasen durch einen besondern Kanal bloß vom Gebläse in die Pedalladen; die vier andern durch einen besondern Kanal in den zweeten Windkasten der grossen Lade, um die Posaunenstimmen zu spielen. Endlich geben auch eben diese 4 Bälge dem Positive den Wind durch einen beson-dern Kanal, der vom Gebläse herkommt. Man separirt also den Wind, damit er sich in keine grosse Trennungen zusehr schwäche. Wie groß macht man aber den Kanal, den man unter die Bälge setzt und der die Schnauzen trägt? Man gebe seinen vier innern Flächen 2 Linien mehr, als denen, in welche er seinen Wind un-mittelbar ausschüttet. Die Oeffnungen der Schnauzen, durch welche die Bälge den Wind ausschütten, müssen eben so groß als die ganze Grösse des Kanals seyn, der zu ihnen gehört. Es hatte nämlich der Kanal in der obigen Rechnung 9405 Quadratlinien. Da man nun 2 Schnauzen haben muß, so theilet man diese Summe in zwei, d. i. 4703 Quadratlin. Diese dividiret durch 48 Linien, welches 4 Zoll macht; so giebt der Quotient 98 Lin. oder 8 Zoll, 2 Lin. Folglich wird diese Oeffnung der Schnauze 4 Zoll hoch, und 8 Zoll, 2 Lin. lang; die Höhe be-stimmt den Schnauzenkopf, der unten im Balge steckt und ans Oberblatt anstossen könnte.

könnte. Ueberhaupt müſſen alle Windkanäle mit der Zunge (Streif) und Einſchnitt zuſammen gefügt werden. Dieſe Zunge iſt vierekkig, d. i. eben ſo hoch, als breit, und 4 Lin. dikk, da die vier Bretter des Kanals 10 Linien oder darüber dikk ſeyn müſſen; ſolchergeſtalt bleiben noch von auſſen 4 Linien Spielraum und 2 Lin. inwendig übrig. Die Zunge muß nicht in ihre Fuge zugedränge paſſen, weil der Leim auch ſeinen Plazz darin haben muß. Man muß die vier Bretter mit der Hand ohne Hammer zuſammen ſezzen können, und die Zunge geht bis auf den Boden durch, ſo daß das Holz inwendig wie auswendig ſchließt, und dabei gebraucht man den Kehlhobel. Die vier Bretter werden alſo zuſammen gepaßt, und wie das Inwendige der Bälge mit Pergament gefuttert. Die Zunge und Fuge bleibt rein, ohne Leimſchmuzz. Alles wird in der Leimzwinge wohl eingekeilt, nachdem man die vier innern Winkel mit Leim ausgegoſſen, indem man den Kanal ſchief neigt und den Leim wohl auströpfeln läßt. Einige gebrauchen dazu, wie zu den hölzernen Pfeifen, Ueber eiſerne Leimzwingen, ſo einen Fuß lang ſind, und aus einer eiſernen Stange beſtehen, die queer durch zum Stellen etliche Zapfenlöcher, aber an dem einen Ende einen ſenkrechten beweglichen Zapfen, und am andern Ende einen Ring mit der Schraubenmutter hat, in welche die eiſerne Schraube paßt.

Der Bau der hölzernen Pfeifen. Das beſte Holz dazu iſt Eichenholz, welches trokken, ſchön, ohne Aeſte und Riſſe iſt. Man ſezzt ſie aus vier Brettern zuſammen, ſo man mittelſt einer Zunge und Fuge vereinigt. Alle vier Seiten ſind gleich breit. Im vordern Brette, wo das Labium iſt, und im hintern Rükkenbrette befindet ſich die Fuge, die andern zwei Seitenbretter enthalten die Zunge. Folglich ſind die Pfeifen nicht vierekkig, ſondern langvierſeitig. Man paßt und leimt ſie wie die Kanäle, doch werden ſie nicht mit Pergament gefuttert.

Das Maaß zu den hölzernen Pfeifen giebt oben die Tabelle der Stimme. Ich ſezze hier den Baß eines Bourdons von 4 Fuß zum Exempel. Faſſet mit einem Zirkel die Breite des unterſten C, nämlich nach der Menſur des Don Bedos des Celles, die ich, den Raum der Zeichnung zu erſparen, in pariſer Zollen zu 12 Lin. angeben werde; nehmet alſo 4 Zoll, 6 Lin. pariſer Maaß, ſo habt ihr die Breite dieſer vier Bretter von auſſen für das erſte oder unterſte C dieſes Gedakktes. Die Brettdikke eines jeden Brettes beträgt 6 Linien. Sein zweites C iſt inwendig 2 Zoll, 8 Lin. und auswendig 9 Lin. mehr breit. Lang iſt C, wie man ſchon am Namen hört, 4 Fuß (ob gleich dieſes Gedakkt 4 Fuß, wie 8 Fuß offen klingt). Das unterſte oder nächſte Cis iſt 4 Zoll, 4 Lin. inwendig breit; 5 Zoll, 3 Lin. auswendig. D iſt inwendig 4 Zoll, 1 Lin. breit; auswendig 5 Zoll. Dis 3 Zoll, 11 Lin. inwendig breit, und auswendig 4 Zoll, 10 Lin. breit. E inwendig 3 Zoll, 8 Lin. auswendig 4 Zoll, 7 Lin. F inwendig 3 Zoll, 7 Lin. auswendig 4 Zoll, 5 Lin. Fis 3 Zoll, 5 Lin. inwendig; auswendig 4 Zoll, 3 Lin. G inwendig 3 Zoll, 2 Lin.

O aus=

auswendig 4 Zoll, 1 Lin. Gis inwendig 3 Zoll, 1 Lin. auswendig 3 Zoll, 11 Lin.
A inwendig 2 Zoll, 11 Lin. auswendig 3 Zoll, 9 Lin. B inwendig 2 Zoll, 10 Lin.
auswendig 3 Zoll, 7 Lin. H inwendig 2 Zoll, 8 Lin. auswendig 3 Zoll, 5 Lin.
C inwendig 2 Zoll, 7 Lin. auswendig 3 Zoll, 4 Lin. Was die Länge dieſer zur
Probe hergeſezzten unterſten Oktave betrifft, ſo iſt bereits oben und in der Fig. 130
die Manier gezeigt, die Pfeifenmenſur, der Tabelle gemäß, auf ein Brett oder
Maaß zu zeichnen, und alle Längen und Breiten nebſt den Circumferenzen der
Pfeifen zu finden.

Wenn man nach dieſer Menſur die Breite und Länge dieſer vier Bretter zu-
rechte geſägt und gerade gehobelt, ſo nimmt man die Mitte zwiſchen dem innern
und äuſſern Breitenmaaße jeder Pfeife (denn die ganze Breite gehört für 2 Bretter
der Pfeife zugleich), die Hälfte giebt alſo die Dikke für ein Brett, und je kleiner die
Pfeifen werden, deſto dünner wird auch dieſe Bretter- oder Holzdikke der Pfeifen.
Das ſchönſte der vier Bretter wird zur Vorderſeite oder Mundſeite ausgeſucht.
Man zeichnet daran das Oberlabium als ein Quadrat, ſo von dem Rande um eine
Linie mehr, als die Bretterdikke iſt, abſteht. Dieſe unterſte Linie theilet in vier
Theile, wenn die Pfeife gedakft iſt, und in fünf Theile, wenn ſie offen iſt. Einen
dieſer Theile traget, entweder den vierten oder fünften, von unten in die Höhe ſenkrecht. Man ſchneidet dieſes Quadratholz nach den gezognen Linien aus, ſo daß
der Schnitt nach dem Inwendigen der Pfeife recht nett iſt. Man faſſet die unterſte
Breite des Ausſchnitts und trägt ſie oben zur Queerlinie des Quadrats. Hier fängt
man oben an der rechten Seite (nämlich an der Pfeife rechten, oder des Orgelbauers linken Seite) des Quadrats oder Oberlabiums einen Abſchuß an, der ſich
unten nach dem Mundloche immer breiter herab zieht, ſo daß das Holz unten nur
eine halbe Linie dikk bleibt. Dieſer Abſchuß oder ſchräges Randdach muß wohl gerichtet, gerade und eben ſeyn.

Iſt dieſes Vorderbrett fertig, ſo leimt man erſt die vier Bretter zuſammen,
ſo daß das Vorderbrett mit der Oberlefze des Mundloches um die halbe Brettbreite
höher, als die andern drei Bretter zu ſtehen kommt. Um das Mundloch zu machen,
ſo muß man vorher den Kern ſchneiden. Dieſes iſt ein vierekkig Brettchen, nach
Belieben dikk, z. E. 6 bis 12 Lin. Seine Vorderſeite bekommt einen herab gehenden Abſchuß, doch ohne ſcharfe Kante. Eine Linie breit an der linken Pfeifen-
ekke (nach der Pfeife gerechnet) iſt ein Theil winkelrecht, die Ekke des Kerns aber
an der rechten Pfeifenſeite ſchräge geſchnitten. Den Kern richtet man von oben
gerade; ſeine Queerfaſern ſehen nach den Seiten der Pfeife, und die Holzfaſern
nach vorne und hinten. Man ſezzt ihn dergeſtalt ein, daß ſeine Oberfläche gerade
mit dem untern Ende des Vorderbretts in einerlei Linie zu ſtehen kommt. Um dieſes zu verſuchen, hält man ein Stükk Lineal vorne gegen das Unterende und an die

zwei

zwei Seitenbretter, da denn dieser Kern eine kleine Lichtspalte lassen muß, welche die Mundlochsschneide ausmacht, so daß man kaum zwo Spielkarten durchstekken kann. Zu den größten Pfeifen ist diese Kernspalte eine Linie breit. Man leimt den Kern ein, und schlägt durch die Seite des Bretts einen Stift, der ihn halten muß. Nun wird der Boden der Pfeife verfertigt. Dieser Kasten ist ein Brett von beliebiger Dikke, dessen Holzfasern wie am Kerne laufen müssen. Seine drei Seiten, jedoch nicht die vordere, bekommen eine Fuge, denn die Vorderseite muß mit den Seitenbrettern in gerader Linie stehen. Die Mitte dieser Bodenplatte bekommt ein vierekkig Loch für den Fuß der Pfeife, welcher durch und durch rund gebohrt ist. In den größten Pfeifen ist dieses Fußloch 1 Zoll, und 4 Linien groß an Pfeifen von 2 oder 3 Fuß Höhe, für vierfüßige Pfeifen 5 oder 6 Linien; dieser Boden muß überall genau schliessen, da man ihn denn einleimt und mit Zwekken feste hält. Der Fuß wird in sein vierekkig Loch eingeleimt.

Nun fehlt noch das Unterlabium, oder ein Stükk Holz, welches man vor den Kasten des Fusses sezt, und welches mit dem Kern das Mundloch oder das Licht macht. Man nennt dieses Brett den Vorschlag. Seine Dikke ist am obern Theile so groß, als die Dikke des Vorderbretts der Pfeife. Diese Dikke wächst aber mehr und mehr bis zur Mitte der Breite um die Hälfte grösser, und so wächst sie immer bis nach unten fort, indem das Auswendige mit dem Inwendigen parallel läuft, damit sich diese Lefze nicht so leicht werfen möge. Das Innere ist gemeiniglich flach. Der Obertheil muß mit dem Kern gleich liegen. Man leimt und zwekft den Vorschlag auf.

Viele Orgelbauer leimen den Vorschlag nicht, sondern sie leimen einen kleinen Lederstreif auf die zwei Bretter der Seiten und den Boden, das Rauhe auswärts gekehrt; sie legen das Unterlabium darüber, das sie mit Nägeln befestigen. Diese Art ist bequem, das Mundloch der Pfeifen auszubessern, besonders in grossen Pfeifen. Der Pfeifenfuß ist keglig und gedrechselt. Den Bodenkasten machen einige höher, und geben ihm die ganze Pfeifenbreite zur Höhe, so wie einige den Abschuß der Oberlefze höher oder kürzer anlegen. Beides ist ohne Folgen. Andre verwerfen den kleinen Abschnitt vorne am Kerne, und verlangen zur Schärfung so gar eine scharfe Kante. Manche höhlen so gar mit einem Meissel ein wenig den innern Vordertheil der Unterlefze aus. Die Erfahrung lehrt, daß eine offne Pfeife, um wohl anzusprechen, gemeiniglich verlangt, daß die Windwelle, die zwischen der Kernschärfe und Unterlefze heraus kommt, etwas weniger nach aussen geleitet werde, als eine gedakfte Pfeife, welche besser anspricht, wenn ihr Wind ein wenig mehr von dieser Richtung bekommt. Dieses voraus gesezt, so ist der Ausschnitt, welcher inwendig an der Unterlefze gemacht wird, und der kleine vierekkige Abschnitt am Vorderrande des Kernes geschikt, die Windwelle mehr einwärts als auswärts zu

leiten.

leiten. Und ſo wäre dieſe Methode für offne Pfeifen beſſer. Die Abſchärfung aber bis zu einer ſcharfen Kante vorne am Kerne, und wenn man den innern Vordertheil des Vorſchlages nicht aushöhlet, beides ſcheint für die Gedakfte beſſer, da man ſo gar die Kernſchärfe tiefer machen kann. Beide Manieren ſind nicht zu tadeln. Endlich iſt noch die Art nicht zu mißbilligen, da man den Abſchuß der ganzen Oberlefze mit wohlgeleimtem Pergamente bedekft. Freilich ſieht es nicht ſo gut aus; aber man hat zween Vortheile dabei; einer iſt, daß der Abſchuß ſtärker und ſteifer wird, ohne viel in der Dikfe zu wachſen; durch den andern kann man, wenn dieſe Oberlefze ſpaltet, wie es bisweilen geſchicht, dieſen Fehler weniger bemerken. Andre kleben dieſes Pergament inwendig unter die Oberlefze, und dieſes iſt noch beſſer, und verurſacht keinen übeln Anblikf.

Die Stöpſel (tampons), welche eigentlich eine Pfeife zum Gedakft machen und ſie ſtimmen helfen, ſo wie viele die offnen Pfeifen durch Schieber ſtimmen, ſind ein Brettchen von willführlicher Dikfe. Mitten darauf befeſtigt man einen Griff mit Leim und mit Keilen, man paßt dieſes Brett oben in der Pfeife ſo loſe ein, daß das weiſſe Leder, womit man dieſes Brettchen unterlegt, Plazz finde. Den Augenblikf, wenn man dieſes Leder anleimt, ſtekft man auch den Stöpſel in die Pfeife, worin der Leim trokfnen muß. Das Rauhe des Leders iſt auswendig, und die glatte Seite geleimt. Das Inwendige der Pfeife wird etliche Zoll hoch mit Seife gerieben, daß der Stöpſel beſſer auf oder abſteigen möge. Viele leimen von auſſen ein ſtarkes Pergament um den Oberrand der Pfeife, damit der Stöpſel ſie nicht daſelbſt zerſprengen möge. Beſſer iſt es, den Stöpſel, um die Pfeife, welche aus einem Holze nach dem Faſernſtriche geht, nicht zu zerſprengen, aus einem groſſen Stükfe Queerholz zu machen, wenn man ſolch Holz haben kann. Alle Gedakfte müſſen nirgends die geringſten Rizzen haben.

Am beſten iſt es, daß man bei den offnen Holzpfeifen oben in einem der Bretter eine groſſe Fuge ſchneidet, an deren zwo Seiten man zwo Leiſten nagelt und leimt, zwiſchen denen ein Schieber geht, der an beiden Seiten eine Fuge hat. Dieſer Schieber läßt ſich auf- und niederſchieben. Den Kern machen einige von Weißbüchenholze der Härte wegen. Man kann ihn, wenn er ſich in naſſem Wetter gar nicht werfen ſoll, aus einem Quadrate machen, d. i. aus fünf Stükfen. Die vier Seiten dieſes Rahmens wären nach dem Holzfaden, und die Füllung in der Mitte ſehr dünne, und der Rahme ſo breit als dikfe zu verfertigen.

Das Gieſſen des Zinns und Bleies zu Pfeifenplatten. Das beſte Orgelzinn bekommt man aus Cornwallien in England, in groſſen viereckigen, langen und dikfen Blökfen von 250 bis 380 franzöſiſchen Pfunden ſchwer; denn das Malakferzinn in Form kleiner Hüte von $\frac{1}{2}$ bis $1\frac{1}{2}$ Pfund iſt nicht ſo feſte und weiß, als das cornwalliſche. · Man verbeſſert ſeine groſſe Geſchmeidigkeit oder Reinigkeit und

zugleich

zugleich die Weiſſe durch Kupfer. Man ſchmelzt 2 Pfund Kupfer im Schmelz-
tiegel und wirft nach und nach 3 bis 4 Pfund Zinn zu. Wenn man nun 100
Pfunde Zinn ſchmelzt, ſo wirft man von dieſer Legirung zu. 2 Pfunde Kupfer auf
100 Pfunde Zinn iſt der ſtärkſte Zuſatz. Andre platte Zinnblöcke kommen aus
dem ſpaniſchen Amerika; dieſes iſt weich und wiegt 120 bis 130 Pfunde. Alle
dieſe Zinne ſind gut; in der Wahl iſt aber das engliſche das beſte. Das deutſche
Zinn, ſo über Hamburg nach Frankreich geht, beſteht in Blöcken von 200 Pfund,
oder in Ziegelformen, und man glaubt, daß es ſchon zum Blechverzinnen gedient,
und alſo an den Pfeifen Eiſenroſtflecken hervor bringe.

Die erſte Zinnprobe iſt, wenn man mit einem reinen heiſſen Löthkolben eine
Stelle des Zinns berührt. Bleibt das Korn blank und weiß, ſo iſt das Zinn friſch
und fein; ſieht man eine matte Stelle und das übrige iſt blank, ſo iſt das Zinn noch
fein, aber ſchon gemiſcht; iſt der Fleck groß, matt und grau, ſo iſt Blei darunter.
Die zwote Probe iſt, wenn man ein wenig Zinn nur ſchwach ſchmelzt, und in den
Probierſtein gießt, worin eine kleine runde Höhle iſt, die durch eine ſchmale Rinne
in eine gröſſere Rundung läuft. Gieſſet man das Zinn in die kleine Höhle, und
ſiehet alles Zinn in der groſſen Tiefe blank, weiß aus, und endiget es ſich regel-
mäßig mit einem kleinen Punkte, deſſen Mitte etwas vertieft iſt, ſo iſt das Zinn
geſchmeidig, neu und fein; iſt der Mittelpunkt höckrig, matt und groß, ſo iſt es
unrein. Das reine Zinn iſt weiß und blank, und das Loth grau-blank. Die
dritte Probe iſt die Kugelform, und nach dem Gewichte der Kugeln; denn Zinn iſt
das leichteſte Metall.

Von gemeinem Hauszinne, ſo ſchon mit Blei verſetzt iſt, mengt man 15 bis
20 Pfunde auf 100 Pfunde Zinn. Je öfter die unedlen Metalle umgeſchmolzen
werden, je ſchlechter werden ſie. Unter den Bleken iſt das engliſche feſter und reiner,
als das deutſche, und dieſes geſchmeidiger; das engliſche kommt in halbrunden, das
deutſche in viereckigen langen und dicken Blöcken. Beide wiegen 100 oder 150
Pfunde.

Zum Schmelzen gehört ein eiſerner gegoſſner Schmelzkeſſel von 3 Fuß, unten
enger, mit drei Füſſen; er iſt gut, wenn er oben 2 Fuß weit und eben ſo tief iſt.
Man mauret ihn in einen Ofen ein. Oben iſt der Keſſel unter ſeinem Rande mit
einer ſtarken Eiſenſtange, deren Arme zum Griffe dienen, umgeben, um damit
in der Wand zu ſtecken, wenn man 300 oder 400 Pfunde Zinn hinein thut, und
er umfallen könnte. Oben ſind im Ofen 4 Luftlöcher, die Hitze zu regieren. Faſt
jeder Orgelbauer erdenkt ſich ſeine eigene Gießbank. Keine muß ſich aber von dem
heiſſen Zinne werfen. Die einfache Art der Gießbank iſt die, da man einen alten
Balken 12 oder 14 Zoll im Gevierten, und 9 bis 24 Fuß lang, ſeiner Länge nach
ſpaltet, ſo daß er zwo Bohlen 6 bis 7 Zoll dick giebt. Dieſe fügt man an einander,

O 3 und

und bindet sie mit eichnen Zwingen, die 2 Zoll dikk sind, und hie und da angebrache werden, indem jede um einen Fuß von der andern abliegt. Diese 6 Zoll breite Klammern sind 1 Fuß lang, müssen gedränge in ihre Zapfenlöcher passen, und man befestigt sie durch Nägel. Unter der Tafel befestigt man grosse Eichenstükke, 3 Zoll dikk, 8 Zoll breit, und fast wie die Tafel lang, jedes 1 Fuß vom andern, und mit groben Nägeln versehen, die oben auf der Tafel vernietet werden, doch so, daß man die Tafel behobeln kann. Der Balken muß nothwendig von Tannenholze seyn, oder noch besser von Eichen. Diese Art ist gut, und selbst zu langen Gießbänken.

Man mache aber die Gießbank, wie man will, so muß sie doch einen eichenen Rahmen bekommen, in den sie ganz und gar, aber willig einpassen muß. Das Holz des Rahmens ist 1 Zoll dikk, 4 Zoll breit, und er wird an den vier Ekken mit dem Schwalbenschwanze verzapft. Man giesset entweder, indem man die Giess-bank schief stellt, und dieses ist die gemeinste Art zu giessen; oder man stellt sie wage-recht oder horizontal, und dieses Verfahren ist unstreitig besser.

Wenn man, wie es in Frankreich am gewöhnlichsten ist, die Gießbank abs hängig oder schief stellt, so beziehet man sie mit einem Wollenzeuge, z. E. Molleton, so weich und dikk ist. Man legt zwei solche Tücher über einander, spannt und na-gelt sie an der Dikke der Tafel feste, und zwar längst den zwo Seiten und Enden. Einige nehmen einen alten Bettüberzug dazu, welches eben so gut ist.

Man legt den Rahmen um den Tisch herum, so daß sein Oberrand mit dem Tischblatte wagerecht liegt und durch etliche Nägel feste gehalten wird. Man spannt über diesen Rahmen eine feine, oder gemeine feste und gleiche Leinwand, so durch kleine Nägel etwas tief an die Seiten des Rahmens gespannt erhalten wird. Eben dieses gilt auch von den beiden kurzen Tafelseiten. Hierauf zieht man den vorigen Nagel aus dem Rahmen wieder heraus, der nun vom Tuche gedrükkt wird, und solches wieder gespannt erhält; denn ohne dieses würde das Tuch nach einigen Güssen schlaff werden, und man müßte es mit den Nägeln von neuem ausspannen. Die Tafel wird nun schräge und so auf starke Bökke gelegt, daß ihr Oberende nahe am Kamine und Ofen eine Erhöhung von 30 Zoll bekommt, und ihr Unterende eine von 7 bis 8 Zoll. Diese schiefe Lage richtet sich nach der Länge der Tafel, und der Hang muß stärker zu dünnen, und geringer zu dikken Zinntafeln seyn. Die Tafel ist, ihrer Breite nach, vollkommen wagerecht, und wenn eine kleine Kugel mitten auf das Oberende gelegt wird und nach dem untern läuft, so muß sie immer die Tafelmitte von einem Ende zum andern durchgehen. Unter das niedrige Unterende der Gießtafel wird ein Trog mit zwei Küssen untergesezzt. Unter den festen Trog werden zween vorragende Arme angenagelt, die wie der Trog stark und von Eichen-holz sind. Man überzieht das Inwendige mit zwo oder drei Lagen von Kreide und Leim, damit das heisse Zinn oder Blei den Trog nicht verbrenne.

Der

Der Gießkasten (rable) ist ein Bretterrahmen, oder ein Kasten ohne Boden, der aus vier Stükken besteht. Die zwo Seiten haben zur größten Breite etwa 4 Zoll, und am andern Ende nur 1 Zoll oder 15 Linien. Die hintere Queerwand ist 4 Zoll breit und mit den zwo Seiten durch den Schwalbenschwanz verzapft; die kleine Queerwand hat eben solche Zapfen an den kleinen Enden der beiden Seiten, ist 3 Zoll breit, und 8 Lin. dikke, so wie die Queerwand der drei andern Stükke 14 Lin. Eichenholz taugt nicht zum Gießkasten, weil sonderlich geschmolznes Blei daran Risse macht. Das Birnholz, das vom Speierapfelbaum, Apfel= Kirsch= Pflaumenholz u. s. w. sind besser, wenn sie recht trokken sind. Der ganze Gieß= kasten muß, sonderlich unten, recht feste, glatt und gerade seyn. An die eine seiner Seiten wird ein Holz mit eisernen Schrauben angemacht, um den Kasten zu schieben. Dieser Kastenarm hat eine Rinne, so breit als der grosse Tafelrahmen, damit er ganz auf der Gießtafel rutschen möge, und nicht auf dem Rahmen aufliege. Ins wendig bekommt der Gießkasten zwo weisse Leimlagen, und sein Untertheil und die Schiebestange wird mit Seife gerieben, um besser zu glitschen.

Das Giessen der Zinntafeln. Man läßt das Zinn im Kessel und Ofen bei gutem Feuer fliessen, breitet einen grossen Bogen Papier über das Oberende der Gießtafel, sezzt den Gießkasten darüber, und wenn die Materie anfängt heiß zu werden, taucht man ein Stükk weiß Papier ein, und wenn man dieses nach einem Augenblikk weiß heraus zieht, so hat das Zinn noch nicht die rechte Hizze; es muß etwas geröstet seyn. Nun schöpft man mit der grossen Kelle, die vorher erwärmt ist, und giesst es in den Gießkasten, den ein Geselle feste an das Oberende der Gieß= tafel andrükkt, so oft aus, als die Zinntafel verlangt, man streicht mit dem Schaum= brett, das so lang als die innere Breite des Kastens ist, über das geschmolzne Zinn, von hinten nach vorne, den Schmuzz ab; man bewegt mit einem kleinen Stoffe das Zinn von einem Augenblikke zum andern, und wenn die Materie anfängt gleich= sam körnig oder sandig zu werden, und doch noch fließt, so schiebet man den Kasten gleichförmig bis nach unten auf der Tafel, doch immer angedrükkt und den Schieber auf der Seite gepaßt. Je tiefer herab, desto geschwinder schiebt man den Kasten fort, weil alsdenn das Zinn nicht mehr heiß ist. Am Ende hebt man nicht den Kasten in die Höhe, sondern man schiebt ihn gerades weges fort, bis er die Gieß= tafel verlassen. Die überflüssige Materie fällt in den Trog, den man sogleich aus= gießt, damit das Zinn keine Zeit bekomme, die Kreide an sich zu nehmen.

Manches Zinn leidet mehr oder weniger Hizze. Je geschwinder der Kasten rutscht und die Gießtafel Hang hat, je dünner werden die Zinntafeln; daher man den dikken weniger Hang giebt und den Kasten langsamer fortrükkt. Findet man an der ersten Zinntafel, daß das Zinn nicht überall auf dem Tuche gleichmäßig ge= flossen, sondern entblößte Stellen gelassen, so ist das Zinn nicht heiß genung ge=

wesen,

wesen, und man hat es in dem Kasten nicht lange genung verweilen laffen. Man gieffet, das Tuch zu schonen, erst alles Orgelzinn, ehe man das Probezinn (étoffe) gießt, weil davon das Tuch leicht verbrennt. Erst werden die vollstimmigen Orgel-stimmen zu den Mixturen und Cimbalen als dünne Tafeln, hernach das Principal, und zulezt das Schnarrwerk gegoffen, weil schon das Zinn alsdenn fester wird, und zu den Trompeten u. f. w. nicht mehr taugt. Wenn man der Mode zuwider 1 Pfund Kupfer unter 100 Pfunde Zinn mischen wollte, zu den Pfeifenfüffen der Principale und zu den Schnarrstimmen, so würde die Arbeit länger halten. 20 bis 24 Fuß lange Zinntafeln zerreiffen oft gegen die Mitte queer durch. Alle Zinntafeln sind kürzer, wenn sie kalt werden, doch merkt man es an den 8 bis 12 Fuß langen wenig. Damit der Guß nicht zerbreche, so nimmt man die Zinntafel, so bald sie kalt geworden, mit den beiden Enden sachte von dem Tuche ab.

Mit dem Probezinne verfährt man eben so, nur daß man die Papierprobe so-gleich aus dem Keffel zieht, da es denn schon gut ist, wenn das Papier nur ganz wenig geröstet ist; brennt es braun, oder verbrennt es, so ist das Blei schon zu-heiß. Das Schäumen, Eingieffen in den Kasten, Rutschen, alles ist hier einer-lei, nur daß man in allem hurtiger verfährt, und daß zween Bogen Papier auf dem Tische liegen, welche so oft erneuret werden, als sie verbrennen. Indeffen ge-rathen diese Probezinnplatten beffer, als die von Zinn. Ist der Keffel zuheiß, so wirft man alle Abgänge, das Zinn des Troges, die abgeriffnen Tafelenden, zum Abkühlen hinein. Die meisten haben zum Probezinn eine besondre Gießtafel, 8 Fuß lang, 12 Zoll breit, da das Tuch viel eher verbrennt. Wenn nur der Kasten nicht die Tafel berühret, so kann man sich schon zum Zinn und Blei mit einer ein-zigen und eben derselben Gießtafel behelfen.

Beffer ist die Art, die Tafel recht horizontal auf allen Seiten zu stellen, da sie denn, alles mit begriffen, eine Höhe von 28 Zoll bekommt. Sie ist wie die ab-hängige beschaffen, aber anders bekleidet, und das Blatt wird mit lauter Queer-hölzern unterlegt und mit Leinwand übernagelt. Der Gießkasten ist hier 8 Zoll tief und 6 Zoll breit, und seine äuffere Länge so groß als die Breite der Tafel. Er be-steht aus vier Stüffen. Das Vorderbrett verbindet sich mit den zwo kleinen Sei-ten nur durch Einschnitte, und bekommt also zwo Schrauben; es ist vermöge der zwo Schrauben hoch und niedrig zu stellen, und also beweglich. Die zween Griffe sind, den Kasten zu regieren, da, damit das Zinn nicht durchbrenne, und von dieser Vorderseite hängt die gröffere oder kleinere Diffe der Zinntafeln ab. Sie steht etwas höher als die andren Seiten, und läßt eine kleine Spalte unten übrig, nachdem das Zinn diffe werden soll. Zum Rutschen dient ein Arm mit einer Fuge, so diff der groffe Rahme ist, und er wird an den Kasten mit zwo eisernen Schrauben befestigt. Der Kasten muß nicht von Eichen, sondern von Birn-

Nuß-

Nußholz u. ſ. w. ſeyn. Seine Bretter ſind 1 Zoll dick und mit Fleiß zuſammen zu ſezzen.

Vorne und nahe am kleinen Ende der Gießbank hängt ein kleiner Keſſel von gegoſſenem Eiſen, worin ſo viel Zinn geht, als zu einer Tafel gehört, am Strikke der Dekke. Iſt der Gießkaſten warm, und das Zinn noch nicht heiß genung zum Gieſſen, ſo ſchöpfet man es in den Keſſel mit der groſſen Kelle, man reibet inwen- dig den Schwebekeſſel mit einem Talglichte rings herum, damit ſich das Zinn nicht an den Rand anhänge. Der eine Geſelle rührt beſtändig das Zinn mit dem kleinen eiſernen Löffel, bis es zu körnen und ſo gar zu teigen anfängt. Alsdenn ſtürzt er den Schwebekeſſel in den Gießkaſten aus, den der andre Arbeiter feſte an die Bank und gegen das Holz andrükft, ſo beſtimmt iſt, die Gießſpalte des Vorderbretts zu verſtopfen. So wie das Zinn in den Kaſten fällt, ſo ſtößt oder ſchiebet man dieſen Kaſten bis ans andre Ende der Bank. Man gieſſet das übrige Zinn ſogleich aus dem untergeſezzten Trog aus. Das beſtändige Umrühren im Keſſel vor dem Guſſe geſchahe, weil es ſonſt gewiß klümpig werden würde, und das geringſte Klümpchen verdirbt ſchon eine Gießtafel, weil es ſich in die Lichtſpalte des Gießkaſtens ſezzt, und den ganzen Zug der Tafel längſt aus gleichſam löthet. Auf ſolche Art entſtehen gleich dikke Zinntafeln. Man kann das Vorderbrett ſo ſtellen, daß man dikke oder dünne Tafeln durch die Lichtſpalte und Schrauben erhält. Bei der andern Art der Gießkaſten, die in den Figuren gezeichnet iſt, iſt vorne an der Griffſtange zu- gleich ein kupferner Trog, worin man eingießt. Das Probezinn wird etwas heiſſer, als gewöhnlich, in den Schwebekeſſel und von da in den Kaſten gegoſſen, und man fährt ſogleich mit dem Kaſten davon.

Der Anfang bei der Verfertigung der Pfeifen kommt darauf an, daß man dazu die Pappe zuſchneidet. Man zeichnet auf eine Pappe mittelſt des Zirkels die Gröſſe einer jeden Principalpfeife. Geſezzt, es ſei das erſte C von 8 Fuß. Nehmet den Halbmeſſer vom Punkte C der Menſur bis dahin, wo der Durchmeſſer von C ſtehet. Mit dieſem Radius ziehet auf der Pappe einen Zirkel, in den der Diameter von C paßt. Schneidet mit einer Scheere den Zirkel genau aus, und ſchreibet in dieſe runde Platte C. 1. 8. d. i. das erſte C von 8 Fuß ein. Solche Zirkelplatten ſchneidet man (nach den oben gegebnen Tabellen, woraus man die Menſuren auf ein Brett geriſſen) von allen Pfeifen dieſer 8 Fuß Stimme, die ausgenommen, von denen man glaubt, daß man ſie inwendig über die Lade legen müſſen wird, und welches gemeiniglich die kleinſten ſind. So ſchneidet man auch die Bäſſe des Preſtant. Alles, was in die Fronte kommt, es ſei 32, 16, 8 oder 4 Fuß, für Orgel oder Poſitiv, muß in Pappe ausgeſchnitten werden, und dieſe aufbehaltene Scheiben dienen zum Muſter für alle Arten von Orgelprincipalen. Dieſe Scheiben faßt man an das Orgelgehäuſe, Thürmchen u. ſ. w. Zwiſchen jeder Pfeife bleibt

P   e n

ein Raum, weil sie nicht zudichte stehen müssen, und die Orgel einen Ton bekommen würde, als ob derselbe von weitem und aus einem Echo herkäme, so wie ihr Klang an einander stossen und sich streifen würde. Bei grossen Pfeifen, als 16 Fuß, bleibt ein Zwischenraum von 3 Zoll von einer zur andern Pfeife; bei 8 Fuß etwa 2 Zoll; bei 6 und 4 Fuß bleiben 1½ Zoll; bei kleinen 1 Zoll oder 7 bis 8 Linien. Man wählet die Scheiben, deren Pfeifen am nothwendigsten sind; man kann die Bässe aller offnen Stimmen, nicht nur die Oktavstimmen, die zu den Grundstimmen der Orgel gehören, sondern auch noch die Bässe des Grobnasard, der grossen Terz und aller offnen Pedalflötenwerke ins Principal nehmen. Man entwirft sich den Plan zur Austheilung aller Pfeifen im Kleinen vom ganzen Principale, und zeichnet die Pfeifenvertheilung auf einen Bogen nach den Pappscheiben, und jede Scheibe mit C, Cis u. s. w. bemerkt, zu der und der Stimme. Die Regel zu den Füssen der größten oder Hauptpfeifen (principaux) mitten am Thurme ist, daß man allen ihren Diameter 2½ mal genommen zur Höhe giebt. Z. E. eine Pfeife habe 6 Zoll, 10 Lin. im Durchmesser; so ist 6 Zoll, 10 Lin. des Durchmessers 2½ mal genommen eine Höhe von 17 Zoll für die Fußhöhe dieser ersten Pfeife in ihrem Thurme. In den Flachreihen der Pfeife sei die größte oder Mittelpfeife 4 Zoll breit im Durchmesser; folglich wird ihr Fuß 10 Zoll hoch, das Unterende des Fusses, so im Pfeifenstokke stekkt, nicht mit gerechnet. Alle diese Fußhöhen schreibt man in die Zeichnung an ihre Stellen ein. Hat man die Fußhöhen der größten Mittelpfeifen eines Thurmes, so werden zu beiden Seiten derselben die Füsse der nächsten 4½ Zoll höher, und der 2 folgenden wieder 4½ Zoll höher, da die mittelste 17 Zoll hoch steht. Man schreibt alles in den Plan.

Hat man die Füsse aller Principale, so suche man die Dikke ihres kleinen Endes. Nach der Generalregel giebt man ihnen den dritten Theil von der Dikke ihrer respektiven Pfeife. Verlangt man die Circumferenz des Pfeifenkörpers, z. E. des ersten C von 8 Fuß, welches 18 Zoll Circumferenz hat, so bekommt das Unterende ihres Fusses 6 Zoll Breite oder Circumferenz. Verlangt man den Durchmesser, so hat dies erste C 5 Zoll, 9 Lin. zum Durchmesser; ihr Dritttheil sind 23 Linien. Bei kleinen Diskantpfeifen im Principale beobachtet man diese Regel nicht; man giebt dem kleinen Ende ihres Fusses bisweilen so gar den halben Diameter ihrer Pfeife, weil sie sonst zudünne würden.

Unter den gegossnen Zinntafeln suchet man sich die dikksten aus zu den größten Pfeifen. Mit der grossen Handsäge Fig. 5. zerschneidet man dikke Zinntafeln; das Messer Fig. 10. dient die dünnern zuzuschneiden, wenn man seinen langen Griff auf die Schulter legt, und der Zeichnung des Lineals nachfolgt. Man bemerkt jedes Stükk. Die schönen, glatten, geraden, gleich dikken Tafeln werden dichte gehammert. Zuletzt hobelt man sie mit dem gezähnten Eisen Fig. 8.

Man

Man hat zweierlei Arten Zinn, oder Probezinn zu schlagen. Dazu dienet der Amboß Fig. 2. und sein Hammer Fig. 3. Der Schläger rolle die Tafel zusammen, er rollet sie auf, so wie er schmiedet. An der Zinntafel bemerkt man zweierlei Flächen. Die Tuchseite (envers) mit dem Abdrucke des Tuches, und die Oberseite (endroit). Man legt die Oberseite auf den Amboß, und die Hammerschläge treffen die Tuchseite. Man schläget gleichförmig und so dichte, daß der Abdruk der Leinwand ganz verschwindet; wobei kein falscher Schlag mit unterlaufen, und der Hammer in der Hand feste gehalten werden muß. Man rükket die Zinnplatte auf dem Ambosse nach allen zuträglichen Seiten, doch ohne den Rand des Ambosses zu treffen, vielweniger mit der Kante des Hammers zu schlagen, weil bloß die Mitte seiner Bahn schmieden muß.

Andre bedienen sich dazu eines Rades, so einen langen Hammer hebt und getreten wird. Sind alle Tafeln dichte geschlagen, so richtet man sie, indem man eine über die andre auf den Werktisch legt und mit dem grossen Strekholze schlägt, welches wie ein gerades Messer aussieht. Man schlägt sie mit aller Kraft mit der ganzen Länge des Strekholzes, sowohl auf der rechten als linken Seite, indem man ein Stük nach dem andern nach oben bringt, bis alle gerade gerichtet worden. Zum Hobelbrette dienet ein schönes gerades Nußbrett auf dem Werktische. Man reibet auf diesem glatten Brette eine einzige Zinntafel stark mit der rundlichen Kante des wie eine Wiegenschaukel gebildeten Ausstreichers gerade und dichte. Eben dieses gilt auch vom Probezinne.

Hat man Tafeln anzusezzen, so schneidet man ein Ende der Zinntafel nach dem Lineal gerade durch, passet die, so man ansezzen will, dergestalt an, daß ihr Ende unter der liegt, die neuerlich geschnitten worden, und man macht längst derselben einen Strich mit einer Spizze über das Ende der andern Tafel, die man anfügen will. Man schneidet sie, behobelt beide Schlußenden, passet sie zusammen, und wenn sie wie eine einzige anzusehen sind, so sezzt man diese zwei Enden in den Stand, zusammen gelöthet zu werden. Man zerstößet spanisch Weiß, schüttet es in eine Schüssel mit Wasser, und lässet es 10 bis 12 Stunden darin, ohne es zu bewegen. Endlich giesset man alles Wasser ab, und das spanische Weiß in die Kelle zum Weiß, wozu man zerlassenen starken oder Tischerleim giesset, alles umrührt, und den Topf aus Feuer sezzt. Das Weisse muß dikk seyn, aber doch noch laufen. Damit nun nicht zuviel Leim dazu gegossen werde, so bestreicht man ein Stük Zinnplatte, so groß als eine Hand, mit dem Pinsel und warmen, schon zugegossnem Leime. Man reibet dieses Weiß mit den Fingern, bis es grau wird; streicht nochmals über die erste Lage das Weisse auf, und läßt es trokknen. Ist das Weiß gut, so muß der Fingernagel fast nichts davon loskrazzen, und sich dennoch die Platte ziemlich biegen lassen, ohne daß der Leim losspringt oder abgeht. Springt

er

er ab, so ist zuviel Leim zugesetzt, und man muß das Weiß nochmals, wie vorher, in Wasser legen, und es hernach mit dem Uebrigen in der Kelle vermischen, erwärmen und nochmals versuchen. Das Weisse muß nothwendig wohl bereitet seyn; denn davon hängt die Güte und Schönheit des Löthens ab. Das spanische Weiß ist ein weisser Mergel, der im Wasser leicht schmelzt und nur zu Wasserfarben taugt. Man bereitet ihn durch öfteres Abschlämmen in Wasser, bis er milchweiß wird. Den Teig giesset man in Formen, und trokknet ihn zur Wassermalerei an der Luft, denn für Oelfarben ist er zuschlammig.

Mit dem warm gemachten spanisch Weiß bestreicht man die zween Ränder, so gelöthet werden sollen, unten und oben. Erst trägt man es nämlich mit dem Pinsel auf einen Rand, reibt es grau, streicht eine neue Lage Weiß auf, ohne das Graue wegzuwischen, giebt dem Rande noch eine Lage 3 Lin. breit, und sorgt, daß das Weiße gleich dikke aufgetragen werde. Ist es recht trokken, so krazzt man erst die Kante oder Dikke der Plattenränder, hernach die scharfen Ekken jeder Seite, mit dem Krazzeisen Fig. 14. oder Schabemesser, bis an jeder Seite eine Schärfung entsteht, die sich fast bis zur Mitte der Plattendikke erstrekkt. Alle bekrazzte Löthstellen des Randes werden mit einem Ende Talglicht gerieben, man passet beide gekrazzte Enden so z.sammen, daß noch eine Spielkarte dazwischen Plazz hätte, und man legt beide Stükke Zinn platt auf einen geraden Tisch.

Der Löthkolben muß das erste mal verzinnt werden, ehe er gebraucht werden kann. Zu dem Ende feilt man sein Unterende mit einer feinen Feile, oder man wezzt ihn auf dem Oelsteine glatt, macht ihn heiß, doch ohne glühend zu werden, streicht ihn auf einem Leinlappen, reibt ihn stark auf Salmiak, und sogleich an Zinn und Harz zusammen, und dieses Reiben an Salmiak und an das Zinnharz wird wiederholt, bis das Eisen völlig überzinnt und solches nicht mehr heiß genug ist, um Zinn zu schmelzen. Endlich macht man den Kolben heiß, streicht ihn nochmals ans Zinn, nimmt davon einen Tropfen auf den Löthstein, hält den Tropfen über dem einen Ende, wo sich die beiden Zinnplatten schliessen, bringt einen andern Tropfen ans andre Ende, einen dritten in die Mitte, und so von Zoll zu Zoll weiter. Man versieht den ganzen Schluß mit dem Lothe, und wenn alles kalt ist, streicht man ein Talglicht darüber, nimmt ein recht heisses, wohl verzinntes Lötheisen, berührt mit dessen Ende ein Stükk Licht, und sogleich fährt man über den ganzen Schluß von einem Ende zum andern, und alles mit einem Zuge. Ist der Obertheil der zwo Platten gelöthet, so kehrt man sie um, versieht den Unterschluß mit Loth und löthet sie ebenfalls an. An Principalpfeifen, die gehobelt und polirt werden müssen, ist es nöthig, die Schlußstükke der beiden angesezzten Platten an beiden Flächen zu löthen. Das Loth ist eben das Zinn, woraus die Pfeife besteht, damit die Naht nach der Polirung nicht zu sehen kommen möge.

Beim

Die Kunst des Orgelbaues.

Beim Löthen ist zu bemerken das Beschaben oder Krazzen, die Abschärfung an beiden Rändern, die gelöthet werden sollen; das Ankleben der zween Ränder mit dem Lothtropfen; das überflüssige Belegen der Rinne, welche die zwo gepaßten Schärfungen machen, mit Loth; das Berühren des Lötheisens mit Talg; das heisse Ueberfahren damit. Endlich muß weiter nichts, als das Löthende des Kolbens verzinnt seyn; sonst müßte man eine jede andre Stelle befeilen. Je heisser das Eisen, desto geschwinder fähret man damit über den Schluß. Der Kolben wird hoch in der Hand gehalten, damit nicht seine ganze Unterfläche, sondern nur sein Ende und sehr knapp das Loth berühre; denn sonst würde die Pfeife schmelzen.

Sind alle Stücke zum Principal angesezzt, so schneidet man die Pfeifenkörper nach ihrem wahren Maaße zu, welches man von der aufgerissnen Mensur abnimmt, wie es die Pappenscheiben und die darauf geschriebnen Höhen andeuten. Man ziehet die geraden Linien, nach sehr langen Linealen, für die Circumferenz an jedem Ende parallel. Man schneidet diese Linien mit dem Armmesser, oder längst dem Lineale durch, und fährt mit dem Messer oft durch jede Stelle, um besser einzudringen; man wählt das stärkste Plattenende zum Mundloche (Aufschnitt) der Pfeife, wo man das Zinn winkelrecht schneidet.

Um den Pfeifenfuß eines Principals zu machen, so ziehet (Fig. 94. und 95.) die Linie A C, nehmet die Distanz A G zur Fußhöhe; theilet A G in zwei gleiche Theile bei B, und traget die Distanz B G nach G C. Aus dem Centro C schlaget den unbestimmten Bogen A D. Man nimmt ein sehr biegsam Lineal, 1 Zoll breit und 1 Linie dick, oder einen Zinnstreif so breit, als die Circumferenz der größten zu machenden Pfeife, man bemerkt auf diesem Lineale oder Zinnstreifen genau die Circumferenz der Pfeife, zu der man den Fuß machen will; man bieget das Lineal auf den Bogen A D nach allen dessen Punkten von A bis D, man ziehet die gerade Linie D C, und aus C den Bogen G O, so giebt A G O D den Fuß der Pfeife im Profile, und es ist G O oder der untere Zirkelschnitt das Drittheil von A D. Grosse Pfeifen bekommen stärkere Füsse, und es wäre gut, wenn das Fußzinn mit einem Pfunde Kupfer auf 100 Pfunde Zinn legiret würde; zum Körper der Pfeifen aber rathe ich kein legirtes Zinn an. Damit aber auch die Füsse nicht zuspizz werden, so gebe man dem kleinen Fußende den Drittheil von der Dicke der respektiven Pfeife; und sind die Pfeifen klein, noch über ein Drittheil.

Der zugeschnittne Fuß und Körper einer jeden Pfeife wird auf dem grossen Tische eingeklemmt, und mit dem Hobel Fig. 8. so ein Zahneisen hat, von zween Gehülfen längst aus gehobelt; der Hobel geht bald längst aus, bald von einer Effe in die andre übers Kreuz, um die Zinnwellen auszulöschen, und beide Seiten der Platte zu ebnen und überall gleich dick zu machen; denn gemeiniglich sind die Vorderseiten der Pfeifen dünner, aber darum sprechen sie auch schlecht an; ehe kann

noch

noch eine Pfeife oben ein wenig dikker als unten gemacht werden. Mit dem Schabe; eisen Fig. D bei Fig. 19. Tab. I. so man in beiden Händen führt und sehr dünne ist, schabet man vor sich die Länge der Platte, um sie recht glatt zu machen. Um die Pfeife zu poliren, zerläßt man Seife im Wasser, benezzt damit die Platte auf einem recht geraden glatten Tische, reibet sie stark mit dem Polirstahle Fig. 6. Tab. I. den man überzwerg und den Stiel mit der Länge der Tafel parallel hält, so daß die ganze Länge des Zinns blank gerieben wird, indem man den Polirstahl von Zeit zu Zeit aufpuzzt; man reibet das Zinn mit feuchter ausgewundner und zulezzt mit trokkner Leinwand; endlich ziehet man den Hobel über die beiden Seiten der Pfeifendikke und zwo Fußseiten, und zulezzt schmiert man den Polirstahl gegen den Rost mit Talg ein.

Sind die Pfeifen gehobelt und nebst ihren Füssen polirt, so macht man die aufgeworfnen Labien (bouches en écusson) oder Mundschilde am dikksten Ende des Pfeifenkörpers. Die aufgeworfnen Labien stellet Fig. 96 vor. Man theile nach der Fig. 94. so einen noch platten Pfeifenkörper vorstellt, ihr Unterende a b in 4 gleiche Theile. Das Viertel sezzt man in die Mitte, und bemerkt die Punkte c d, auf die man 2 Perpendikel errichtet. Von der Linie a b bis zum Punkte k trägt man $1\frac{1}{2}$ mal die Breite des Mundes d c zur Distanz hinauf; so giebt dieser Punkt k, der mitten zwischen den 2 Perpendikeln steht, das Centrum zum Halbzirkel, der sich über k wölbet. Der Abstand h von a b ist also die Hälfte der Pfeifenbreite oder von a b. Man schneidet dieses Stük h d c mit dem Messer nach dem Lineale aus, und den Bogen mit einem scharfen Zirkel. Um das Unterlabium auf den Pfeifen; fuß zu zeichnen Fig. 95. so nehmet die Breite d c vom Körper Fig. 94. sezzet sie mitten auf den Bogen A D, machet ein Centrum, und ziehet den kleinen Ausschnitt, der an den Ausschnitt des Körpers von unten anpaßt.

Die Pfeifenform, welches ein cilindrisch gedrehtes Holz ist, wird mit dem einen Ende am Tische durch zwo Klammern feste gehalten, und ragt also mit seiner ganzen Pfeifenlänge über den Tisch hinaus. Ist die Pfeifenform sehr groß, so stekkt man ein Ende in ein Wandloch, worin man es recht feste macht. Nun stekkt man die Pfeife auf die Form, und rundirt sie allmätich darauf, indem man sie mit einem proportionirlichen Klopfholze schlägt. Das Rundiren muß weder die Politur verderben, noch Falten oder Bukkel machen, und sie muß so rund als möglich werden, ob sie gleich nach der Löthung noch einmal auf die Form gebracht wird, weil sonst die Löthränder niemals recht gerade werden können. Grosse Pfeifen bindet man von Stelle zu Stelle, als man sie auf der Form rollt, mit Streifen Leder. Dieses hilft sehr. Nach der Rundirung müssen sich die beiden Ränder einander nicht berühren, sondern ein kleiner Raum von einem zum andern übrig bleiben, und also die Rolle an den beiden Schärfen der ganzen Länge nach offen seyn. Einige futtern zum Rundiren der polirten Pfeifen ein mit Leder bezognes Klopfholz; wenigstens muß

das

das Klopfholz recht glatt und gerade seyn. Den Fuß rundirt man auf der Pelfen=
fußform Fig. 18. Tab. I. indem die Form ebenfalls über den Tisch hinaus und am
Tische eingeklemmt ist.

Um die Pfeife zu löthen, überweisset man sie inwendig an den beiden Rändern.
Zu dieser Absicht macht man einen Leinenlappen an dem Ende eines leichten und
ziemlich langen Holzes mit Zwirn feste, und dieser Lappen vertritt hier die Stelle
eines Pinsels, den man in das warm gemachte Weiß taucht, und damit die zween
innren Ränder der Pfeife bestrichen werden. Man überweisset die zween Ränder
von aussen, und man verfährt mit dem Fusse eben so. Kurz, es ist die Regel all=
gemein: so oft man Zinn zu löthen hat, so muß man es erst inwendig, und denn
von aussen weissen.

Das Loth (denn bei angesezzten Zinntafeln löthet man mit dem Pfeifenzinne
selbst) ist von viererlei Art. Mit dem ersten löthet man das Probezinn (étosse);
mit dem zweiten das Zinn; mit dem dritten den Körper an den Fuß, so man Wende=
löthung nennt; mit dem vierten werden die Nüsse und Ringe der Schnarrstimmen
gelöthet. Man macht feines Zinn in einem eisernen Löffel flüssig; wirft den sechsten
Theil neues und geschmeidiges Blei hinzu, durchrührt alles mit einem Holz, gießt
eine kleine Menge auf einen trokknen und kalten Ziegelstein, und wenn man an dem
Lothe grosse blizzende Augen nach der Gerinnung sieht, so ist das Loth zum Probe=
zinne gut. Bleibt es matt und grau, so ist es schon mit Blei übersezzt. Ist das
Matte weiß, so hat man nicht Blei genug genommen. Also sezzt man Zinn oder
Blei zu, bis die grossen Augen erscheinen. Und nun gießt man so viel Streifen
Loth, als man zum Probezinn nöthig hat. Zu dem übrigen Lothe im Kessel wirft
man Blei zu, rührt es um, versucht es auf dem Ziegel, und die Augen erscheinen
schon kleiner; sie müssen aber dennoch blizzen. Mit diesem Lothe löthet man das
Zinn, wenn man Streife davon gegossen. Noch etwas mehr Blei in die Kelle giebt
noch kleinere, etwas matte Augen, und dient zum Drehlothe. Noch mehr Blei
zugeworfen, bekommt noch kleinere matte Augen, zu den Streifen der Schnarr=
nüsse und Ringe.

Die Ursache, warum das Probezinn am wenigsten Blei zum Lothe bekömmt,
ist, weil sich im Löthen Bleitheilchen ablösen und mit dem Lothe vermengen. Zinn=
loth hat mehr Blei, weil sich Zinntheile ablösen, und das Loth bereichern und schö=
ner machen. Das Drehloth ist ärmer, damit es nicht so fließend bleibe, wenn man
Körper und Fuß löthet. Und mit diesem löthet man auch die Labien in die Princk=
pale ein. Daß das Nußloth noch mehr Blei hat, rührt daher, weil man viel Loth
dazu braucht, und solches also nicht so fliessend seyn darf. Einige Orgelbauer sezzen
dem Zinn den zwanzigsten Theil Wißmuth zu; allein das Loth wird brüchig. Die
Löthstreifen werden in der Lothform (Fig. 16. Tab. I.) zu Bänder gegossen, doch
fo

so wenig warm, daß das Loth kaum fliesset. Am besten sind die dreieckigen Löth-rinnen, weil das Loth besser heraus geht.

Um die Pfeife zu löthen, legt man sie auf den Werktisch, man bekrazzt die Dikke der beiden Ränder, und nimmt das Weiß weg, macht bloß oben eine schräge Schärfung an beiden Rändern über die Mitte der Zinndikke, und diese Schärfung wird von einem Ende zum andern zierlich weggeschnitten. Die beiden gekrazzten Enden werden mit Talglicht bestrichen, so jederzeit in Papier eingewikkelt ist, um keine andre Stelle zu bestreichen; man nähert beide Enden, bis auf die Dikke einer Spielkarte, einander; grosse Pfeifen bindet man mit Lederstreifen an etlichen Orten, befestigt erst mit einem Tropfen Loth die Seite, wo das Mundloch ist; legt einen andern Schlußtropfen etwas weiter bis ans andre Pfeifenende, indem alle Ränder gleich hoch stehen, nämlich um eine Kartendikke, man bedekt die Zwischenräume zwischen den Schlußtropfen, indem man an grossen Pfeifen mit dem Eisen von den Lethstreifen einige Tropfen auf das Weisse an der Seite und nahe bei der Rinne fallen läßt. Würden diese Tropfen in die Rinne selbst fallen, so würden sie die Pfeife durchlöchern. Endlich führt man mit dem heissen Eisen diese Tropfen in die Rinne oder Naht. Ist alles kalt, so fährt man mit dem Talglichte über die noch plumpe Naht, und streicht einen grossen Löthkolben, wofern die Pfeife groß, der recht heiß und wohl verzinnt ist, über den Talg längst aus, indem man den Kolben schief hält, wenn er nicht sehr heiß ist. Eben so wird auch der Fuß gelöthet.

Ist die Pfeife gelöthet, so wäscht man ihr Aus- und Inwendiges mit heissem Wasser, und fährt mit einem nassen Leinenlappen an einem Stiele hinein, um alles Weiß wegzubringen; von aussen bürstet man es mit warmen Wasser fort; zuletzt wird alles in reinem Wasser rein gewaschen und mit trokkner Leinwand abgetrokknet. Man sezzt die Pfeife nochmals auf die Form und klopft sie rund. Um die beiden Labien aufzuwerfen, wird die Pfeife auf die Form gestekt, so daß man die Pfeife nur bis an das Labium bringt, man nimmt eine kleine Pfeifenform, 1 Zoll im Durchschnitte, oder ein Stükk rundlich hartes und glattes Holz, und hebet damit nach und nach das Labium in den Zirkelausschnitt. Zu einer Pfeife von 8 Fuß nimmt man 1 Zoll aus der Mitte des Zinns, damit das Labium 1 Zoll Vorsprung bekomme. 16 Fuß hat $1\frac{1}{2}$ Zoll Vorsprung, indem man von unten mit dem höl-zernen Hammer dagegen schlägt und inwendig mit Nachdruff reibt. Einige werfen es vierekkig, andre rund auf, so daß die obere und untere Spizze rundlich vorragen. Das an dieser Stelle ausgeschnittne Stükk Oberlefze ist zukurz und zudünne, um es wieder einzusezzen, man macht also ein stärkeres und längeres. Zu einem grossen Pfeifenschnitte gehört, daß das Mundloch tiefer sei, als der fünfte Theil seiner Breite. Soll die Pfeife nach dem engen Schnitte ansprechen, so muß das Mund-loch höher seyn. Ist der Zuschnitt natürlich und mittelmäßig, so bekommt das

Mund-

Mundloch den Fünftheil der Breite, indem die Höhe des Mundlochs einer Pfeife mehr mit der Höhe der Pfeife, als mit der Breite des Mundlochs in Verhältniß steht. Das eingesezzte Stükk bekommt das Maaß des ausgeschnittnen, man biegt sein Oberende um, und es muß so genau einpassen, daß nichts weggeschnitten wird.

Ist das Oberlabium aufgeworfen und eingepaßt, so macht man sein Inwendiges und den äussern Rand, so wie den innern und äussern Rand der Oberlefze, weiß, schaber es von allen Nähten weg, giebt dem Bogen und den Seiten Schärfung, streicht Talg über, und löthet die Lefze an den Schild u. s. w. Die Nahten müssen allezeit wie Silberfäden aussehen. Eben so wird auch der Schild unten am Fusse aufgeworfen. Beide Flächen der Unter= und Oberlefze müssen gleichsam eine einzige gerade ausmachen, und man löthet die untere eben so ein. Endlich werden die Labia in= und auswendig mit warmen Wasser rein gewaschen.

Der Kern ist von reinem Blei. Fig. 15. Tab. I. zeiget die Kernform. Der Kern bekommt zur Dikke etwa den Drittheil von der Höhe des Mundes. Man schneidet ihn vorne am Munde gerade, aber abschüssig, ohne eine scharfe Kante zu machen. Der Abschuß macht etwa einen Winkel von 60 Graden. Der gegoßne Kern von Blei wird geschlagen, weil ihn die Form dikker liefert, als es nöthig ist; man behobelt ihn unten und oben mit dem eisernen Hobel, man schneidet seine Schärfe gerade, doch schräge; er wird so groß, daß er in den Fuß gedränge ein= paßt; man giebt ihm oben rings umher bis an die zwei Enden des Abschusses eine Schärfung, überweisset die Unterseite des Kerns rings umher, nebst den zween Rändern des Abschusses, das Aus= und Inwendige des obern Fußrandes rings um= her, bekrazzt nach der Trokknung die Schärfung oben und rings um den Kern, streicht Talg auf, löthet, bekrazzt das Obere der Fußdikke, bestreicht alles Gekrazzte mit Talg, legt ein breites Papier auf den Fuß, legt den Kern aufs Papier und be= festigt ihn an einigen Orten mit Lothtropfen, nimmt das Papier weg, löthet den Kern rings herum an, und läßt ja kein Loth in die Kernspalte fallen. Bei grossen schweren Kernen nimmt man statt des Papiers Pergament. Er wurde vorher ver= zinnt. Vorne am Abschusse muß er überall gleich dikk, aber nach hinten dünner seyn; die Pfeife würde sonst zuschwer. Man verzinnt an den grossen Kernen die Schärfung, um ihn leichter anzulöthen. Ohne Papier würde er in den Fuß hinein fallen; das Papier muß nicht die Kernspalte dekken. Der Untertheil des Kerns muß fast mit dem Obertheile der Unterlefze eine gerade Linie machen. Er muß in der Pfeife überall recht horizontal liegen, seine Spalte überall gleich groß seyn. Die Breite seiner Lichtspalte richtet sich nach der Grösse der Pfeife. Sie ist in 16 Fuß eine Linie breit, in 8 Fuß ¼ Lin. in kleinern eine halbe Linie breit. Es ist rath= samer, die Lichtspalte des Kerns lieber etwas zubreit, als zuenge zu machen, weil sie eher enger, als weiter gemacht werden kann.

Q.

Ist

Iſt der Kern rings umher genau eingelöthet, ſo paſſet man den Fuß an den Körper an. Der Körper muß genau eben ſo diff und eben ſo rund als der Fuß ſeyn. Der eiſerne Hobel beſtößt unten das Ende des Körpers, um daſelbſt gut an den Fuß zu ſchlieſſen. Nach der Anpaſſung weiſſet man den Rand des obern Fußendes und auch das Körperende ringsum, in- und auswendig. Iſt das Weiß trokken, ſo be- krazzt man die Kante von auſſen am obern Fußende, und den Theil, wo der Pfeifen- körper aufliegt; man ziehet ringsum bis ans Mundloch eine Schärfung; man krazzt die Dikke des Körperendes, ſchärft es rings herum nach auſſen, reibet beide Schär- fungen mit Talg, ſezzet Körper und Fuß an einander, die Seiten des Mundes des Körpers genau mit den zwei Enden der Lichtſpalte zuſammen gepaßt, ſo daß die zwei Stükke des Schildes genau auf einander, ohne überzuhängen, zu ſehen, und indeſſen daß ein Gehülfe die zwo Pfeifenhälften beiſammen, das Mundloch etwas auf die Seite gekehrt, hält, ſo klefft ein andrer Gehülfe einen Tropfen Loth zum Haften auf. Der erſte dreht den Mund ein wenig nach der Gegenſeite, der andre läß noch einen Hafttropfen auffallen; der erſte wendet die Pfeife, den Mund herab, der andre giebt dem Hintertheil der Pfeife ſeinen Tropfen; der erſte verſieht den gan- zen Umkreis der Pfeife mit Loth, ſtreichet, wenn es kalt iſt, Talg über, und löthet mit dem heiſſen Kolben, indem er die Pfeife wendet. Um dieſe Löthung ſo nett als die geraden Löthungen zu machen, ſo halte man immer den Kolben gegen den Schluß, ſo daß dieſer allezeit einerlei Abhang macht, als ob man eine gerade Linie löthete, ob man gleich die Pfeife dreht, damit man nicht geſchwinder drehe, als das Loth fließt. Endlich wird die Pfeife gewaſchen, um das Weiſſe wegzubringen, man ſtekkt ſie noch- mals auf die Form, reibt ſie mit dem Teige des ſpaniſchen Weiß und einem Leinen- lappen einige male, und ſo wird ſie weiſſer und blanker, als vorher vom Polirſtahle.

Einige geben den Principalpfeifen keine Lezzenſchilde, und gemeiniglich thut man dieſes bei den flachen Frontpfeifenreihen, deren Oberlefze ſpizz hinauf, als ein gleichſchenkliges Dreiekk geht, indeſſen daß die untere ein Halbzirkel iſt. Dazu ſchneidet man das untere Ende des Körpers winkelrecht gerade, bemerkt den vierten Theil der Pfeifenbreite mit 2 Punkten in der Mitte, ziehet einen Perpendikel von bei- den Punkten hinauf, theilet dies Viertheil in 5 Theile, und trägt $\frac{1}{7}$ von unten auf die 2 kleine Perpendikel, ziehet von dieſen beiden Perpendikelpunkten eine Linie, ſo giebt dieſe die Mundhöhe. Bei dieſem Verfahren liegt die polirte Seite unten auf zartem Leder. Leget die Grundlinie des Mundkalibers für Principalpfeifen, ſo ein gleich- ſchenkliges Dreiekk von Meſſing iſt, an die Grundlinie des Pfeifenkörpers und an den Perpendikelpunkt mit der Seite, und ziehet längſt dem Kaliber die Seiten der Oberlefze, die man links mit einer ſtumpfen Spizze heraus drükkt, ſo daß ſie auf der polirten Seite erhaben zu ſtehen kommen. Von den 2 Perpendikelpunkten an wird das Mundloch ausgeſchnitten. Mit dem Fuſſe verhält es ſich, wie oben ge-

ſagt

sagt ist; man zeichnet mit einer stumpfen Zirkelspitze den Bogen, indessen daß der andre spitze Zirkelfuß auf einem Stuckchen befestigten Blech, um nicht einzustechen, im Centro steht. Man löthet Körper und Fuß zusammen, bringt sie auf die Form oder Pfeifenpatrone, und glättet die zwo Lefzen mit einem geraden glatten Holze, so eben solches Dreieck vorstellt, bringt diese fest gemachte Form in die Pfeife, und auf ihr polirt man die Lefze mit einem kleinen Polirstahle.

Don Bedos redet von der Kathedralkirche zu Beziers in Languedoc. Ob diese Orgel gleich bereits 150 Jahre alt ist, so sind doch alle Pfeifen noch vollkommen gut und weiß, und so blank, als ob sie erst heute gemacht wären. Die größten Pfeifen im Basse 16 Fuß sprechen so stark und deutlich als ein ordinärer Baß von 8 Fuß an. Ihre untere Enden der Füsse sind dikker als gewöhnlich. An den zwo Seiten des Mundes ist eine kleine Zinnplatte, 2 Zoll breit, 3 Lin. dikk, angelöthet; sie ist flach und hat ein Gesimse mit 4 Rändern. Längst dem Oberrande der Unterlefze lieget ein starkes horizontales Gesimse, als ein kleines Karnies, 7 Linien breit und eben so dikk, oder im Vorsprunge aufgelöthet. Diese Platte Zinn verstärket sehr die Unterlefze. Eben so hat man ein anderes starkes Gesimse horizontal über und queer über die Oberlefze, 18 Lin. vom Unterrande gelöthet. Der Unterschild ist wie ordinär, der obere aber hat mehr Vorsprung, und alles ist polirt. So sehen die größten Pfeifen aus; die folgenden haben diese 4 zusammen gesezte Stükke, d. i. 2 Seiten und 2 Streifen; aber ihre Schilde sind dabei wie ordinär, oben und unten rund aufgeworfen; die folgenden haben nur den Gliederstreif an der Schneide der Unterlefze mit den 2 Seitenstükken, und an der aufgeworfnen glatten Oberlefze kein Gesimse. Siehe Fig. 131. a b und c. Alle sind weiß und blank. Man schreibt dieses einem Firnisse zu, und wirklich sind einige Pfeifen mit Goldfirniß überzogen; vielleicht erhalten sich die andern durch einen weissen Lakfirniß so blank und weiß. Man siehet daraus, daß man das Zinn, wie an diesen, nicht sparen müsse, und wie nöthig es sei, daß beide Labien stark gemacht werden; ja daß der Firniß die Luft vom Zinne abhält, es aufzulösen und matt zu machen. Dieser Firniß kann so gemacht werden. Man stosse Gummilakk in Körnern recht fein, und giesse in eine Bouteille doppelt so schwer starken Weingeist darüber verstopft; man schüttelt es oft um, und nach einigen Tagen schütte man diese Infusion in eine fast volle Schüssel laulich Wasser; man bewege sie oft. Der Lakk legt seine braune Farbe im Wasser ab; denn er soll hier nur weiß werden. Giesset das Wasser sachte ab, und trokfnet das Gummi vollkommen; welches hier wesentlich nöthig ist. Nun stößt man ihn sorgfältig, siebet ihn durch ein feines Seidentuch, wirft ihn in einen Glaskolben mit dreimal so schwer vom schärfsten Weingeiste. Der Kolben muß dreimal grösser seyn, als die Materien Raum einnehmen; man bedekkt ihn mit nasser Blase, legt einen Bindfaden um, und sticht ein Loch mit einer Nadel in die Blase, welche man darin

Q 2

stekken

ſtecken läßt; ſchüttelt den Kolben, damit das Laff nicht als ein Kuchen liegen bleibe; läßt das Gummi 24 Stunden ſo ſtehen, ſchüttelt oft, indem man die Nadel ſo lange heraus zieht. Nach 24 Stunden ſtellt man den Kolben 6 bis 8 Stunden an die Sonne, oder in einen Waſſerkeſſel auf ſchwaches Feuer. Der aufgelöſte Firniß ſetzt ſich in etlichen Tagen, bis er klar wird, da man ihn ſachte in eine recht trokkne Bouteille abgießt und ſehr verſtopft. Die Pfeifen müſſen recht rein und blank ſeyn, man wärmet ſie durch und durch vor einem langen Feuer, wendend, doch nicht zwiſchen den Händen. Wenn ſie recht warm iſt, ſo ſtreicht man mit einem groſſen Pinſel, Bürſte, oder trokknen, weich geriebnen, ſehr reinen Schwamm den Firniß mit gleichen Strichen auf. Kalte Pfeifen werden von dem Weingeiſte matt oder halb aufgelöſt. Der Goldfirniß beſtehet aus 12 Loth Gummilakk in Körnern, fein geſtoſſen, geſiebt; aus 2 Loth Gummigutta, zerſtoſſen; 1 Loth Drachenblut, zerſtoſſen; 1 Quentchen Saffran; 1 Loth Aloe hepatica, zerſtoſſen; 1 Loth Rocourt, zerſtoſſen; 2 Quentchen Sandarak; 4 Loth rothe geſtoſſne Terra merita; alles in 1½ Pfund des beſten Weingeiſtes in einem groſſen Glaskolben mit Blaſe verbunden, an Sonne oder Feuer, wie vorher, aufgelöſt, rein abgegoſſen, und eben ſo in warmem trokknem Wetter aufgetragen. Er wird noch beſſer, wenn man vorher den Gummilakk weiß macht, wie gezeigt worden.

Um einen Begriff von dem Zinne zu geben, ſo zu einem Principale erfordert wird, ſo wiegt

das C 32 Fuß	640 Pfunde franz.	F 12 Fuß	85 Pfunde.	A	⚹	14 Pfunde.
Cis	⚹ 560	Fis	⚹ 75	B	⚹	13
D	⚹ 490	G	⚹ 65	H	⚹	12
Dis	⚹ 430	Gis	⚹ 55	C 4 Fuß		11
E	⚹ 380	A	⚹ 45	Cis	⚹	10
F 24 Fuß	340	B	⚹ 38	D	⚹	9
Fis	⚹ 300	H	⚹ 34	Dis	⚹ 8	.. 16 Lot.
G	⚹ 270	C 8 Fuß	30	E	⚹	8
Gis	⚹ 240	Cis	⚹ 27	F 3 Fuß	7	.. 8 Lot.
A	⚹ 220	D	⚹ 24	Fis	⚹	7
B	⚹ 200	Dis	⚹ 21	G	⚹ 6	.. 8 Lot.
H	⚹ 180	E	⚹ 19	Gis	⚹	6
C 16 Fuß	160	F 6 Fuß	18	A	⚹ 5	.. 8 Lot.
Cis	⚹ 145	Fis	⚹ 17	B	⚹	5
D	⚹ 130	G	⚹ 16	H	⚹ 4	.. 8 Lot.
Dis	⚹ 115	Gis	⚹ 15	C 2 Fuß		4
E 16 Fuß	100					

Dieſe Schweren ändern ſich nach der Schwere der Füſſe, und man muß bisweilen Gewicht auf eine Pfeife zuſezzen, wenn ihr Körper in der Fronte der Orgel mehr Höhe braucht, als die Pfeifenmenſur vorſchreibt.

Die

Die Flötenſtimmen, ſo inwendig in dem Orgelgehäuſe verſtekkt werden, bekommen jederzeit zu den Füſſen Probezinn. Ich werde eine Doublette, d. i. von 2 Fuß zur Hand nehmen, um darnach alle cilindriſche Pfeifen zu beurtheilen. Die Pfeifenkörper dieſer Stimme ſind jederzeit Zinn, und dazu ſucht man ſich dikke und dünne Tafeln aus, die man ſchmiedet und egal dikk macht. Man ſchneidet erſt die gröſten Pfeifen; zudikke Tafeln werden dünner gehobelt, aber jederzeit auf der verkehrten Seite, ſo inwendig in die Pfeife kommt. Man nehme das Maaß zu allen Pfeifen der Doublette von der Fig. 1. Tab. VI. Wenn man die ganze Triangelfigur viermal gröſſer auf ein Brett davon abgezeichnet, um das natürliche Maaß zu haben, ſo giebt die Länge von C bis X die Länge 2 Fuß vom erſten C; die Länge des nächſten Cis geht von Cis bis X; D von D bis X u. ſ. w. Die Breite oder Durchmeſſer (Durchſchnitt, Diameter) des erſten C iſt von C bis O; und der ganze Umkreis, oder Circumferenz des C, oder die Breite der zugeſchnittnen C Platte, oben von C an bis unten 1. Der Durchmeſſer von Cis geht von Cis bis O; die Circumferenz von Cis bis 2 u. ſ. w. Eben dieſe Beſchaffenheit hat es auch mit der Menſur des Preſtant, Gedakft 4 Fuß und Pedalflöte 4 Fuß, die man nur 8 mal gröſſer aufreiſſen und kopiren darf. Das Zinn wird nach dem Lineale mit dem Handmeſſer, das Unterende des Körpers winkelrecht geſchnitten. Alle Zuſchnitte werden der Länge nach, die langen unten, die kurzen oben, eine auf die andre, und die ganze Stimme hindurch aufgeſchichtet.

Um die Pfeifenfüſſe zu machen, ſchneidet man einen Streif Probezinn aus, deſſen Breite ſo groß iſt, als die Füſſe werden ſollen, ſiehe Tab. VII. Fig. a. man hobelt die verkehrte Seite zu einer gleichmäßigen Dikke mit dem eiſernen Hobel, Fig. 9. Tab. I. indem die ganze Platte Probezinn mit Waſſer benezzt iſt, denn ohne dies würden ſich die Späne an die Platte oder an den Hobel anhängen und alles verderben. Nun ziehet man winkelrecht die Linie A B, nimmt die Körperbreite der erſten Pfeife, bemerkt ſie am Ende des Streifes in a b, nimmt die Mitte c dieſer Breite, trägt ſie von B in d, zieht d e parallel mit A B, bemerkt auf dem Punkte d die Breite, ſo das kleine Fußende bekommen ſoll; ich ſezze, es ſei 16 Linien; man mache alſo um 8 Lin. von jeder Seite d die Punkte f g gleichweit von d. Ziehet die 2 Linien a g und b f als den Fuß der erſten Pfeife. Mit den übrigen Pfeifenfüſſen verfährt man eben ſo, man ſchneidet ſie aus, und legt ſie alle auf einander, ſo daß die Füſſe der kleinſten Pfeifen dünner werden.

Hat man Körper und Füſſe geſchnitten, ſo hobelt man die Körper auf einem Lineale mit dem eiſernen Hobel, und auch ſo die eine Seite der Füſſe, welche man in das Fußmaaß Fig. 126. gegen oder von dem Centro a abrükft, bis die zwo Seiten an die 2 Lineäle paſſen; man ſchlägt mit dem Zirkel aus b den groſſen Bogen a, und den kleinen c. Der groſſe Bogen muß genau ſo groß ſeyn, als die gerade Linie unten am Körper. *

Um

Um jeder Pfeife ihr Mundloch zu geben, so legt man den Körper der Pfeife P Q S R auf den Mundmesser (trace-bouche), Fig. 125. so daß die Seite Q S das Lineal T V längst berühre, bis der Winkel P das Lineal X Z berühret, bemerkt die Punkte t i an den 2 Linien, die mitten auf dem Instrument gezogen sind. Man legt diesen Pfeifenkörper mit seinem Fusse so, daß beide genau schliessen; legt auf einem der Punkte das Lineal Fig. A. Tab. I. mit den Rändern des Körpers parallel, und ziehet stark über das eine und andre Stück die Linie p q, und so auch am andern Punkte des Mundes; alles auf der verkehrten Zinnseite inwendig in der Pfeife. Auf solche Art ziehet man den Mund an dem Fusse und Körper zugleich. Den gerissnen Mund schneidet man aus. Die Höhe des Mundes ist der fünfte Theil der Breite an offnen Pfeifen, und der vierte an Gedakten, beim Mittelschnitte, z. E. den Grundstimmen. Bei grossem Schnitte, als Nasard, Terz, Cornet, bei den Pedalstimmen, würde er zugroß seyn; man giebt ihnen also den sechsten Theil der Mundbreite zur Höhe. Ueberhaupt schadet es nicht, den Mund ein wenig niedrig zu schneiden, weil man ihn im Intoniren besser auskehlen kann. Die Höhe des Mundes richtet sich vielmehr nach der Höhe der Pfeife, als nach der Breite des Mundes.

Wenn der Mund ausgeschnitten ist, rundiret man die Körper und Füsse mit grossem Fleiß, wenn man nett löthen will, damit die zween Löthränder keine erhabne Falte machen oder flach werden. Man läßt sie halb offen, um sie bequem zu krazzen; und man legt alle rundirte Pfeifen auf den Tisch neben einander. Die Patronen sind von allerlei Dikke, und das Klopfholz klein. Nach dem Rundiren werden Körper und Füsse geweißt; das Zinn wird in- und auswendig, das Probezinn allezeit bloß auswendig geweißt.

Nun löthet man Fuß und Körper; Pfeifen von 2 oder 3 Fuß und die noch kleinern hält man in der Hand; zum Zinne nimmt man sein gehöriges, und zum Probezinne das dazu bestimmte Loth. Nach dem Löthen wäscht man sie mit warmen Wasser in- und auswendig; und nach der Trokknung werden sie nochmals rundirt. Man macht die Ober- und Unterlefze platt, indem man mit einer Messerklinge inwendig stark streicht, und zugleich das Auswendige schräge gegen ein Stück glattes Holz lehnt. Besonders muß der Rand der Unterlefze recht gerade gerichtet werden, der Körper mit dem Fusse überall genau passen, und, die Lefzen ausgenommen, rund seyn. Die Dikke des Kerns richtet sich nach der Grösse einer jeden Pfeife, und sie muß etwa ein Drittheil von der Höhe des Mundes, wenn die Pfeife gehörig ausgekehlt ist, betragen. Die Kerne werden streifweise geschnitten, gehämmert, oben und unten gehobelt, vorne dikk, hinten dünne gelassen, mit dem Abschusse versehen, bloß oben geweißt, in kleinen Pfeifen von Probezinn gemacht, weil das Blei keinen scharfen Abschuß verstattet. Man paßt das weite Fußende an den Kernstreif auf, und zeichnet daran die Breite für jeden Kern ab, weisset das

weite

weite Ende jedes Fusses in- und auswendig, wenn er von Zinn ist, nebst dem Körper, hält den Kern auf den Fuß, schneidet ihn rund, schärft ihn, löthet ihn ein,
bedienet sich dabei eines Papierstreifes, und man verzinnt nur die grossen und starken Kerne. Ein kleiner Kern, z. E. zum zweiten C der Doublette, wird nur an
drei Stellen ausgeschartet an der Schärfung, und mit diesen 3 Scharten an dem
Fusse befestigt. Das Uebrige des Kerns wird mit dem Messer rund und schräge
gemacht, und angelöthet. Die kleinen Kerne läßt man hinten breiter als nöthig,
um sie mit zween Tropfen Loth zu befestigen, worauf man sie rund schneidet. Man
nimmt dazu das Probezinnloth, wenn der Fuß von Zinn ist. Man schärfet den
Körper rings herum auswendig, und so auch das Oberende des Fusses, streicht
Talg auf die Schärfung des Körpers und Fusses, legt beide an einander, indem
man das kleine Fußende gegen die Brust lehnt, bringt die zwo Linien, die den Mund
machen, zusammen, man hält die Pfeife horizontal, klekft an jeder Seite einen
Hefttropfen auf, visiret mit geschärftem Auge, ob die Pfeife recht gerade ist, sowohl
vorne als hinten, löthet mit dem Drehlothe, indem man die Pfeife dergestalt wendet,
damit die Löthung gerade und glatt werde, wäscht die Pfeife vom Weissen rein,
spület sie ab, und puzt sie nach der Trokknung mit einem saubern Leinenlappen.
So werden alle Cilinderpfeifen geschnitten und fertig gemacht.

    Bei den Spindelpfeifen (à fuseau), deren Kegel oben enge, unten weit ist,
muß man zwo Breiten haben; die eine unten am Mundloche, die andre oben
am engen Ende. Ich seze, man wolle ein Nasard à fuseau von engem Schnitte
machen, so zeichnet man in die Mensur desselben die zwo Breiten auf die Circumferenz. Die gedakkten Zinnpfeifen entstehen von einem dikkern Metallstreifen,
als die Pfeife selbst ist. Man ziehet einen Quadrat auf dem Streifen, von der
Grösse des obern Pfeifenendes, so man zu der Absicht herum legt. Man schneidet
das Vierekk aus, weisset die Oberränder dieses Vierekks, nebst dem Rande des
Oberendes der Pfeife, heftet das Vierekk durch vier Tropfen Loth an die Pfeife an,
schneidet es rund, schärft es, und löthet es, nachdem die Pfeife intonirt, feste.
Die Deutschen sezen einen cilindrischen Hut auf, der inwendig ein Leder hat, um
die Pfeife gröber oder feiner zu stimmen. In Frankreich legt man unter diesem
Hut (calotte) ein paar Papierstreifen.

    Rohrpfeifen (à cheminée) werden erst geschnitten, nach der Länge gelöthet,
und auf den Stöpsel angelöthet, nachdem man im Centro ein Loch gemacht. Die
verkehrte Seite der Platte und äussere Rand des Rohrs wird geweißt, das Loch
einwärts geschärft, das weiße gekrazt, eine Schärfung am äussern Rande des
Rohrs gemacht; man sezt diesen Rand gerade auf, und löthet ihn an die verkehrte
Seite der Platte; endlich löthet man die Platte an das Rohr oder an den Hut.
Beide Seiten der Gedakkte bekommen am Mundloche einen Bart, oder Ohren,

                                                                    wenn

wenn es Rohr= oder Spindelpfeifen sind.   Dieser Bart dient zum Stimmen und zur deutlichen Aussprache, und bestehet aus nicht zudünnem Probezinn.   Man weisset dazu die zwo Seiten des Pfeifenmundes und das Auswendige des Barts, man schärft den äussern Mundrand längst aus, krazzt eine Linie breit an beiden Sei= ten des Mundes von oben nach unten, legt die Pfeife auf die Seite und löthet den Bart an.   Ich übergehe die Mixturen.   Hier folgen die Schweren einiger Flöten= stimmen, um die Dikken ihrer Pfeifen darnach einzurichten.

Bei einer vollstimmigen Stimme von 14 Pfeifen, so sich mit 4 Fuß im ersten C anfängt, wiegen alle Pfeifen von Zinn 125 franz. Pfunde, ihre Füsse in Probe= zinn 100 Pf.   Die volle Positivstimme von 7 Pfeifen wiegen an Zinn 12 Pf. die Füsse von Probezinn 30 Pf.   Der Diskant 8 Fuß, 2 Oktaven in Zinn, wiegt ohne Füsse 10 Pf.   Ein gemeines Cornet, Probezinn, 45 Pf.   Die Doublette, Zinn, 10 Fuß, die Füsse Probezinn 8 Pf.   Der Diskant des Bourdon, 3 Ok= taven, ganz Probezinn, 32 Pf.   Die Zinnkörper des Prestant 24 Pf. und die Füsse Probezinn 16; Grosse Terz 45; offen Nasard, Probezinn, 39; die Nasard= quarte, Probezinn, 22; Terz, ganz Probezinn, 20; Positivnasard 31; Larigot, Probezinn, 19 Pf. alles nach dem oben gedachten Maasse und Schnitte.

Verfertigung der Schnarrwerke.   Einige poliren das Zinn dazu mit so vieler Sorgfalt, als das Principal, wenigstens muß man es auf einem polirten blanken Ambosse schlagen.   Die vornehmsten Schnarrstimmen sind die Kegelstimmen, z. E. Posaune, Trompete, Clairon.   Oben ist bereits das Nothwendige von ihrer dreifachen Bauart gemeldet worden, und man findet ihre Höhen und Breiten da= selbst.   Der Anfang wird damit gemacht, daß man ihre Pfeifen etwas breiter schnei= det, als es vor dem Dichtschlagen nöthig ist.   Hat man Platten, die weder lang noch breit genung sind, um die größte Pfeife zu machen, so sezzt man sie aus et= lichen Stükken zusammen.   Man hobelt sie gleich dikke, nachdem sie zugeschnitten worden, man hämmert sie, wobei die kleinen Enden stark genung bleiben müssen, man schlägt sie mit dem grossen Klopfholz; kurz, man verfähret, wie mit den vorigen Zinnpfeifen.   Das Klopfen geschicht, der Politur wegen, auf der linken Seite. Man löthet alle Stükke der Pfeife zusammen; Ende an Ende wird nach dem Lineal geschnitten, man weisset beide Seiten, bekrazzt die Dikke, schärfet beide Ränder bloß nach aussen, streicht Talg auf, legt die zwei Stükke auf den Tisch so nahe zu= sammen, daß eine Karte Plazz hat, löthet sie mit dem Zinnlothe, ohne an der lin= ken Seite wieder zu löthen.   Die Löthungen bleiben ganz, ohne beschabet zu werden. Da die Patronen zu den Posaunenbässen, sonderlich zu Contratönen, viel Kosten verursachen, so macht man die Pfeifen aus drei Stükken, fügt diese zusammen auf einem Brette, und ziehet mit einem langen Lineale an jeder Seite eine Linie nach der rechten Mensur, rollt jedes Stück besonders auf eine gemeine Trompetenpatrone,

löthet

löthet es längst an, rundirt es auf der Form, und paßt es, mit dem Lothe zu drehen, an einander; und so hat man eine grosse Pfeife, die rund und gerade ist. Zeichnet nach dem obigen Maaße auf einem langen Lineale alle Höhen der Pfeifen aus der gegebnen Tabelle, nach dem Königsfusse; ziehet auf dem Lineale Perpendikel aus allen Punkten, die man nach der Tabelle numerirt. Traget auf eine Zinnplatte, so 18 Linien breit ist, alle Breiten, sezzt Perpendikel auf, numerirt sie nach dem Breitenmaaße. Man schneidet, behobelt die beiden Dikken jeder Pfeife, rundirt sie, weisset, löthet, wäscht, rundirt sie nochmals, und macht die Ringe für die, so sie nöthig haben.

Zu den Ringen schmelzet reines Blei in der Kernform, schneidet davon Streifen 1 Zoll breit, hämmert, hobelt, rundirt ein Ende auf der Trompetenpatrone, paßt sie an, schneidet sie, so daß die zwei Enden einen Zwischenraum zur Krüffe behalten, und macht, daß der Ring knapp in der Pfeife und recht einpasse. Der Ring ist bestimmt, zu hindern, daß die Pfeife in ihren Fuß nicht zutief hinab sinken möge; und also stellet man ihn so hoch, als man kann, damit die Pfeife recht feste stehe, doch aber auch so, daß das Unterende des Mundstüffs nicht bis in das Kegelstükk des Fußgrundes sinken möge; man bemerkt die Stelle des Ringes über der Pfeife durch einen Strich oben und unten, weisset ihn von aussen, wie auch ein Ende der Pfeife über dem Oberstriche und unterhalb dem Unterstriche, krazzet die Dikke des Ringes oben und unten und des Zwischenraums, wie auch eine Linie breit an der Pfeife über und unter den Strichen, stekkt den Ring in seinen Ort, so daß der Zwischenraum der Pfeifenlöthung gerade über zu stehen kommt, talget und löthet oben und unten mit dem Nuß- und Ringlothe, wobei die Krüffe im Zwischenraume bleibt, damit sie nicht über die Ringhöhe heraus rage, man fullt den Zwischenraum mit Loth, fährt mit dem heissen Kolben über den Ring, und wenn das Loth über der Krüffe fließt, so stößt man diese vor sich, damit sie das Loch mache. Eben so löthet man den Untertheil des Ringes an. Einige weissen die Pfeife inwendig an dem Orte, der gerade unter dem Ringe liegt, damit die Pfeife daselbst nicht leide. Uebrigens muß der Ring allezeit ein wenig dikker als die Nuß seyn, die man an die Pfeife löthen soll.

Um die Nuß einzulöthen, schneidet man das kleine Pfeifenende recht gerade, um auf die Nuß recht zu passen; man weisset diese rings um oberwärts, und verstopft das Obertheil des kleinen Krüffenloches mit dem Weissen. Das kleine Pfeifenende wird nirgends geweißt, sondern nur mit einem Leinenlappen rein gerieben. Man krazzt und verzinnt den Obertheil der Nuß, streicht auf die Verzinnung Talg, so wie über das kleine Pfeifenende, welches man an die Nuß paßt, nachdem man eine Fußpatrone eingestekkt; hält diese gegen die Brust, hänget die Nuß an die Pfeife durch einen Lothtropfen, legt rings herum Loth auf, streicht Talg

R   auf,

auf, und löthet, vermittelst des Nußlothes, die Nuß drehend an den Körper. Uebrigens muß das Krükkenloch genau gegen dem Ringloche über zu stehen kommen.

Die Füsse der Schnarrstimmen bestehen aus zwei Stükken, da das obere gröffere cilindrisch, das untere kleine kegelig ist; oder man schneidet die vierseitige Fußplatte unten als ein paar Hosen aus, die unten etwas von einander stehen. Sie wären von Zinn dauerhafter, und man giebt ihnen die Höhe, wie in den andern Stimmen. Alle Füsse werden nach den Holzpatronen mit dem Messer geschnitten und rundirt. Die grossen Baßpfeifen der Trompete u. s. w. bekommen oft einen hölzernen Körper, indessen daß ihre Nuß, Fuß und Kasten von Zinn gemacht wird; oder man macht den Kasten von Kupfer, die Füsse von Holz, rund, und anfangs massiv, höhlet sie aber auf der Drehbank aus. Tab. VI. Fig. 2. 3. 4. zeichnet in natürlichem Maaße die Mensur der Menschenstimme. Die Fig. 4. giebt die Höhen des Cilinderstükks. Fig. 3. die Breiten der Menschenstimme, woraus man ersieht, daß man 8 davon von der größten Breite, 8 von der zweiten Breite, 6 von der dritten, 6 von der vierten, 6 von der fünften, 6 von der sechsten, 11 von der siebenten Breite schneiden muß. Fig. 2. giebt die Höhen der Kegel, sowohl als die Breite ihres kleinen Endes. Diese Stimme hat nur kurze Pfeifen, die man oben halb verschließt, um sie nicht so schreiend zu machen. Dieses ist der Proceß der besten Orgelbauer, um sie so natürlich als möglich zu machen. Nach unsrer Mensur wiegt die Menschenstimme wenigstens 10 Pfunde, ohne die Nüsse und Füsse.

Das Cromorne schneidet man, was den Cilinder betrifft, nach dem Maaße der Höhen und Breiten; und den Kegel nach seinen Breiten des kleinen Endes, und der Höhe der Kegel. Die Stimme wiegt ohne Nüsse und Füsse 40 Pfunde Mark gewicht. Die Hautbois wiegt wenigstens 12 Pf. ohne Nuß und Fuß. Fig. 105. und 106. Tab. IIII. bezeichnen die innere Breite der Mundstükke nach 21 Zirkeln. Was die Längen aller 23 Mundstükke betrifft, so sind sie für alle Mundstükke der Schnarrstimmen hinlänglich, vom ersten C Posaune 32 Fuß, bis zur kleinsten Pfeife des Clairon, den Rand ungerechnet.

Die Längen aller Mundstükke.						Ihre Breiten.		
Das gröfte Mundstükk a.	9¼ Zoll	parif. Maaß	⸗	⸗	11 Lin.	2 Str.
b.	9	⸗	⸗	⸗	10
Nummer 1.	8 —	2 Lin.	⸗	⸗	9
2.	7 —	6	⸗	⸗	9
3.	6 —	11	⸗	⸗	7
4.	6 —	5	⸗	⸗	7
5.	5 —	10	⸗	⸗	7
6.	5 —	4	⸗	⸗	6
7.	4 —	11	⸗	⸗	6

Nummer 8.	4 Zoll.	6 Lin.	⸗		⸗	5 Lin.
9.	4 —	2	⸗		⸗	5
10.	3 —	9	⸗		⸗	5
11.	3 —	5	⸗		⸗	4
12.	3 —	1	⸗		⸗	4
13.	2 —	10	⸗		⸗	3
14.	2 —	6	⸗		⸗	3
15.	2 —	3	⸗		⸗	2
16.	2 —		⸗		⸗	2
17.	1 —	9	⸗		⸗	2
18.	1 —	6	⸗		⸗	1 Lin. 6 Str.
19.	1 —	4	⸗		⸗	1 — 6
20.	1. —	1	⸗		⸗	1 — 6
21.	⸗ —	11	⸗		⸗	1

Um ein Mundstück zu machen, muß man vorher eine Patrone dazu haben. Um die Patrone zu bekommen, schneide man ein Stück einer Probezinnplatte, fast so lang und breit, als das Mundstück werden soll. Um es zu stampfen, legt man es flach auf einen der hohlen Kanäle der Stampfformen, Fig. 22. Tab. II. bedeckt den Kanal ganz damit, sonderlich mehr am Kopfe, als den Seiten; stellet über die Zinnplatte das Stampfeisen mit der dicken und abgerundeten Seite Fig. 23. so daß es sich in die Höhlung paßt, und mitten innen doch etwas vom Kopfe absteht; schlägt mit einem hölzernen Hammer auf den Stampfer (étampoir); wenn das Blei herab und in die hohle Form getrieben, stellt man den Stampfer näher gegen den Kopf des hohlen Kanals, schlägt horizontal auf das Unterende des Stampfers, in deffen daß man mit einem Hammer stark gegen den Kopf der Stampfe andrückt, bis sich der Kopf im Blei abgeformt. So verfertigt man die Bleipatrone zu allen Mundstücken, welche man nachher von Messing macht. In der vorigen Tabelle findet man die Maaße. Ist die Patrone fertig, so schneidet man mit der Blech= scheere alle Messingplatten darnach, steckt sie in heisse Kohlen, bis das Messing etwas glüht, ziehet sie sachte aus dem Feuer, denn es zerbricht geglühter Messing leicht; man läßt es kalt werden, stampft es, wie gesagt worden, glüht es halb= gestampft nochmals, und dieses muß bei grossen Mundstücken dreimal geschehen, stampft es fertig, denn die Mundstücke zerbrechen leicht von einem Stampfe am Kopfe, wenn man sie nicht etliche male glüht. Endlich rundiret man das Mund= stück auf dem Spiesse Fig. 24. wo ein grösseres und kleineres zu sehen ist, und seine Nummern hat. Man steckt das Spieß ins Mundstück, schlägt auf einem Am= bosse das Mundstück am Kopfe, an den Seiten, bis es überall am Spiesse an= schliesst. Nachher richtet man den Rand des Mundstücks auf der grossen Feile über= all recht gerade, und die innere Rinne mit feinen Handfeilen. Um die Glühschwärze wegzubringen, legt man das Mundstück in eine Schale mit Wasser verdünnter

R 2

Wein=

Weinhefen, kocht es eine halbe Stunde, scheuret es mit feinem Sande und Wein‡ hefenwasser, wäscht es rein und trocknet es am Feuer. Die größten sind auch die dikkesten. Man giebt ihnen gemeiniglich ein wenig mehr inwendige Tiefe, als die innere Breite beträgt. Den dikksten Theil nehme man zum Kopfende. Eine Rizze kann zugelöthet werden, nachdem man die Stelle geschabt und mit Harz gerieben. Hier folget, wie viel Mundstükke man, aus voriger Tabelle, von einerlei Num‡ mer machen müsse, und wie viel und welche Nummern sich für eine jede Schnarr‡ stimme schikken.

Posaune.

Mundstükks‡ nummern.	Anzahl Mundst. von jeder Nr.	Namen der Pfeifen.
4.	2	c. cis.
5.	2	d. dis.
6.	2	e. f.
7.	2	fis. g.
8.	3	gis. a. b.
9.	4	h. c. cis. d.
10.	4	dis. e. f. fis.
11.	4	g. gis. a. b.
12.	4	h. c. cis. d.
13.	4	dis. e. f. fis.
14.	5	g. gis. a. b. h.
15.	5	c. cis. d. dis. e.
16.	5	f. fis. g. gis. a.
17.	5	b. h. c. cis. d.

Müsse G 5. F 4. A 5. F 8. D 15. E 14.

Grosse Trompete.

Mundstükks‡ nummern.	Anzahl Mundst. von jeder Nr.	Namen der Pfeifen.
9.	3	c. cis. d.
10.	3	dis. e. f.
11.	4	fis. g. gis. a.
12.	4	b. h. c. cis.
13.	5	d. dis. e. f. fis.
14.	5	g. gis. a. b. h.
15.	5	c. cis. d. dis. e.
16.	5	f. fis. g. gis. a.
17.	5	b. h. c. cis. d.
18.	4	dis. e. f. fis.
19.	4	g. gis. a. b.
20.	4	h. c. cis. d.

Müsse A 5. B 5. D 15. E 26.

Gemeine Trompete und Groß Cromorne.

Nummer.	Anzahl.	Pfeifen.
10.	3	c. cis. d.
11.	3	dis. e. f.
12.	4	fis. g. gis. a.
13.	5	b. h. c. cis. d.
14.	5	dis. e. f. fis. g.
15.	5	gis. a. b. h. c.
16.	5	cis. d. dis. e. f.
17.	5	fis. g. gis. a. b.
18.	5	h. c. cis. d. dis.
19.	5	e. f. fis. g. gis.
20.	6	a. b. h. c. cis. d.

Müsse. Trompete A 5. B 5. D 15. E 26.
Groß Cromorne C 11, D 20, E 20,

Clairon.

Nummer.	Anzahl.	Pfeifen.
12.	4	c. cis. d. dis.
13.	4	e. f. fis. g.
14.	4	gis. a. b. h.
15.	5	c. cis. d. dis. e.
16.	5	f. fis. g. gis. a.
17.	5	b. h. c. cis. d.
18.	5	dis. e. f. fis. g.
19.	4	gis. a. b. h.
20.	4	c. cis. d. dis.
21.	4	e. f. fis. g.
19.	3	gis. a. b.
20.	4	h. c. cis. d.

Müsse D 13, E 38.

Ge‡

Gemeine Cromorne und polnische
Bock (musette).

Nummer.	Anzahl.	Pfeifen.
11.	4	c. bis dis.
12.	5	e. — gis.
13.	6	a. — d.
14.	6	dis. — gis.
15.	5	a. — cis.
16.	5	d. — fis.
17.	5	g. — h.
18.	5	c. — c.
19.	5	f. — a.
20.	5	b. — d.

Nüsse C 11, D 20, E 20.

Menschenstimme.

Nummer.	Anzahl.	Pfeifen.
12.	4	c. bis dis.
13.	4	e. — g.
14.	5	gis. — c.
15.	6	cis. — fis.
16.	6	g. — c.
17.	6	cis. — fis.
18.	6	g. — c.
19.	7	cis. — g.
20.	7	gis. — d.

Nüsse C 6, D 6, E 39.

Posaunenpedal.

Nummer.	Anzahl.	Pfeifen.
1.	2	f. fis.
2.	2	g. gis.
3.	3	a. b. h.
4.	3	c. cis. d.
5.	3	dis. e. f.
6.	3	fis. a. gis.
7.	4	a. bis c.
8.	4	cis. — e.
9.	4	f. — gis.
10.	4	a. — c.
11.	4	cis. — e.

Nüsse H 8. G 5. F 4. A 5. B 8. D 6.

Das Trompetenpedal geht von Nummer 6 bis 14. Nr. 6 hat 2 Pfeifen, f und fis. Nr. 7 hat 2 Pfeifen. Nr. 8 hat 4. Nr. 9 hat auch 4. Nr. 10 hat 5. Nr. 11 hat 5. Nr. 12 hat 5. Nr. 13 hat 5; und Nr. 14 hat 4, nämlich von cis bis e. Die Nüsse sind G 4. F 4. A 4. B 5. D 14. E 5.

Die Hautbois geht von Nummer 14 bis 20. Nr. 14 hat 4 Pfeifen, von f bis gis. Nr. 15 hat 5 Pfeifen. Nr. 16 hat 5. Nr. 17 hat 5. Nr. 18 hat 5. Nr. 19 hat 5. Nr. 20 hat 5, von b bis d. Nüsse D 5. E 29. Einige legen die fertigen Zungen der Hautbois auf heisses Zinn, bis sie die Farbe ändern.

Man findet in Fig. 21. Tab. II. sieben dieser Nüsse, deren fünfe noch ihre Spiesse vom Gusse haben, so sich aber leicht heraus ziehen lassen. Weil sie aber daselbst nur im Kleinen gezeichnet sind, so werde ich sie hier, nebst der grösten achten, natürlich in Pariser Zollen abmessen.

Maaß

Maaß der Nüsse in den Schnarrstimmen.

	hoch.	breit.
Die größte Randnuß H, so selten vorkommt,		
cilindrisch	3 Zoll, —	2 Zoll, 7 Lin. im Rande.
der Rand	0 — 6 Lin.	2 — 1 — im Cilinder.
Nummer A	1 — 5 —	1 — 5 — Rand.
der Rand	— 2 —	1 — 3 — Cilind.
Nummer B	1 — 3 —	1 — 3 — Rand.
Rand	— 2 —	1 — 1 — Cilind.
Runde Nüsse. Nummer C.		
Mittelhöhe	1 — —	1 — 2 —
Nummer D	0 — 10 —	1 — —
Nummer E	0 — 8 —	0 — 10 —
Nummer F	1 — 10 —	1 — 8 — Rand.
Rand	— 3 —	1 — 5 — Cilind.
Nummer G	2 — 6 —	2 — 1 — Rand.
Rand	— 4 —	1 — 8 — Cilind.

Um zu verstehen, was man oben unter den vorigen Tabellen sagen wollen, da z. E. unter der Menschenstimme stand: C 6. D 6. E 39. so deutet dieses die Nußnummern der gegenwärtigen Tabelle an. Zur Menschenstimme gehören also von der Nummer C der Nüsse 6 Stücke; von Nummer D 6 Stücke; von Nummer E 39 Stücke.

Um auch den Vorsprung zu wissen, wie weit die Mundstücke aus der Nuß durch alle Stimmen vorragen müssen, indem einige geschickte Orgelbauer, die eine feine Harmonie lieben, so jedermann gefällt, die Zungen schwächer ziehen, und den Mundstücken keinen so grossen Vorsprung geben; andre eine volle, stolze, und denn noch markige Harmonie höher schätzen, und also den Mundstücken einen grössern Vorsprung geben, um stärker zu schnarren: so werde beide vergnügen. Es bekommt also das Mundstück des ersten C der Posaune 32 Fuß, ausser der Nuß Vorsprung, 10 Zoll, 4 Lin. Pariser. F 24 Fuß; 8 Zoll, 7 Lin. Vorsprung. Das C 16 Fuß; 6 Zoll, 11 Lin. Das F 12 Fuß; 5 Zoll, 3 Lin. Das C von 8 Fuß hat 3 Zoll, 10 Lin. Das vierfüssige C 2 Zoll, 8 Lin. C 2 Fuß hat 1 Zoll, 8 Lin. Das einfüssige C 1 Zoll, 1 Lin. Vorsprung. Alles gilt auch zu dem Trompetenpedale, Claironpedale u. s. w.

Der folgende Vorsprung ist der kleinste zu den Posaunen, Trompeten und Clairons im Manual, zu einem schwächern Zungenwerke, um eine feine und angenehme Harmonie zu geben, nämlich C von 32 Fuß hat 8 Zoll Vorsprung. Das F von 24 Fuß hat 6 Zoll, 8 Lin. Das C von 16 Fuß hat 5 Zoll, 5 Lin. Das F 12 Fuß hat 4 Zoll, 2 Lin. Das C von 8 Fuß hat 3 Zoll, 1 Lin. Das C von

4 Fuß

4 Fuß hat 2 Zoll. Das C 2 Fuß hat 1 Zoll, 4 Lin. Das C 1 Fuß hat 10 Lin. Vorſprung aus der Nuß. Gilt auch von Trompete und Clairons.

Die Menſchenſtimme wird am ſchwächſten gezunget; ihr erſtes C hat zum Vorſprunge 2 Zoll, 5 Lin. Das zweite C 1 Zoll, 8 Lin. Das dritte C 1 Zoll, 2½ Lin. Das vierte C 10 Lin. Das fünfte C 7 Lin. Die Zwiſchenpfeifen zwiſchen F und C kann man ſich allezeit ſelbſt eintheilen, wenn man nur ſein Augenmaaß zu Rathe zieht.

Einige ſtekken die Mundſtükke in die Nüſſe, ehe ſie die Nüſſe in der Pfeife anlöthen; andre löthen vorher die Nüſſe an die Pfeife. Die Nußlöcher werden mit dem Trauchbohrer nach dem Guſſe gröſſer gebohrt. Die Zungen ſind wie die Mundſtükke, doch von dünneren Meſſingsplatten, der aber nicht in Rollen iſt. Man ſchneidet daraus Streifen von 18 bis 20 Zoll Länge, hämmert ſie auf dem Amboſſe glatt, Schlag bei Schlag mit einem kleinen Hammer, doch nur auf einer Seite, weil ſie bey ſtärkerer Härtung ſich nicht krümmen wollen, und wieder bald gerade und zuſteif im Schnarren werden. Jede Zunge wird an beiden Seiten nach einem Lineale gehobelt; man endigt ſie mit einer zarten Feile an beiden Seiten. Die Keile, die Zunge feſte zu halten, ſind von hartem Nußholze, auf einer Seite flach, an der andern rundlich, und groß und klein, und die Zungen ſchneidet man am Nuß-ende etwas ſchmäler, man ſenkt ſie ſachte ein, ſchneidet die Seiten nach zwo gezog-nen Linien gerade, und etwas breiter als das Mundſtükk, feilet ihre Dikke gerade, ſtreicht die Zunge auf einem glatten Holz mit dem Meſſerrükken gerade und etwas bauchig, und klopft ſie in ihren Ort. Die Krükke iſt von Meſſingsdrate recht ge-rade gerichtet, und in Frankreich von Eiſendrate; man biegt ſie, als eine Feder auf die Zunge zu drükken, und ſie ſind zu groſſen Pfeifen dikk, zu kleinen dünner. Um zu erfahren, ob die Zungen für das Mundſtükk zudikk oder zudünne ſind; ſo bläſet man die Pfeife auf der Lade (doch niemals, der Näſſe wegen, mit dem Munde) an; ſtimmt ſie mit der Krükke auf ihren Ton. Iſt die Krükke weit vom Keile entfernt, ſo iſt die Zunge zudünne. Man nimmt alſo eine dikkere Zunge, bläſet; und berührt die Krükke den Keil, und die Pfeife giebt ihren rechten Ton nicht an, ſo weis man, daß die Zunge zuſtark iſt. Bei rechtem Tone muß die Krükke nahe am Keile ſtehen. Iſt die Zunge zuſehr geſchloſſen, ſo bläſet die Pfeife zuhurtig. Steht die Zunge zuoffen von einander, ſo ſpricht die Pfeife träge. Stark geſchlagne Zungen müſſen dünner als ſonſt gemacht werden. Für alle Stimmen iſt es eine Generalregel, das Zinn oder Metall nicht daran zu ſparen, wenn man die Harmonie einer jeden voll-ſtändig heraus bringen will. Ich werde daher nur die C Pfeifenſchweren herſezzen. Das erſte C einer Poſaune von weitem Zuſchnitt wiegt 45 Pfunde franz. Das zweite C 11 Pf. Das dritte C 3 Pf. 8 Loth. Das vierte C 1 Pf. 4 Loth. Das fünfte C 16 Loth. Alle 51 Pfeifen 418 Pfunde, 2 Loth. Gemeine Poſaune,

erſte

erste C 40 Pf. zweite C 9 Pf. dritte C 2 Pf. 24 Loth; vierte C 1 Pf. 2 Loth; fünfte C 16 Loth; die ganze Posaunenstimme 344 Pf. 6 Loth.　Trompete von weitem Zuschnitte, erste C 11 Pf. zweite C 3 Pf. 8 Loth; dritte C 1 Pf. 2 Loth; vierte C 16 Loth; fünfte C 6 Loth, 4 Groß; ganze Gewicht der grossen Trompete 118 Pf. 26 Loth.　Gemeine Trompete, erste C 9 Pf. zweite C 2 Pf. 24 Loth; dritte C 1 Pf. 2 Loth; vierte C 16 Loth; fünfte C 6 Loth; Totalgewichte der gewöhnlichen Trompete 95 Pf. 10 Loth, 2 Quent. alles ohne Nüsse, Büchsen und Füsse.　Die Menschenstimme wiegt gemeiniglich 9 Pfunde, ohne Nuß und Fuß.

Man kann das Cromorne und die Kegelstimmen, wenn es nöthig ist, ohne ihrer Harmonie Eintrag zu thun, auf verschiedne Weise mit Knien versehen.

Um das Gebläse an Ort und Stelle zu legen, müssen keine grosse Fenster in der Nähe seyn, damit der Ort weder von der grossen Hitze, Nässe noch Kälte viel leide.　Ein einziges, gut verglastes Fenster ist schon hinlänglich, und es ist vortheilhaft, wenn der Ort von oben und unten gewölbt seyn kann, und gegen Ratten und Mäuse sicher ist.　Der Boden sei mit Fliesen des Staubes wegen gepflastert, denn die Bälge schöpfen den Staub in sich, und blasen ihn bis in die Windlade.

Man lege die Köpfe der Bälge, wo die Gelenke sich befinden, wenn es der Platz gestattet, der Orgel ganz nahe, und den Boden der Bälge von der Orgel weg.　Genung, wenn man einen Raum von 4 Fuß Breite zwischen den Bälgenköpfen und der Mauer läßt.　Können nicht alle Bälge in einem Bälgengehäuse beisammen liegen, und muß man also den Wind theilen, so muß man die Bälge an ihre zugehörige Laden theils nach der Höhe, theils nach der Distanz nahe genung legen; der Wind mag dahin aufwärts oder abwärts geführt werden, wenn nur die Laden nahe genung sind. Nothwendig müssen die Bälge einen Abhang, und das Bälgengerüste seine rechte Lage bekommen, wenn der Wind gleichförmig gehen soll.　Der Hauptkanal, der die Schnauzen trägt, liegt so, daß die Oeffnungen der Schlünde (Schnauzen, golfers) den Bälgeboden oder dem entgegen gesezzten Theil der Orgel zugekehrt sind, wobei er 3 Zoll hoch vom Pflaster abgerükt wird, weil er auf der Erde Schaden leidet.　Wenigstens liegt eine Schnauze von der andern 1 Zoll weit ab, und vorne und hinten machen sie mit dem Kanal eine einzige Linie aus.　Unter den Enden des Bodenblattes der Bälge leget man einen starken Tragebalken, und die Bälge an ihren Platz.　Man erhöhet diesen Balken mehr oder weniger zum Abhange, nach dem als es die Probe über die gleiche Stärke des Windes erfordert. Zu dem Ende probirt man einen Balg, sezzt den Windmesser auf den Windkanal, beschwert den Balg, öffnet denselben ganz, und siehet am Windmesser, ob der Wind egal ist, d. i. ob er gleiche Stärke hat, wenn er ganz aufgehoben ist, und eben die Stärke besizzt, wenn er abläuft und wieder zugeht.　Bläst er aufgehoben stärker, so vermindert man den Hang, indem man den Balken erhöht; bläst er schwächer, so macht man den Hang grösser, indem man den Balken niedriger legt. Bisweilen muß man, wo der Plaß gar zu enge ist, die Bälge über einander legen; da das Bälgengerüste denn vollkommen feste seyn muß, um nicht erschüttert zu werden.

Das Bälgengewichte muß schwerer seyn, wenn die Bälge von der Orgel weit weg liegen, und an sich groß sind. Man kann etwa 80 Pfunde auf Bälge von 8 Fuß, 70 Pfunde auf sechsfüssige Bälge legen, nachdem es die Umstände erfordern. Beladet man die Bälge zusehr, so nüßt man das Gebläse ab, und die Klaviere werden hart; beschweret man sie zuwenig, so spricht die Orgel nur träge an, sonderlich in den Schnarrstimmen. Daher seße man den Windmesser auf den Kanal einer andern guten Orgel, um zu sehen, wie hoch die Flüssigkeit steigt; hierauf legt man auf die neuen Bälge so viel Gewicht, daß der Windmesser eben so hoch steigt, indem man jeden Balg besonders blasen läßt, damit der eine nicht stärker als der andre blase.

Die grosse Lade und übrigen Laden zu stellen, muß man bedacht seyn, sie vollkommen wagerecht und so feste zu legen, damit sie nicht die mindeste Bewegung annehmen mögen. Von dieser festen Lage hängt alles, Klavier, Abstraktenwerk u. s. w. ab. Dazu gehört ein dauerhaft Gestelle von starken Querstükken, 3 Zoll diff, 8 Zoll breit. An die verschiednen Abtheilungen der grossen Lade bringt man die Köpfe der Kanäle an. Da auf grossen Laden grosse und schwere Posaunen u. s. w. stehen, so legt man starke Bohlen mit der Dikke unter die tragenden Rahmenflügel. Kurz: man suchet jeden Theil der grossen Lade wohl zu unterstüßen. Ein Streifen Leder wird um jede Fuge oder Schluß der Kanalstükke und des Windkastens geleimt, damit kein Wind durchstechen möge, weil es hernach verdrießlich seyn würde, wenn alles in seinem Lager liegt. Man reibet die Lade vom Staube rein, schmiert alle Register oben und unten ein wenig mit Seife, reibt sie mit einem Wollenlappen, schiebt sie an ihren Ort, giebt ihnen einen kleinen Spielraum durch Verminderung der Breite, probiret ihre Aufschlißung, das Gelenke zweier correspondirenden Register, die Sperrzapfen, seßt die Pfeifenstökke auf, leimt vorher über alle blinde Register von oben und längst aus einen Pergamentstreifen, damit die Last der Pfeifen nicht den Pfeifenstokk auf die falschen Register herab drükke, man nagelt die Pfeifenstökke flüchtig auf.

Gemeiniglich legt man die zwo Pedalladen gleich hoch, oder mit der Höhe der grossen Lade gleich; geht dieses wegen des Orgelgehäuses nicht an, so seßt man die Bässe der Stimmen, oder die größten Pfeifen hinten in die Orgel, und die kleinsten Pfeifen gegen die Orgelfronte, da sich denn die Diskante besser hören lassen.

Gemeiniglich legt man den sachten Tremulanten mit seinem Kasten senkrecht unter das Loch des Windkastens der grossen Lade auf den ersten Kanal; da man aber, nach der Regel, den Wind der Lade auf dem kürzsten Wege zuführen muß, so ist es besser, diesen Tremulantenkasten hinten in dem Orgelgehäuse anzubringen,

und

und den Kanal gerade aus dem Kasten in die Lade zu leiten. Um den Wind zum Echo zu führen, muß man eine Art von Kasten machen. Man giebt gemeinig= lich dem Echo nicht mehr als drei Oktaven für das einzige Cornet, nämlich vom zweiten C an, und ohne alle Pfeifenversezzung, damit man keine Abstrakten machen dürfe. Die Echolade ist ohne Register und Pfeifenstöcke; nur ist das Fundament= brett dikker als gewöhnlich, nämlich 6 bis 7 Linien. Man bohret Löcher in daſſelbe, und stekkt unmittelbar in diese Löcher die Pfeifen. Die Echolade ist wie die Po= sitivlade, nämlich so beschaffen, daß der Windkasten darüber liegt. Die Lade ist 2 Fuß, 10 Zoll, 7 Lin. lang; die fertigen Cancellenstangen 26 Lin. breit; die Klap= pen 4 Zoll lang, 12 Lin. hoch; die innere Tiefe des Windkastens 6 Zoll, 7 Lin. sein Aeuſſeres 7 Zoll, 7 Lin. die innere Höhe des Windkastens 3 Zoll, 6 Lin. die Breite der Lade, hinten vom Windkasten an zu rechnen, bis an das hintere Ende, 9 Zoll, 6 Lin. gesammte Breite der Lade, den Windkasten mitgerechnet, 17 Zoll, 1 Lin. Dikke des fertigen Fundamentbretts 7 Lin.

Cancellenstangen und Zwischenräume des Echo auf ein einziges Cornet zu drei Oktaven.

	8	25 5	8	38 4	6
12 5	12	26 5	8	39 4	6
13 5	12	27 5	8	40 4	6
14 5	12	28 5	8	41 4	6
15 5	12	29 5	8	42 4	6
16 5	11	30 5	7	43 4	5
17 5	11	31 4	7	44 4	5
18 5	10	32 4	7	45 4	5
19 5	10	33 4	7	46 4	5
20 5	10	34 4	7	47 4	5
21 5	9	35 4	7	48 4	5
22 5	9	36 4	6	49 4	5
23 5	9	37 4	6	50 4	5
24 5	9				18

In Absicht auf die Größe, welche sich für die fünf Reihen Pfeifen schikkt, so das ganze Echo ausmachen, richtet man sich nicht nach den Löchern des ordinären Cornets, denn diese würden etwas zugroß seyn; sondern nach den Löchern andrer ähnlichen Stimmen der groſſen Lade, d. i. man bohret für den Echobourdon, wie vom kleinen Bourdon der groſſen Lade gesagt worden; für den Echopreſtant, wie
für

für den Preſtant der groſſen Lade; für den Echonaſard, wie für den kleinen Naſard der groſſen Lade; und dies gilt auch von der Quarte und Terz: denn die Echoſtim̃men ſind wie die Stimmen der groſſen Lade, oder die enger zugeſchnittnen Pfeifen des Poſitivs. Den Wind giebt man dieſer Echolade vermittelſt einer Klappe, ſo in dem beſondern Echoklappenkaſten liegt. Anfangs wird der Kanal 2½ Zoll im Gevierten inwendig gebaut. Man nim̃t den Wind vom Hauptkanale, der nahe an der Echolade läuft. Auf dieſen Kanal des Echo bauet man einen Kaſten, als ob man daſelbſt einen ſachten Tremulanten anbringen wollte. Der Kaſten iſt ſo groß, daß man darin einen Rahmen legen kan, leſſen Inneres ſo groß als der Kanal iſt. Das Holz dieſes Rahmens iſt 6 bis 7 Lin. breit. Man giebt ihm ſehr wenig Abhang, und legt ihn ſo, daß wenn ſeine Klappe niedergeworfen iſt, der Wind ſie noch feſter zudrükft. Zur Regierung dieſer Klappe dienet ein Eiſen, wie eine Sichel. Der Kaſten ſteht nahe bei der Echolade. Um das Echo zu ſpielen, ziehet man einen Zug, der die Klappe aufhebt und den Wind in den Windkaſten der Echolade läßt. Will man das Echo verſchlieſſen, ſo läßt man die Klappe fallen, indem man den Zug zurükke ſtößt. Will man in ein Echo mehr als eine Stimme legen, ſo ge hören dazu Regiſter und Pfeifenſtökke wie an einer Poſitivlade. Alle Kanäle haben ihre Nut, und man beledert alle ihre Fugen mit Hülfe der heiſſen Leinwand u. ſ. w.

Den ſtarken Tremulanten legt man über den zweeten Kanal, an den be quemſten Ort. Man hat ſo viel Tremulanten von beiderlei Arten nöthig, als es Windabtheilungen unterhalb den Bälgen giebt.

Die Klaviere liegen in einem Rahmen, der aus drei Hölzern von 15 bis 18 Quadratlinien beſteht. Zu den Abſtrakten in groſſen Orgeln bedienet man ſich bloß der Winkelhaken und der hölzernen Abſtraktenſtreifen; in kleinen gebraucht man da zu Meſſingsdrat. Das Holz wird nach der Faſerlänge dazu geſpalten, und ſolche hölzerne Abſtrakten ſind leicht, nehmen weniger Platz ein, ſind feſter, und koſten bei weitem ſo viel nicht, als die Wellenabſtraktur. Man kan durch ſie die Klavier regierung weit weg verlegen. Indeſſen ſchikft ſich doch die Wellenregierung für kleine Orgeln recht gut, ob ſie gleich mehr koſtet. Die Conducten zu den Prin cipalpfeifen ſind zinnerne Cilinderröhren, die den genannten Pfeifen den Wind zu führen. Dieſe Conducten müſſen ſich nach der Gröſſe der Pfeifen richten; ſo ſind ſie für die 4 erſten Pfeifen im 32füſſigen Werke, 14 Lin. im Durchmeſſer; für die erſten Pfeifen von 24 Fuß, 12 Lin. im Durchmeſſer; für die erſten von 16 Fuß, 10 Linien; zu 12 Fuß, 9 Lin. zu 8 Fuß, 8 Lin. zu 6 Fuß, 7 Lin. zu 4 Fuß, 6 Lin. zu 3 Fuß, 5 Lin. zu 2 Fuß, 4 Lin. zu den erſten Pfeifen von 1 Fuß, 3½ Lin. im Durchmeſſer. Dieſe Röhren werden rundirt auf Cilinderpatronen, ge weißt, gelöthet, gewaſchen, dikf genug gemacht, wenn ſie im Biegen nicht zer brechen ſollen. Fig. b. Tab. VII. zeiget zwei Conducte von allerlei Biegung (porte-

vent).

vent). Die langen Conducte werden von Distanz zu Distanz durch ein Stück Holz, oder einen Nagel unterstüzzt; bei der Legung der ersten Conducte sorge man zum voraus vor den Plazz der folgenden. Kein Conduct muß irgend ein Loch der Pfeifenstökke bedekken, wo eine Pfeife auf ihren Wind hinkommen soll. Ein Conduct wird an seine Stelle dergestalt befestigt, daß man gehechelten Flachs, den man als eine Schreibfeder dikk zusammen nimmt, ein Ende davon in Tischerleim tunkt, und damit das Ende des Conducts umwikkelt, und den Flachs umlegt und leimt, doch daß nichts davon in den Conduct hinein kommen möge, damit sein Loch völlig offen bleibe. Eben das geschicht auch am andern Ende des Conducts, bis man das lezzte Ende in das Loch der Lade anbringt. So leitet man den Wind den Principalpfeifen und dem Cornet zu. Gleich nach dem Einleimen verschiebet man die Register oft, wenn ja ein Tropfen Leim durchgefallen wäre. Nach dem Principale kömmt die Reihe an die verlegte Holzpfeifen, die nicht auf ihrem Winde, ihrer Grösse oder Gleichstimmigkeit wegen, stehen können. Um die Verwirrung der Conducte zu vermeiden, bedient man sich der geschnittnen Rinnen an einem Brette, das mehr oder weniger dikk, nach der Grösse der Pfeifen ist. Das Ende dieses Conductenbrettes ist mit einem Brette benagelt und beleimt, so die Löcher für die Conducte trägt, welche aus der Lade kommen. Von diesen Löcheranfängen gehen schräge und parallel am Brette die Conductenrinnen in die Höhe, und endlich perpendikulär in die obere Brettdikke. Die Rinnen werden mit Pergament überklebt. Man kann die Rinnen senkrecht oder horizontal führen, wie es der Plazz verlangt.

Um ausgeschnittne Conductenrinnen zu machen, bestimme man erst die Pfeifen, die man von ihrem Winde weiter hin an einen fremden Ort verweisen will. Sind diese Holzpfeifen, so lege man sie auf einem Tische so nahe beisammen, daß sich alle einander berühren, den Mund oben, und die Füsse egal. Man halte gegen diese Pfeifenfüsse die Dikke des Brettes, woraus man das Conductenbrett machen will, und ziehe davon einen Strich rings um den Fuß; man macht daselbst Löcher und meisselt die Rinnen aus. Je mehr man solche Conductenbretter macht, desto leichter wird die Orgel, und die Arbeit dauerhaft. Einige lassen alle Principale damit versehen, wie man an den alten Orgeln sieht, um einen Wald von Conducten zu ersparen.

Hölzerne Pfeifen befestigt man im Stehen durch ein hölzernes Knie, so man hinten, oder wo man will, an die Pfeife leimt und an einer Querstange feste nagelt.

Das Intoniren. Der Prestant macht den Anfang dazu, als die Grundstimme der Intonation, weil man den Ton aller Pfeifen durch den Schnitt heraus bringen muß, und hiezu eine Grundstimme zur Basis nöthig ist. Man fängt damit an, daß man die Mundpfeifen anzublasen versucht. Will eine angeblasene Pfeife gar nicht tönen, so rührt solches daher, daß die Windwelle, die aus der Spalte kommt,

kommt, gar zu auswärts, oder gar zu einwärts streicht, folglich die Oberlefze nicht berühret. Also rükkt man die Oberlefze ein wenig aufwärts. Fängt alsdenn die Pfeife den Ton zu geben an, so findet man, ob der Wind zusehr nach auſſen, oder nach innen gestrichen. Läßt sich das Oberlabium weder so weit nach auſſen, noch nach innen bringen, so sezzt man den Kern höher oder tiefer. Sezzt man ihn tiefer, so leitet man den Wind nach inwendig; und erhöht man den Kern, so leitet man ihn nach auſſen. Dieses muß man nach und nach und mit Verstand bewerkstelligen. Man sorge, daß die Lichtspalte egal bleibe, sowohl nach der Höhe, als nach der Breite. Sezzt man den Kern zutief, so oktavirt die Pfeife; alsdenn rükkt man ihn ein wenig höher, oder man drükkt die Oberlefze ein wenig herab. Giebt sie träge an, so liegt die Oberlefze zutief nach inwendig, und man ziehet sie um ein sehr weniges hervor.

Ist die Lichtspalte zuenge, oder wie man sagt, zufein, so kann die Pfeife keine Harmonie annehmen, und der Ton bleibt immer trokken und mager. Erweitert man sie zusehr, so schnarret die Pfeife und spricht nicht rein an; folglich muß man ein rechtes Mittel treffen, man verengert oder erweitert die Spalte, bis der Ton Körper bekommt. Eine enge Spalte, wenn sie nur nicht gar zu enge ist, giebt einen nettern Ton, aber keine so markige Harmonie, als wenn sie etwas breiter ist. Hat die Pfeife nicht Ton genug, ohne zu oktaviren, ob die Oberlefze gleich recht liegt, und selbige weder zusehr einwärts, noch zusehr auswendig stehet; so rührt es daher, daß der Mund nicht groß genug ausgeschnitten (ausgekehlt) ist. Hier muß man vorsichtig schneiden, ohne die Pfeife zu verderben. Macht man den gehörigen Aufschnitt, wenn die Pfeife zulang ist, so spricht sie an, sie bekommt Harmonie; wird sie aber hernach verkürzt auf den Ton, so findet man den Aufschnitt zugroß, und sie taugt weiter nichts, sie schreit grob und unangenehm; alsdenn ist kein ander Mittel, als ein Stükkchen an die Oberlefse zu löthen, oder man muß, wenn die Pfeife noch lang genug ist, ein Stükk vom Kopfe wegschneiden, d. i. man säget sie über dem Kerne ab und sezzt sie wieder auf. Um zu wissen, ob eine Pfeife zusehr ausgekehlt ist, so blase man sie leise an; giebt sie einen ganz andern Ton, als sie bei vollem Winde geben soll, so weis man, daß der Aufschnitt zugroß ist. Alles bisherige gilt von den Principal- und andern Pfeifen. Ist eine Pfeife nicht in ihrem Loche feste gestellt, oder berührt sie eine andre Pfeife, so bebt der Ton (er frisiret).

Um den Prestant in seinen rechten Ton zu sezzen, so muß man beim Intoniren den Aufschnitt nicht zugroß machen, sondern denselben ein wenig niedrig halten, indem man beim Stimmen den rechten Aufschnitt giebt.

Die Fehler einer Pfeife sind: sie kann zuträge angeben; alsdenn berührt der Wind die Oberlefze nicht genug, oder es ist das Licht zufein. Sie oktavirt, wenn die Oberlefze zuniedrig, oder wenn sie zusehr auswärts ist, oder wenn die Pfeife zu-

viel

viel Wind hat. Sie schnarrt, wenn sie zuviel Wind hat, oder zusehr ausgekehlt, oder es zuwenig ist. Sie zittert, wenn sie nicht feste steht, oder wenn die Oberlefze zuauswärts ist, oder wenn die Pfeife nicht Materie genug hat. Der Ton ist schwach, wenn sie nicht Wind genug hat, oder die Kernspalte zufein ist; sie rauscht, wenn die Kernspalte nicht von einem Ende zum andern egal ist, oder wenn selbige zubreit ist. Sie variirt, wenn sie zuviel Ton hat, oder wenn der Aufschnitt nicht recht regulär, oder die Pfeife zudünne, oder die Pfeifendikke irregulär ist. Eine Pfeife kann keinen von diesen Fehlern besitzen, und dennoch einen trokknen, magern Ton, ohne Grundton und Harmonie haben; alsdenn müßte man alle obige Hülfsmittel versuchen, dabei ich aber voraus sezze, daß man in ihrem Bau keinen groben Fehler begangen, daß sie recht aufgesezzt, recht aufgeschnitten ist, keine Löcher oder Rizzen hat, daß die Pfeife nicht zudünne, und die Löthung feste ist. Kurz, der Ton muß weder schreiend, hart, unharmonisch, noch schwach und trokken seyn.

Gedakkte Pfeifen sind fast allen obigen Fehlern unterworfen, besonders aber zu schnarren (pioller), zu quintiren und zu nasardiren. Drei Fehler, die nicht allezeit leicht zu heben sind. Sie begehen diese drei Fehler, wenn sie zuviel Wind haben, oder wenn der Aufschnitt zuklein oder zugroß ist. Man wende also die obigen Recepte an; doch müssen sie vollkommen gedakkt und ihre Materie recht gesund seyn. Offne oder gedakkte Holzpfeifen sind nicht so viel Mängeln ausgesezzt, wenn sie gehörig gemacht und gehörig ausgekehlt sind. Zu ihrem Intoniren dienen nur folgende Hülfsmittel. Man giebt oder nimmt ihnen Wind; man kehlt sie mehr oder weniger aus; man nimmt etwas Unterlefze weg, um die Kernspalte zu vergrössern, oder zu vermindern; man schärft den Kern besser, um die Windwelle mehr nach inwendig, oder nach auswendig zu lenken.

Blasen alle Pfeifen des Prestants so gut als möglich an, so sezzt man sie an ihren Ort, man richtet das Klavier nach der Stärke und Höhe, man untersucht die Klappen, und probirt den Prestant auf seinem Winde. Oktaviren Pfeifen noch, so drükkt man den Fuß enger, wenn der Wind zustark ist.

Die Tonleiter ist eine Progression der Mitteltöne eines Tons bis zur Oktave. Man hat davon zwo Arten, die diatonische und chromatische, denn die dritte, oder enharmonische, findet bei der Orgel nicht Statt. Die diatonische heißt c, d, e, f, g, a, h, c, oder bei den Solmisirern, ut, re, mi, fa, sol, la, si, ut. Diese betragen 5 Töne und 2 Halbtöne. Die chromatische Tonleiter besteht aus 12 Halbtönen, nämlich c, cis, d, dis, e, f, fis, g, gis, a, b, h, c, oder nach der Solmisirung, die z. E. noch in Italien, Frankreich u. s. w. üblich ist: ut, ut x, re, mi b, mi, fa, fa x, fol, fol x, la, si b, si, ut. Es ist nicht möglich, eine Oktave just in 12 Halbtöne einzutheilen; denn wenn alles richtig gestimmt wird, so übersteigt man eine Oktave merklich und so, daß das Ohr darunter leidet. Man kann

eine

eine Oktave nicht von einem Halbtone zum andern stimmen. Man erdachte, durch die Quinten zu stimmen, welches sehr sinnliche Intervallen sind. Da eine chromatische Oktave 12 Halbtöne hat, so enthält sie auch 12 Terzen, 12 Quarten, 12 Quinten u. f. w. Wenn man die Oktave nicht in 12 akkurate Halbtöne theilen kann, so folget nothwendig, daß die 12 Terzen, die 12 Quarten, die 12 Quinten u. f. w. nicht richtig seyn können. Man muß sie also etwas kleiner machen, oder diese Intervallen etwas schwächen, um eine richtige Oktave zu bekommen. Diese Aenderung heißt Temperatur, oder in der Sprache der Orgelbauer, die Partition. Welches ist nun der Punkt dieser Abnahme oder Temperatur, und thut man besser, die Quinten gleichmäßig, oder ungleich zu temperiren; und auf welche Quinten soll diese Ungleichheit fallen? Die Meßkünstler und Harmonisten haben darüber geschrieben, gerechnet und gestritten. Sie haben sich viele Temperaturssisteme errechnet. Vor allen haben sich zwei Sisteme an die Spizze der übrigen gestellt. Das eine heißt das alte Sistem, welches die Quinten ungleich temperirt; das neue schwächt die Quinten weniger, aber alle gleichmäßig. Denen Harmonisten, die nur Natur, Gefühl und Ohr zu Rathe ziehen, gefiel diese neue Partition nicht, sie schien ihnen zuhart und nicht so harmonisch, als die alte. In der That werden darin die Quinten nur um ein Zwölftheil Komma und alle gleichmäßig geschwächt; aber es sind auch alle grosse Terzen übertrieben, und das fällt dem Ohr zur Last. Nach der alten Partition schwächet man etwa 11 Quinten um ein Viertheil Komma. Diese Alteration ist schon empfindlicher, als ein Zwölftheil Komma, welches man thut, um 8 grosse Terzen zu retten, oder akkurat zu machen; und da man nicht, wenn diese Quinten um ein Viertheil Komma alterirt werden, eine richtige Oktave bekommen würde, so rechnet man alles, was daran fehlt, auf eine einzige Quinte, die man Preis giebt und übertreibt; sie liegt auf einem nicht sehr gebräuchlichen Tone. Die Orgelbauer nennen diese Quinte Wolfquinte. Indessen hat man doch, so ehrwürdig die Gedanken der Gelehrten waren, ob sie gleich der Theorie nach weniger Unvollkommenheiten übrig liessen, die neue Partition verlassen, weil die Harmonisten einwenden, die Quinten können eine Alteration, oder eine Minderung von einem Viertheil Komma und darüber vertragen, ohne ihre Harmonie zu verlieren. In diesem Verstande ist ihre Partition nicht schlechter, als die neue, in der alle übertriebne Terzen nothwendig das Ohr beleidigen. Der Komponist ziehet aus den unvermeidlichen Fehlern dieser Partition seinen Vortheil, um den Charakter seiner Stükke in aller Stärke auszudrükken; und er findet diese Hülfsquellen bei der neuen Partition nicht, da in ihr alle Töne gleich groß sind, und alle gleichförmig die Sache ausdrükken. Bei alle dem ist die neue älter als die alte, weil sie schon der Vater Mersenna im 2ten Theile seiner Universalharmonie 1637 zu machen lehrt, und man hat sie bloß zu unsern Zeiten wieder erneuret. Wir bleiben hier bei der alten.

Einige

Einige Orgelbauer fangen ihre Partition an mit C, andre mit F; beides kömmt auf eins hinaus. Zum Grundtone der Orgel gehört ein beſtändiges Maaß, und davon hat man den Kapellenton und den Opernton, der aber noch nicht allgemein authoriſirt worden, weil er um ein Viertel Ton nach dem Bezirke der Singſtimme höher oder tiefer geſetzt wird. Der Kapellenton iſt hingegen in Frankreich feſtgeſezzt, er ſchickt ſich für die Stimme am beſten und zu allen Inſtrumenten; und folglich muß man die Pfeife nach dem Kapellentone (in Deutſchland nach dem Chortone) ſchneiden.

Auf der Tab. VII. Fig. G. ſieht man die fünf gewöhnlichen Notenlinien, auf deren unterſte vorne der franzöſiſche, und daneben der deutſche C Schlüſſel vorgeſtellt iſt. Die ſchwarzen Noten deuten eine Pfeife an, nach der man eine andre ſtimmt, die weiß iſt, und darunter oder darüber ſteht. Alle Noten, die auf derjenigen Linie ſtehen, worauf ſich der Schlüſſel ſol ut befindet, ſtellen die Mitte des Klaviers vor. Man fängt demnach an, das vierte C des Preſtant auf ſeinen rechten Ton zu ſezzen, und zwar nach dem vierten C an dem Stempel der Stimmpfeife, wobei man dieſes vierte C etwas tiefer als die Stimmpfeife hält, indem man vielleicht etwas von der Pfeife oben wegſchneidet, und zugleich für die Harmonie und einen lauten und akkuraten Ton ſorgt. Endlich ſtimmt man ſeine untere Oktave, die juſt die Mitte des Klaviers einnimmt, wie man an der erſten weiſſen Note ſieht.

Um zu wiſſen, ob zwo Pfeifen gleichſtimmig oder nicht ſind, ſie mögen in Uniſono, oder nach der Terz, Oktave, Quinte u. ſ. w. geſtimmt worden ſeyn, ſo muß man genau hören, ob man eine Schwebung oder Schwankung in ihrem Tone bemerken kann; ſo lange dieſe Schwankung dauret, iſt die Stimmung nicht richtig, und ſie muß erſt ganz aufhören; ob dieſes gleich bei groſſen Pfeifen noch nicht hinlänglich iſt. Dieſe Schwebung kann nicht eher gehört werden, als bis die Pfeife nahe an ihrem Akkorde iſt.

Sind die beiden erſten C richtig geſtimmt, ſo ſucht man durch das untere C ſeine Oberquinte G, welche hier im Kupfer weiß iſt. Schwebt oder tremulirt dieſe Quinte nicht mehr, ſo vertieft man das G ein wenig, ſo daß ſie in einer Sekunde etwa 4 oder 5 Puiſirungen macht (die Sekunde ohngefähr nach dem Pulsſchlage gerechnet). Zu dieſer Abſicht ſchneidet man etwas von der Länge der Pfeife ab, und intonirt ſie zugleich gut; welches bei allen Pfeifen während dem Tongeben zu beobachten iſt. Man ſchneide lieber etliche male immer ein Haar breit, als mit einmal zuviel weg. Hat man die Quinte, ſo ſuche man darnach die folgende Quinte, ſol re, welche etwas ſchwächer als die erſte Quinte geſtimmt wird; ſie muß in der Sekunde bis 6 Pulſirungen machen, und ſie iſt eine von den dreien, welche etwas ſchwächer als die acht andern gehalten werden. Nun ſuchet man die Quinte re la. Da man ſich aber nicht von der Mitte des Preſtant entfernen muß, ſo für

das

das Ohr am stimmbarsten ist; so stimme man die Unteroktave von diesem c, r, so bekommt man die Quinte re la, die man auf einerlei Punkt, wie ut sol bringt. Nun folgt die Quinte la mi auf eben den Ton, als ut sol.

Um zu wissen, ob man die vier bereits gestimmten Quinten richtig temperirt, so confrontire man dieses lezzte schon gestimmte mi mit dem nächsten anfangs ge= stimmten ut oder C; so muß dies mi eine akkurate grosse Terz ohne Pulsirung mit dem C oder ut machen: pulsiret es, so ist es zuhoch, oder zuniedrig. Dieses zu erfahren, nähert man den Finger dem Oberende der Pfeife, welche C ist, ohne es zu berühren; sogleich wird sein Ton etwas tiefer, und wenn das Schweben nach= läßt, d. i. langsamer wird, so ist es ein sicheres Zeichen, daß das mi ein wenig tief ist. Wenn bei der Annäherung des Fingers oben an der Pfeife das Pulsiren schneller wird, so ist das mi zuhoch. Im ersten oder niedrigen Falle hat man die vier Quinten zuschwach gemacht, und man muß sie also nochmals vornehmen und höher stimmen, damit sie etwas langsamer klopfen. Ausserdem vergleichet man noch das mi, davon die Frage ist, mit dem ersten und allernächsten ut oder C, um zu sehen, ob diese Terz richtig ist. Im zweeten Falle schwächet man die vier Quin= ten ein wenig mehr, und vergleichet mi und ut mit einander. Wenn die Terz rich= tig und ohne Pulsirung angiebt, die drei Quinten gleichmäßig temperirt sind, und die Quinte sol re um ein weniges mehr geschwächet worden, als die drei andern, so hat man das Schwerste in der Partition oder Temperatur überstanden u. s. w.

Das Stimmen wird mit den einfachen oder gedoppelten Stimmhörnern ver= richtet, die man senkrecht oben in die Pfeifen stekkt und daselbst drehet, ohne sie auf eine Seite überzudrükken. Mit dem spizzen Ende reibet man gelinde den Pfeifen= rand weiter, dadurch wird der Ton höher. Mit dem hohlen Hornende, so man auf die Pfeife oben aufsezzt, verengert man die Pfeife oben, und dadurch wird der Ton tiefer. Allein, es ist die Wirkung der Stimmhörner nur klein. Soll also ein Ton merklich gröber werden, so muß man die Pfeife aus ihrem Pfeifenbrette neh= men, und in der Hand das Horn aufdrükken; soll der Ton merklich höher werden, so muß man mit dem Messer etwas weniges von der Pfeife ringelweise abschneiden; an dessen statt sie einige oben aufrizzen. Man kneipe sie niemals mit dem Finger zu, um den Ton tiefer zu machen. Muß man eine Pfeife sehr verengern, so ist es besser, einen netten Ansazz aufzusezzen. Das Kennzeichen guter Orgelbauer ist, wenn ihre Pfeifen recht gestimmt und richtig geschnitten sind.

Eine Pfeife, die nicht gut anspricht, kann nie recht gestimmt werden. Vor= her kann man z. E. eine zulange Pfeife durch das Verkürzen zum Ton und Angeben bringen; verkürzt man sie aber im Stimmen, um sie auf ihren Ton zu bringen, so wird sie übel angeben, weil sie zusehr ausgefehlt ist. Folglich beobachte man, daß man nur nach dem Maaße die Oberlefze beschneiden darf, als man sie im Stimmen

T   zum

zum rechten Ton bringt, oder man verkürzt sie in Betracht daß die Höhe ihres Mundes einen nothwendigen Zusammenhang mit der Pfeifenhöhe hat. Folglich hält man den Mund etwas niedrig, und bringt ihn nicht eher auf den rechten Punkt, als bis die Pfeife fast ganz und gar schon in ihrem rechten Tone steht. Für Orgel= stimmer, die keine grosse Erfahrung haben, ist es vortheilhaft, den Prestant etwas niedrig zu halten, indem man intonirt und stimmt, bis er recht anbläst und egalisirt ist; alsdenn sezzt man ihn in seinen rechten Ton und lezzten Akkord. Alle Pfeifen sind im Behandeln höher, und im Erkalten gröber; folglich kann nur der Prestant und jede andre Stimme ihren lezzten Akkord erhalten, wenn man die Pfeifen nicht mehr mit der Hand anrühren darf. Nach jedem Behandeln lasse man also erst die Pfeife in ihrem Loche wieder kalt werden, ehe man stimmt; eben so alterirt das Drükken mit dem Stimmhorn die Pfeife, und erwärmt sie vermittelst der Hand und des Reibens.

Wenn der Prestant recht gestimmt ist, so intonirt man die Principalpfeifen, von der ersten Pfeife 8 Fuß an. Will sie auf dem Pfeifenbrette nicht angeben, so steht der Kern etwas zuhoch, und der Wind geht also zusehr auswärts und berührt die Oberlefze nicht; daher sezzt man den Kern etwas niedriger, indem man ein Tischerinstrument, bedane genannt, auf ein Ende des Kernrandes aufsezzt, und einen Schlag mit dem Hammer, ganz nahe am Munde, auf den bedane thut, und so auch das andre Ende schlägt, so lange bis die Pfeife anbläst. Oktavirt sie, so hat sie zuviel Wind; alsdenn vertieft man den Schlüssel der Plinthe ein wenig. Wird dadurch der Ton zuschwach, so ist die Oberlefze zutief. Man messe mit dem Zirkel, ob sie um den fünften Theil der Mundlänge die Elevation der Unterlefze hat. Hat sie diese, so schneide man nur in der äussersten Noth etwas davon ab. Die Oberlefze braucht nicht so hoch zu seyn, wenn die Pfeife einen grossen Zuschnitt hat, um ihren rechten Ton zu bekommen. Alle Pfeifen müssen gleiche Stärke, aber auch gleich viel Harmonie bekommen. Eben dieses nimmt man auch mit der Stimme 16 Fuß nach dem 8 Fuße vor, indem man sie nach 8 Fuß und dem Prestant stimmt. Dieses gilt auch vom 32 Fuß, von den Pedalflöten im Principale. Die übrigen Orgelstimmen intonirt und stimmt man mit dem Munde; die vorigen auf der Lade; die offnen und gedakkten Holzpfeifen auf ihrem Winde. Zulezzt giebt man den Mundpfeifen ebenfalls auf der Lade die Vollkommenheit.

Die Schnarrstimmen. Die bezungte Trompete wird auf ihrem Winde versucht. Soll eine Schnarrstimme gut angeben, so muß ihre Zunge weder zu= offen, noch zugeschlossen, sondern rundlich ausgebogen seyn. Ist sie zusehr geöffnet, so spricht die Pfeife träge an; ist sie zusehr geschlossen, so bläset sie zuschnell und un= harmonisch. Ist die Zunge und die Krümmung ungleich, so röchelt sie; sie muß von beiden Seiten des Mundstükks gleich weit abstehen. Man fängt mit der klein=

sten

sten Trompetenpfeife nach dem Prestant zu stimmen an; bläset sie später als dieser, so hält man das Ende der Zunge mit dem Finger, und streicht die Zunge mit dem Rükken einer Messerklinge gegen das Mundstuk, doch nicht zustark, sonst schließt sie sich zusehr; und man öffnet sie wieder ein wenig, d. i. man giebt ihr mehr Feder: kraft, indem man das Messer zwischen das Mundstük und die Zunge stekt, und die Klinge wendend etwas nach auffen führt. Wenn das Intoniren geschehen ist, erst denn kann man sie nach dem Tone schneiden. Schiebt man alsdenn die Krükke etwas herab (und diese muß den Keil berühren), so wird der Ton sanfter, bis er endlich gar verstummt, da er denn vorher eine Terz u. s. w. höher steigt. Man schiebt also die Krükke wieder in die Höhe, und senkt sie nochmals auf ihren hellen und harmonischen Ton, der da klingt, als ob sich ein Gedakft zugleich mit der Schnarrstimme hören liesse. Man schneidet im Stimmen nur sehr wenig ab, denn die Pfeifenlänge trägt zur Harmonie viel bei. Der mit dem Prestant einstimmige Ton ist richtig, wenn man die Hand aufhält, als ob man sie zustopfen wollte, und die Pfeife zu dubliren anfängt; nach weggenommner Hand aber den alten Ton be: hält. Heisre Zungen streichet man mit einem Messer auf einem glatten Holz gerade, und bauchig, indem man die Mitte mehr drükt. Je kürzer man die Pfeife schnei: det, je lauter wird der Ton; aber er klingt auch weniger zärtlich. Am besten ist, man lasse die Pfeife so lang, als es bei ihrem Tone seyn kann, schiebe die Krükke ein wenig in die Höhe, so daß der Ton etwas tiefer wird. Wächset ihr Laut mit einer schönern Harmonie (da man immer das Gedakfte mit hört) und wird er männ: licher, so kann man die Pfeife ein wenig verkürzen, und denn in ihren Ton bringen. Dazu gehört eine Kenntniß der Harmonie, die nicht jedermanns Sache ist. Hat man zuviel weggeschnitten, so ziehe man nicht die Mundstükke aus der Nuß hervor (wie die schlechten Orgelbauer machen), sondern man flikke viel lieber ein Stük an die Pfeife an. Um eine Kegelpfeife schön zu flikken, stekke man sie auf eine gedränge Holzpatrone, mache eine Patrone von Papier, das man um die Form gegen das Pfeifenende wikkelt, und schneide darnach ein Stük gleich dikke Zinnplatte, so genau schliesset und dem Kegelstükke gleich ist, weisse alles und löthe es mit dem Wende: lothe feste. Einige tröpfeln einen Wachstropfen auf das Ende der Zunge bei grossen Pfeifen, damit sie desto hurtiger angeben mögen.

Bei den Posaunen machen nur die tiefen und Contrabässe (ravalement) einen Unterscheid. Man fange mit dem Diskante oder den drei Oktaven an; man nehme das dritte C 8 Fuß, das untere B und die folgenden bis F 12 Fuß vor. Bis dahin sezt es wenig Schwierigkeit; diese fängt sich aber mit E an. Man hilft sich dabei mit dem Dubliren. Ich seze, man arbeite nach dem C sol ut von 16 Fuß; man läßt den Ton langsam höher steigen, wobei man genau Acht giebt, bis der Ton dublirt; nun läßt man ihn wieder herab steigen, bis er seinen natürlichen Ton er:

T 2

reicht. Spricht die Pfeife gut an, so wird das Dubliren viel merklicher; man muß aber dieses so auffallende Dubliren nur bei einer mittelmäßigen Trompetenpfeife ab= warten. Ist die Pfeife auf ihren natürlichen Ton herab gesezzt, so confrontirt man sie mit ihrer Oktave, ob man noch weit davon entfernt ist; und um dieses zu wissen, so erhöht oder vertieft man den Ton seiner Oktave ein wenig, alsdenn wird man sehen, ob die Pfeife zutief oder zuhoch ist. Noch fällt dieses nicht leicht; denn ein C sol ut von 16 Fuß Posaune läßt merklich die Terz mit hören, und man könnte leicht die Terz für ut halten; daher gehören einige Minuten Zeit dazu, um den wah= ren Ton dieser Pfeife zu erkennen, vornämlich an den Contratönen des Basses, z. E. am F ut fa von 24 Fuß, und noch mehr Schwierigkeiten sezzt es, wenn man bis C sol ut 32 Fuß herab steigt. Bei diesen Pfeifen lege man die Arbeit einige Zeit über weg. Eine lange Erfahrung allein kann hier entscheiden. Hat man ihren rechten Ton, so versuche man, sie harmonisch zu machen, indem man sie ein wenig tiefer stellt, um zu wissen, ob man sie verkürzen müsse, oder nicht; siehe die obige Anmerkung.

Das Clairon ist man gewohnt im Diskante eine Oktave höher zu intoniren, als es die Länge seiner Pfeifen mit sich bringt, um dem Tone mehr Körper zu geben. Bei dieser Manier, da die Pfeifen eine Oktave höher klingen, als es ihr Zuschnitt mit sich bringt, fällt dennoch ein zweites Dubliren vor, wie bei den andern Pfeifen der Tompeten und Posaunen, wenn man sie um eine Oktave höher nach dem ersten Dubliren treibt. Dieses zweite Dubliren des Clairons dienet ebenfalls, die Har= monie zu suchen. Einige lassen das ganze Clairon mit dem Prestant in Unisono in die Höhe steigen; es ist aber dieses mühsam. Lieber lasse man es mit der Tronipete gleichstimmig werden.

Der Cromorne wird fast wie die Trompete behandelt; diese Stimme ist aber in Absicht ihrer Pfeifenlänge viel delikater, und im Basse schwer zu behandeln. Die Zungenkrümmung muß etwas tiefer als die Trompeten gehalten werden; denn der Cromorne verlangt keinen so lermenden, als vielmehr markigen, zärtlichen Ton und eine fertige Ansprache. Die Hautbois muß etwas stark bezunget werden, oder nach andren Methoden vielmehr eine schwächere Zunge bekommen, die einige ein wenig ausgleichen.

Die Menschenstimme ist von allen andern Schnarrstimmen darin unterschie= den, daß man sich bei ihr um keine Harmonie bekümmert, da alle Pfeifen kurz sind. Man sorge nur, daß die Pfeifen wohl angeben und gleiche Zungen bekommen. Gemeiniglich spielt man diese Stimme zugleich mit dem schwachen Tremulanten, und daher probire man jede Pfeife mit diesem, bis sie keine Grimassen mehr macht und hurtig angiebt, da sie denn, wenn der Tremulant gut ist, ziemlich den Menschen= ton ausdrükkt; ausserdem aber wenig Dienste thut. Wenn viele Schnarrstimmen

zugleich

zugleich gespielt werden, so müssen nicht die Trompeten eher als die Clairons u. s. w. sondern alle zugleich anblasen.

Das Orgelstimmen.

Wenn alle Mundpfeifen gut angeben und einstimmen, so nimmt man die lezte Stimmung vor, indem man mit dem Positive anfängt. Man stimmt anfänglich den Prestant, und sezt dessen erste Pfeife genau in den Kapellenton, stimmt die Stimme 8 Fuß nach dem Prestant, fängt mit dem Diskante Klavis vor Klavis an, endigt mit den Bässen, die man allezeit nach der Höhe im Stimmen halten muß. Endlich stimmt man 16 Fuß nach 8 Fuß und Prestant zugleich; endlich den kleinen Bourdon bloß nach dem Prestant; die zwote und dritte Oktave des Masards bloß nach dem Prestant, die erste und vierte Oktave dieser Stimme nach Oktaven. Bei feinen Pfeifen ist es schwer, daher halte man den Finger oben gegen die Pfeife, oder ihre Oktave, nach der man stimmt, um ihren rechten Ton zu hören; wächst das Klopfen durch den Finger, so ist die Pfeife zutief; nimmt das Klopfen ab, so ist die Pfeife zuhoch. Hält man Finger oder Stimmhorn an die Probepfeife, nach der man die andre stimmt, und das Klopfen nimmt ab, so ist die kleine Pfeife zutief; nimmt es zu, so ist sie zuhoch. Bei grossen Pfeifen bringt man die Hand an das Mundloch; nimmt das Klopfen ab, so ist die Pfeife zuhoch; wächst es, so ist sie zutief.

Um die Terz zu stimmen, so stimme man erst die Dublette nach dem Prestant; ist diese gestimmt, so stimme man nach der grossen Terz der Dublette die zwote Oktave der Terz, da der Prestant offen ist. Man hüte sich, die kleine Terz oder Quarte statt der grossen Terz zu nehmen, wie sich Anfänger bisweilen darin versehen; zu dem Ende stosse man das Terz und Prestantregister zu, und schlage die grosse Terz auf der Dublette an, um den Ton ins Ohr zu fassen, und man schneidet die Terz vor dem Klaviere auf ihren rechten Ton. Man stimmt die zwote Oktave, und alles übrige nach Oktaven, indessen daß Dublette und Prestant zu sind. Endlich wird der Larigot nach dem Masard Taste vor Taste gestimmt. Die 7 oder 8 lezten Pfeifen sind die schwersten Pfeifen in der Orgel zu stimmen, weil sie sehr fein sind; man nehme sich daher Zeit dazu.

Nach diesem werden alle besonders gestimmte Pfeifen zusammen gestimmt, wobei der Prestant immer offen ist, man hält das erste C angeschlagen, öfnet 8 Fuß, den kleinen Bourdon, 16 Fuß, den Masard, die Dublette, Quarte, Terz, und endlich das Larigot. Nun öfnet man den Prestant allein, drükt die folgende Taste, und öffnet eine Stimme nach der andern. Zulezt öfnet man alle Register und untersucht alle Oktaven zugleich. Nun wird das Cornet bloß nach dem Prestant gestimmt, nachdem erst das Cornet intonirt worden, wobei man ein Stükchen Papier in die Cornetpfeifen stekt, den Bourdon, den Prestant, Masard und Quarte des Cornet erst zu intoniren. Bei allen versezten Pfeifen läßt man jederzeit zwischen

zween

zween Taſten eine aus, und zuletzt nimmt man die weggelaſſne vor die Hand, um nicht beſtändig von einem Ende der Orgel zum andern zu laufen. Mixtur und Cimbale öffnet man zugleich, legt ein Stück Blei auf das zweite C, verſtopft, wie vorher, alle Pfeifen auf einerlei Taſte mit einem ſeidnen Stöpſel. Zuletzt ſtimmt man ſie nach 8 Fuß, 16 Fuß, Preſtant und Dublette. Jeden Tag unterſucht man nochmals den Preſtant, als die Grundſtimme aller übrigen. Nach dem Poſitive folgt die groſſe Orgel, ſie fängt mit dem Preſtant an, und es folgt 8 Fuß, 16 Fuß offen nach 8 Fuß und Preſtant zuſammen; der Bourdon 16 Fuß nach 8 Fuß und dem Preſtant; 32 Fuß nach 16 Fuß offen und 8 Fuß; der kleine Naſard nach der Quinte des Preſtant; der groſſe Naſard nach der Unteroktave des kleinen Naſards, ohne Preſtant; die Dublette nach der Preſtantoktave; die kleine Terz nach der Dublettenterz; die groſſe Terz nach der Unteroktave, ohne Preſtant; die Quarte nach dem Preſtant; erſt jede Stimme einzeln, und denn alle zuſammen; die Trompeten nach dem Preſtant; das Clairon ebenfalls; die Poſaune nach der Trompete; das Pedal nach den vielſtimmigen Mixturen u. ſ. w.

Die Orgelreparatur. Alle Orgeln verlangen nach dem Verlaufe von einigen Jahren Ausbeſſerungen, ſonderlich wenn man unterläßt, ſie gehörig zu unterhalten. Volkreiche Kirchen, die oft beſucht werden, leiden von dem Staube und Athem mehr als andre. Anfangs beſuchet man das Gebläſe, ob der Wind an einem Orte durchgeht; iſt die Ritze anſehnlich, ſo reißt man die alte Belederung ab, und leimt friſches Leder auf, nämlich gedoppelt oder dreifach, z. E. an den Ekken der Falten. Muß man inwendig Leder aufleimen, ſo nimmt man den Klappenrahmen weg, um inwendig in den Balg zu kommen; bisweilen iſt es nothwendig, den ganzen Balg friſch zu beledern, indem man das Leder mit einem Meſſer abſchneidet, die Späne losmacht, die Blattgelenke zerſchneidet, alle Späne in Waſſer einweicht, bis ſich Leder und Pergament leicht abziehen läßt, ohne zu zerreiſſen. Auf die beiden Blätter, oder vielmehr das Pergament derſelben, wird naſſe doppelte Leinwand gelegt, um nach und nach das Pergament abzunehmen, man beſchabet das Oberblatt und die Späne, wäſcht das Pergament vom Leime rein, trokknet die Späne über einander, daß ſie ſich nicht werfen, leimt das Pergament wieder auf die Blätter und Späne, bohret die Gelenklöcher wieder auf mit dem Trauchbohrer, ziehet neue Strikke ein, und ob man gleich inwendig am Pergament der Bälge keine Fehler bemerkt, ſo muß man ihn dennoch von neuem aufleimen, weil die Holzfaſern von jeder feuchten Witterung aufſchwellen, breiter werden, ſich wieder hernach verengern, und alſo das Pergament ſpannen und deſſen Schweißlöcher verzerren. Die Erfahrung lehrt, daß die Bälge im Winter nicht ſo geſchwinde, als im Sommer gehen, weil die Winternäſſe das Holz dikker und breiter macht, der Wind alſo nicht quer durchkommen kann, und die Bälge alſo langſam gehen, da er in heiſſem und

trokknem

trokfnem Sommer queer durch eine grosse Menge Schweißlöcher bringt, und ver=
ursacht, daß die Bälge geschwinder gehen. Daher müssen auch die Windkanäle
von neuem mit Pergament geleimt werden, indem man ein Brett derselben los=
macht, nasse Leinwand auflegt, und so weiter verfährt.

Alle Pfeifen werden heraus genommen und neben einander gelegt, ohne die=
selben, z. E. die Mixturen, zu verwirren, wobei man jede Taste voll Pfeifen zu=
sammen bindet, in ein Pakk bringt, die Principale heraus nimmt, beulige Pfeifen
auf die Patrone stekft, gerade klopft, mit Leinwand und nassem spanisch Weiß, und
endlich trokken und wieder blank reibt; oder am Mundloche auffägt, verbessert,
löthet; alte warzige oder rostige Pfeifen lasse man lieber stehen, weil sie im Poliren
Löcher bekommen, und so können sie noch, wie sie sind, ein Jahrhundert stehen
bleiben, wenn sie ihren Ton haben; man reinige nur den Mund mit einer rauhen
Feder, oder Seidenlappen; man bringe die Lederflokken aus dem Fusse, ságe die
beuligen Füsse ab, werfe zerfressne Pfeifen weg und mache lieber neue; köpfe die
zusehr ausgekehlten Pfeifen, und rükfe sie nach dieser Verkürzung um eine Taste
weiter. Von den Schnarrstimmen nimmt man den Grünspan weg, befestigt sie in
ihren Nüssen, sezzet sie gerade, verbessert den Keil, puzzet die Krükfe rein, streicht
die schiefen Zungen gerade, verbessert das Schadhafte, löthet kleine Löcher zu u. s. w.

In der Lade kann der Wind durchstechen, und an den Registern und Pfeifen=
stökfen durchstreichen, die Sperrzapfen können zerbrochen, das Registerleder zer=
rissen, eine Klappe entleimt, die Pulpete zerrissen, die Weidenruthe zerbrochen, der
Leitdrat der Klappen verbogen u. s. w. seyn. In allen diesen Fällen reisset man die
Windkanäle los, nimmt die Pfeifenstökfe, Register, die Lade ab, und bessert sie
in der Werkstäte aus.

Sticht der Wind durch, oder geht er zugleich in eine Nebenpfeife mit heulen
über, so ist der schlechte Bau der Lade gemeiniglich Schuld daran. Kommt es
daher, daß sich eine Rizze zwischen dem Fundamentbrette und den Cancellenstangen,
oder zwischen den Enden der Cancellenstangen und dem Rahmen eingefunden, so
ist kein nachdrükfliches Mittel dawider, und man muß eine neue Lade machen.
Zeigen sich nur ein paar Durchstiche, so ist nicht immer ein fehlerhafter Bau daran
Schuld; man streiche also Leim in die Oeffnung, und klebe einen Lederstreif sehr
vorsichtig auf, und zwar auch an der andern Seite. Ist eine Cancellenstange ge=
borsten, so darf man nur in die Spalte Leim einstreichen und Leder überkleben.
Schleicht sich der Wind unter den Pfeifenstökfen durch, so hobelt man sie gerade,
welches auch von den Registern gilt, deren Brüche man mit Leim und Flikfholz
heilt. Eine entleimte Klappe wird heraus genommen, so wie eine Pulpete, die
man durch eine neue ersezzt, indem man das hohle neue Holz in die alte Stelle ein
leimt. Man sehe nach, ob die Fläche der Cancellenstangen, so sich im Windkasten
be=

befindet, recht flach und mit dem Rahmen in gerader Linie liegt, ob das Fundament gerade geblieben, und wenn es auf die Lade durchgereguet, so bringe man sie nach Hause und gehe alles Eingeweide genau durch. Bei losen Thürspünden leime man zwischen Holz und dem alten Leder neues Leder ein. Das Hand= und Fußklavier reinige man vom Staube, untersuche alle Federn, Leitern, Tasten. Man gehe die Abstraktur durch, die Anhängsel der Register, ob die Drehspindeln versichert, die Eisen gesund, die Zapfen stark genug, die Züge u. s. w. ganz sind. Man sehe alle grosse Kanäle, Bälge und Windkasten nach, ob der Wind durchgeht; einige stekken dazu ein kleines Licht an, so sie an alle Fugen halten, denn man muß damit genau verfahren. Die Pfeifen werden gerade gestellt; wenn sie an ihrem Orte wakkeln, so klebt man ein Leder über das Loch, und wenn es trokken ist, so spaltet man es mit einem Messerschnitte über das Kreuz und sezzt die Pfeife ein. Zulezzt spielt man die Stimmen durch und sucht ihnen Harmonie zu geben, indem man sie durchstimmt. Gemeiniglich ist die Reparatur bei Orgeln, die man in Acht genom= men, nicht so ansehnlich: man puzzt nur die Principale, nimmt alle Pfeifen aus, reinigt sie, wischt den Staub auf den Läden ab, und macht alles windfeste.

Heut zu Tage verlangt man in den Orgeln öfters Augmentationsstimmen, und so gar bei neuen Orgeln; man will etwa eine Schnarrstimme, und dieses geht leicht an, wenn auf der Lade irgend eine altmodische steht; indem man nur, nach Bewandniß, die alten Löcher auf der Lade mit dem Trauchbohrer weiter aufbohrt, wenn nur keine Späne einfallen, folglich geht der Balg so lange; und man legt ein Stükk Blei auf die Taste dieses Loches, oder man brennt das Loch während des Blasens.

Kann man eine solche alte Stimme nicht ausmärzen, so muß man der Lade einen Plazz mehr zur neuen Stimme verschaffen. Hierzu hat man zweierlei Wege. Der einfachste ist, wenn man horizontal auf dem Hinterflügel des Cancellenrahmens und so bohrt, daß sie in die Enden eines jeden Cancellenausschnitts gehen. Man macht eine Stange so lang als die Lade, und so hoch und tief als die Cancellen= ausschnitte, so dikk als das Fundamentbrett der Lade. An dieser Stange oder An= sazzcancelle macht man so viel Löcher, die just gerade denen gegen über liegen, so man in den Rahmen gemacht, als ob beide Stükke zugleich gebohrt wären; doch müssen die Stangenlöcher nicht queer durchgehen. Man giebt dieser Stange eine hinlängliche Breite, um auf selbiger oben zwei falsche Register und ein Zwischen= register zu befestigen. Man nagelt einen Pfeifenstokk auf diese zwei falschen Register, und durchbohrt alles tief genug, d. i. bis an die bereits fertigen Löcher. Man wen= det dabei so viel Fleiß an, als eine neue Lade erfordert, leimt ein Stükk Leder an den schon durchbohrten Rahmen über alle Löcher, und sezzt die neue Stimme auf und in die aufgeschlizzten Leder. Es ist leicht, darüber eine falsche Lade zu bauen,

und

und das neue Register, wie die andern, in Bewegung zu sezzen. Wenn hier die Löcher, oder die Cancellen, zunahe an einander kommen, so stehet man in Gefahr, den Rahmen zu spalten.

Die andre Art ist zwar mühsamer, aber auf alle Fälle sicher, eine Augmentation vorzunehmen. Man lege unter der Lade, ganz nahe am Rahmen hinten, ein Brett 4 bis 5 Zoll breit, 6 bis 7 Lin. dikk, und so lang als die Lade; man befestige es auf den Cancellenstangen mit Leim und Zwekken mit so vieler Sorgfalt, als ob man das Fundamentbrett einer Lade auf die Cancellenstangen leimen müßte. Sind die Zwekken zurükke getrieben und der Leim trokken, so richtet man das Brett mit dem Hobel so genau, als ein Fundamentbrett, bringt zwei falsche Register und ein Register an, und nagelt, wie gewöhnlich, einen Pfeifenstoff auf. Alles wird bis in die Cancellenausschnitte gebohrt. Man befestigt eine dikke Stange gegen den Rükken der Lade, mit den Pfeifenstökken wagerecht. Diese Stange wird von oben mit so viel Löchern durchbohrt, als die andern Pfeifenstökke der Lade haben, so daß sie alle queer durch gehen. Man leimt bleierne Conducte, die mit einem Ende in den Pfeifenstoff unter der Lade, und mit dem andern Ende unter die Stange eingefugt werden. Vermehrt man die Lade mit zwo Stimmen, so legt man zwei Register unter die Lade, zwo Reihen Conducten, und man macht Reihen Löcher in die Stange, welche breit genug seyn muß, um zwo Stimmen zu tragen. Man bauet eine schikkliche falsche Lade, und läßt die Register leicht spielen. Auf solche Art wird der neue Stimmenzusazz dauerhaft.

Soll man das Klavier um zwei oder drei Tasten vergrössern, und zwar durch alle Stimmen der Lade für den Diskant, so macht man sich ein Stangengitter und einen Rahmen, als ob man eine Windlade bauen wollte. Dieses Gitter hat nur zwei oder drei Cancellenausschnitte, die eben so tief und eben so lang als an der Lade sind, welche vergrössert werden soll. Man leimt und nagelt, wie gewöhnlich, auf dieses Gitter ein Fundamentbrett, dessen Holzfaden eben die Richtung und Dikke als das an der Lade haben. Man macht eben so geräumige und gleich grosse falsche Register, als die an der Lade sind, und auch vollkommen so grosse Register und Pfeifenstökke; man bohret die gehörigen Löcher auf der Lade, wie sie folgen sollen, und es werden diese kleine Register lang genug und mit denen in der Lade gleichförmig gemacht, um sie an die Register der Lade anzuhängen.

Ist oben alles an dieser Verlängerung fertig, so macht man einen Windkasten darunter, welchen man mit Klappen, Federn, Pulpeten u. s. w. versieht, wobei man an dem einen, oder beiden Enden, den Umständen gemäß, eine grosse Oeffnung anbringt. Man stelle diesen Ansazz nahe an das Ende der Lade dergestalt, daß alle Löcher des einen und des andern genau auf einander treffen; hängt sie zusammen und sezzt oben eine falsche Lade. Solchergestalt lassen sich alle Laden der Orgel durch

u Ans

Ansätze verlängern. Soll ein Pedal um sieben Tasten vergrössert werden, so vermehrt man, weil die Pedallade gemeiniglich in zwei Theile getheilt ist, den einen Theil mit vier, und den andern mit drei Tasten.

Die Unterhaltung der Orgel. Da eine Orgel ein Werk von ansehnlichem Werthe ist, so muß man auf ihre Erhaltung bedacht seyn; und es kann eine wohl gemachte Orgel, wenn man sie in Acht nimmt, zwei Jahrhunderte dauren. Marmorne Palläste verlangen dieses, und das Leder, Zinn, Holz und Leim der Orgeln ist dem Wasser, Feuer, den Mäusen, dem Staube, und schon der nassen Witterung unterworfen. Folglich muß man in Zeiten einzelnen Stükken nachhelfen, ehe die Kosten ansehnlich aufschwellen. Das beste Mittel dazu ist, wenn man sie einem tüchtigen Orgelbauer verdingt, anstatt daß sie von den Organisten durch das Versuchen verschlimmert werden. Dazu muß man aber nicht bloß das Stimmen, das Intoniren einiger stummen Pfeifen, das Winddurchstechen und Heulen, das Tastenstokken u. s. w. sondern vornämlich das Bälgenwerk, die Kanäle rechnen, und dem Winde nirgends Schleichwege verstatten.

Don Bedos schätzet die einzelnen Stükke der Orgel folgendergestalt nach französischem Anschlage.

Eine grosse Lade von 30 Registern, in zwei Theile abgetheilt, und wie gewöhnlich in vier Absonderungen getheilt, und bestimmt zu 32 Fuß Posaune u. s. w. mit den Abstraкten, Drehspindeln, Klavieren, falschen Lade u. s. w. kann (nach dem Preise der Materialien und der Lebensmittel) kosten 3800 Livres.

Eine grosse Lade von 20 Registern zu einem 16 füssigen Werke, nebst Posaune, und allen Regierungen, falschen Lade, Abstrakten, Klavier u. s. w. 3000 Livres.

Eine grosse doppelte Abstraktur, nebst Wellen, Abstraktenruthen u. s. w. 350 Liv.

Alle nothwendige Regierung, um die Register der gedachten Lade von 20 Registern in Bewegung zu setzen, 600 Livres.

Eine grosse Lade zu gewöhnlichem 8 Fuß, nebst der Regierung, Abstraktur, Klavier ꝛc. 2400 Livres.

Eine einfache Abstraktur, nebst Ruthen, 220 Livres.

Alle Registerregierung dieser Lade 400 Livres.

Ein Handklavier, einfach, knöchern, 80 Livres.

Vier oder fünf dergleichen kosten jedes 100 Livres.

Von Ebenholz etwas weniger.

Ein Pedalklavier von 3 Oktaven 72 Livr.

Jeder Balg 10 Fuß lang, 5 à 6 Fuß breit, 550 Liv.

Der Balg, 8 Fuß lang, 4 Fuß breit, 400 Liv.

Von 6 Fuß, 300 Liv. alles nebst den Eisen u. s. w.

Einen Balg von 10 Fuß neu zu beledern, 250 Liv.

Einen von 6 Fuß zu beledern und auszubeſſern, 180 Livres.

Eine Garnitur Bleiconducten fürs Principal und alle Pfeifen des 32 F. 1000 Liv.

Dergleichen zu 16 Fuß, 700 Liv. zu einem gemeinen Poſitive, 150 Liv.

Die Pfeifen des Principals von 32 Fuß und intonirt, 12000 Liv.

Die Pfeifen des Principals 16 Fuß, 5000 Liv.

Das Principal 8 Fuß, 2000 Liv.

Principal 4 Fuß, 400 Liv. jede Taſtenreihe 3 Liv.

32 Fuß offen, von Holz, vom erſten C, das Pedal zu 29 Pfeifen, 1000 Liv.

Bourdon 16 Fuß, der Baß Holz, 450 Liv.

Pedalflöte 8 Fuß, Holz, von 29 Pfeifen, 360 Liv.

Pedalflöte 4 Fuß, 29 Pfeifen, Probezinn, 90 Liv.

Bourdon 8 Fuß, oder 4 Fuß gedakft, der Baß von Holz, 200 Liv.

Ganze Preſtant, der Körper Zinn, 120 Liv.

Großnaſard, 100 Liv.

Naſard, 50 Liv.

Dublette, Körper von Zinn, 50 Liv.

Quarte, Terz, Larigot, jedes 45 Liv.

Jede Reihe vielfacher Stimmen, Fuß Zinn, z. E. Mixtur, 50 Liv.

Poſaune, Zinn, 1500 Liv.

Gemeine Trompete, 330 Liv.

Clairon, 160 Liv.

Cromorne, 240 Liv.

Gewöhnliche Menſchenſtimme, 180 Liv.

Trompetenpedal mit Contratoſten und von 3 Oktaven, 700 Liv.

für doppelt F allein 1280 Liv.

für doppelt Fis 1060 Liv.

für Contra G 860 Liv.

für Contra H 300 Liv.

Zu ſtimmen ein Werk von 16 Fuß nebſt ſeinem Poſitive, 400 Liv.

— — — 8 Fuß, 300 Liv.

— — klein 8 Fuß, 200 Liv.

Orgelgehäuse koſten von 300 bis über 60000 Liv.

Hier folgen, auſſer den oben gedachten Stimmen, einige, welche man in verſchiednen Orgeln angebracht findet: Viol de Gambe (Violoncell), Quintaden (Quinte a ton), Flageolet, Schallmei, Queerflöte, Flute douce, Piffaro, Hohlflöte, Sollicional, Unda maris, Sesquialtera, Rohrflöte, Glokkenspiel von Glokkenmetall 2 Fuß, Subbaß oder Tiefflöte, Fagot oder eine Art von Cromorne, Nachtigall, Gemſenhorn, Superoktave, Nachthorn, Spizzflöte, Tertian zweifach,

U 2

Fugara,

Fugara, Waldflöte, Vogelgeſang, deſſen umgekehrte Pfeifen im Waſſer ſtehen, Sifflöte, Blokflöte, Sedecime, Probezinn 8 Fuß, Dulcian 16 Fuß, Echo zum Cornet fünffach, Flute traverſiere, Stillgedakft, Violon, Violonbaß; die Nebenregiſter ſind die Tremulantenzüge, Schwebung zur Menſchenſtimme, Pedal- und Manualkoppelung, die Sperrventile, Calcantenglokke.

Die Garniſonorgel in Berlin hat 51 Stimmen und 64 Regiſter. Inmitteln und Hauptmanuale befindet ſich:

Principal 8 Fuß, engl. Zinn, 48 Pfeifen.
Bourdon 16 Fuß, engl. Zinn. 48 Pfeif.
Cornet von eingeſtrichen C bis dreigeſtr. C,
   wei te Menſur, fünffach), 288 Pfeifen.
Fagot 16 Fuß, 48 Pfeif.
Viol di Gamba 8 F. 48 Pfeif.
Rohrflöte 8 F. 48 Pfeif.
Flute traverſiere 4 F. 48 Pfeif.
Spizzflöte 4 F. 48 Pfeif.
Oktave 2 Fuß, 48 Pfeif.
Mixtur 1 Fuß, vierfach, 192 Pfeif.
      Summe 1085 Pfeifen.

Im Oberklaviere:

Principal 4 Fuß, engl. Zinn, 48 Pfeif.
Gedakft 8 F. 48 Pfeif.
Naſard 3 F. 48 Pfeif.
Flageolet 2 F. 48 Pfeif.
Quinte 1½ F. 48 Pfeif.
Vox humana 8 F. 48 Pfeif.
Quint a ton 8 F. 48 Pfeif.
Rohrflöte 4 F. 48 Pfeif.
Oktave 2 F. 48 Pfeif.
Terz 1⅗ Fuß, 48 Pfeif.
Cimbel vierfach, 192 Pfeif.
      Summe 672 Pfeifen.

Im Unterklavier:

Principal 8 Fuß, engl. Zinn, 48 Pfeif.
Gedakft 8 F. 48 Pfeif.

Oktave 4 F. 48 Pfeif.
Quinte 3 F. 48 Pfeif.
Waldflöte 2 F. 48 Pfeif.
Scharf fünffach) 1½ F. 240 Pfeif.
Trompete 8 F. 48 Pfeif.
Quintaton 16 F. 48 Pfeif.
Salicinal 8 F. 48 Pfeif.
Fugara 4 F. 48 Pfeif.
Oktave 2 F. 48 Pfeif.
Sifflöte 1 Fuß, 48 Pfeif.
Cimbel dreifach, 1 Fuß, 144 Pfeif.
Trompetendiskant 8 F. 24 Pfeif.
      Summe 936 Pfeifen.

Im Pedale:

Principal 16 Fuß, engl. Zinn, 26 Pfeif.
Violon, Holz, 16 F. 26 Pfeif.
Oktave 8 F. 26 Pfeif.
Quinte 6 F. 26 Pfeif.
Nachthorn 4 F. 26 Pfeif.
Mixtur achtfach, 2 Fuß, 280 Pfeif.
Clairon oder Trompete 4 F. 26 Pfeif.
Poſaune 32 F. Holz, 26 Pfeif.
Poſaune 16 F. 26 Pfeif.
Gemſenhorn 8 F. 26 Pfeif.
Oktave 4 F. 26 Pfeif.
Quinte 3 F. 26 Pfeif.
Trompete 8 F. 26 Pfeif.
     Totalſumme 3213 Pfeifen.

Dazu gehören vier Ventile, ein Tremulant und eine Calcantenglokke. Die drei Manualklaviere können zuſammen gekoppelt werden. Jeder der ſieben Bälge iſt 11 Fuß lang, 5½ Fuß breit. Vier bedienen die Manuale, und drei das Pedal. Jene treiben 36 Grade, dieſe aber 40 Grade Wind. Ihre Strebefedern vertreten die Stelle der Gegengewichte. Zu den Verzierungen dieſes Werks gehören zwo Sonnen, denen zween Adler entgegen fliegen; zween Engel, die ſich etwas in die
Höhe

Hohe schwingen, und durch den dazu gemachten Zug ihre Trompete an den Mund ansezzen. Zween andre Züge lassen diese Engel wieder herab und sezzen die Trompete ab. Die Pauken werden von den Engeln wie natürlich geschlagen. Diese Orgel wurde 1725 von Joachim Wagner erbaut.

Ich werde, als ein Modell zu allerlei Bauanschlägen, den Bauanschlag von einem gewöhnlichen Werke von 16 Fuß zu einer ansehnlichen Orgel hersezzen, nachdem ich erinnert, daß sich die drei Künstler, der Baumeister, der Orgelbauer und der Organist, über die Disposition der Orgel vorher verstehen müssen; und da gemeiniglich der Orgelbauer auch den Bau und die Verzierungen des Orgelgehäuses auf sich nimmt, so hat bloß der Organiste in der Wahl der Stimmen eine Stimme. Es ist zwischen den Herren N. N. Kirchenvorstehern der Kirche N. einer Seits, und dem Herrn N. Orgelbauer der Stadt N. anderer Seits, folgende Verabredung geschlossen und untersiegelt worden. Es verspricht jezt gedachter Orgelbauer den ganzen Inhalt des folgenden Bauanschlages von Punkt zu Punkt und buchstäblich zu erfüllen, ein so genanntes Werk von 16 Fuß zu liefern, und es im vollkommenem Stande auf das Chor gedachter Kirche zu sezzen.

Das Orgelgehäuse. 1. Er bauet ein grosses Orgelgehäuse, 28 Fuß lang, 32 Fuß hoch, die Verzierungen auf den grossen Thürmen nicht mitgerechnet. Dieses Orgelgehäuse bekommt fünf Thürme und vier Flachthürme. Die zween grössten Thürme kommen an die beiden Enden, die zween mittlern folgen, und der kleinste nimmt die Mitte ein. Man giebt 6 Fuß Tiefe ausser dem Werke; alles nach dem übergebnen Risse.

Die zween grossen Spiegel unten am Gehäuse bekommen eingefugte Rahmen, sind dikke genug, damit an ihnen, nach den gezeichneten Bildhauerstükken, noch ein Zoll Dikke übrig bleibe. Alle andre Rahmen, so die Spiegel an den Seiten umgeben, werden dünne bestossen. Alle Tischlerarbeit soll nett, wohl verbunden, nicht geflikft oder genagelt werden. Die vier Hauptflügel des Untersazzes bekommen 5 Zoll, und 6 Zoll im Gevierten; alle andre Flügel des Baues sind 4 Zoll diff. Alle vordre Queerstükke, wie auch die von hinten und den Seiten des Baues, sind wenigstens 2 Zoll diff. Die Flügel der grossen Thürme sind 4½ Zoll diff; und an den andern Thürmen 4 Zoll. Keine Spiegel müssen unter einen Zoll Dikke eingetäfelt werden.

2. Wird ein anderes, nämlich Positivgehäuse von drei Thürmen und zwei Platfaces gebaut. Der größte steht in der Mitte, die zwei kleinen an den Enden. Gedachtes Gehäuse ist 12 Fuß breit, ausserhalb dem Werke, und inwendig 3 Fuß tief: alle übrige Maaße sind der übergebnen Zeichnung gemäß.

3. Gedachte beide Orgelgehäuse bekommen das beste Eichenholz, so troffen, ohne Aeste u. s. w. ist, und alle Thüren gute, bequeme, zierliche Eisenbeschläge und

U 3

Bänder,

Bänder, so daß sie alle von einem Schlüssel geschlossen werden, in Angeln gehen, alles nach der Zeichnung und Dauer.

Der Orgelbauer. Er verfertigt vier grosse Bälge, 9 Fuß lang, $4\frac{1}{2}$ Fuß breit, mit zwo vorspringenden Falten, oder höchstens mit drei; ganz von trokknem, unschadhaftem Eichenholze. Das Ober- und Unterblatt ist 2 Zoll dikk. Sie sind mit neuem wohlgeleimtem Pergamente genau gefuttert, inwendig ganz mit starkem Leime ausgegossen, so wohl an den Blättern als Falten; jeder bekommt zwo Schnau-zen. Die Seiten sind, wie alles am Gebläse, doppelt und mit tüchtigem Leder beledert. Das Holz zum Trittwerke ist von Eichen, stark, ohne Erschütterung. Alle hölzerne Windkanäle sind von gutem Eichenholze, eingefugt, inwendig mit Pergament wohl beledert. Jedes der Klaviere bekommt 51 Tasten, und gehen oben bis D. Die Tasten sind mit weissen Knochen, und die kurzen Tasten mit schwarzem Ebenholze belegt. Der Klavierrahmen vom besten Nußholz, und die Spiegel vom schönsten holländischen Eichenholze. Im ersten Klaviere sind alle Tasten beweglich, und spielt das Positiv; es läßt sich vor- und rükwärts schieben. Das zweite ist feste; alle Tasten sind beweglich, und spielt die Stimmen der grossen Orgel; es ist mit dem ersten Klaviere durch Kniee gekoppelt. Das dritte Klavier ist feste, hat nur 34 bewegliche Tasten, fängt von F an, und endigt sich oben bei D. Die Baßtasten dienen nur zum Zierrathe. Dieses Klavier bedient die Stimmen des Recit. Das vierte Klavier ist feste, hat 39 bewegliche Tasten, vom zweiten C an, und wie die andern bis oben D; spielt das Echo; die Baßtasten sind nur blind. Alle Tastenleiter, Schrauben u. s. w. dieser vier Klaviere sind von gehärtetem Mes-singsdrate. Das Pedalklavier hat 36 Tritte von Eichen- oder Nußholz; fängt un-ten von Contra F an, und endigt sich bei mi über dem C Schlüssel; alle Federn, Leiter u. s. w. von hartem Messing.

Die grosse Windlade ist in vier Theile abgetheilt, vom besten holländischen Eichenholz; und groß genug, um folgende Stimmen dauerhaft zu tragen: 1. Ein groß Cornet von 27 Tasten, auf jede Taste 5 Pfeifen, fängt vom mittelsten Kla-vier C an, und geht bis D in die Höhe. 2. Eine Stimme 16 Fuß, von seinem neuem Zinne, zum Principale, oder im Gesichte; die Pfeifen sind zinnreich, polirt, jede von gehörigem Gewicht; die in den Thürmern haben aufgeworfne Lefzen, als Schilde; die grossen werden wohl befestigt, daß sie nicht wanken; die in den Flach-thürmen haben schlechtere Lefzen. Die Diskante dieser Stimme stehen inwendig auf ihrem Winde. 3. Eine Stimme, 8 Fuß offen, zum Theil im Gesichte, und beschaffen wie die vorige; der Diskant auf seinem Winde. 4. Ein Bourdon 16 Fuß, oder 8 Fuß Gedakft, dessen 27 erste Pfeifen des Basses sind von schönem holländischem Eichenholze, und der Rest der Stimme von feinem Zinne. 5. Ein Bourdon 8 Fuß, oder 4 Fuß Gedakft, dessen 15 erste Pfeifen von gutem holländischem

dischem Eichenholze, der Rest von feinem Zinne. 6. Ein Großnasard, offen, nach der Quinte des 8 Fuß, weite Mensur. 7. Zweites 8 Fuß, offen, dessen Baß im Gesichte stehet, der Rest auf dem Winde. 8. Ein Prestant. 9. Grosse Terz, offen, weite Mensur, nach der Terz des Prestants. 10. Eine Flöte, gleich; tönend mit dem Prestant; die zwo ersten Oktaven sind Rohrpfeifen, die andern bei; den Spindelpfeifen. 11. Ein Nasard, offen, nach der Prestantsquinte, weite Mensur. 12. Eine Dublette. 13. Terz, offen, weite Mensur, nach der Terz der Dublette. 14. Quarte, offen, weite Mensur. 15. Mixtur, fünffach, von feinem weichem Zinn und drei Wiederholungen; die größte Pfeife ist 2 Fuß. 16. Eine Cimbel, fünffach, von weichem Zinne, sieben Wiederholungen, die größte Pfeife 1 Fuß. 17. Trompete, von guter Mensur, klingt 8 Fuß Ton, metallreich, um wenigstens 85 Pfunde zu wiegen, ohne Büchsen, Nüsse und Füsse mitzurechnen. Diese drei Nebenstükke sind, wie alle Pfeifen, von feinem Zinne; Zungen, Krükken, Mundstükke von Messing. 18. Zwote Trompete, wie die vorhergehende. 19. Ein Clairon, proportionirlich, und wie die vorige Trompete, von Zinn 20. Eine Menschenstimme, mit Mundstükken, Zungen und Krükken von Messing.

Auf eben dieser grossen Lade behält man noch 34 besondre Ausschnitte mit drei Registern, um durch eine besondre Abstraktur folgende Recitstimmen auf dem Recit; klaviere zu spielen: nämlich 1. Ein Cornet fünffach, 34 Tasten, fängt an vom F Schlüssel und endigt sich oben in D. 2. Eine Trompete, von eben so viel Tasten, wie dieses Cornet; von gleicher Mensur, als die Trompete der grossen Orgel, aber zärter gehalten. 3. Ein Hautbois von eben so viel Tasten. Diese drei Stimmen sind fein Zinn, wie auch ihre Füsse, so an den Schnarrstimmen, wie die Nüsse, fein Zinn sind.

Eine grosse Abstraktur mit Wiederholungen, um den Anschlag der Tasten des zweiten Klaviers bis zu den Klappen der grossen Lade herüber zu tragen. Gedachte Abstraktur ist ganz von gutem holländischen Eichenholz, alle Zapfen von Messings; drat, und die Abstrakteneisen oder kleinen Arme von dikkem Eisendrat; die Ruthen mit gehärtetem Messingsdrat versehen, der so dik als hierzu schikflich ist, die Zap; fen von Messing. Eben so ist die Recitabstraktur beschaffen. Uebrigens werden diese zwo Abstrakturen mit Wellen von hinlänglicher Grösse gebaut, damit sich keine werfe und in der Bewegung krümme.

Wird eine Pedallade nach Proportion und so groß gebaut, um folgende Stim; men zu tragen, und wie es sich gebührt, und dem Pedalklaviere gemäß, zu spielen. Nämlich 1. eine Flöte offen 8 Fuß, weite Mensur, von schönem holländischem Eichenholze; der Diskant mit den Füssen von feinem Zinn. 2. Eine Flöte offen 4 Fuß, weite Mensur, ganz von feinem Zinn. 3. Zwote Flöte 8 Fuß, weiter

Schnitt,

Schnitt, feines Zinn. 4. Offner Nasard von weiter Mensur, nach der Quinte des 4 Fuſſes; ganz von feinem Zinne. 5. Nasardsquarte. 6. Die Terz, von weiter Mensur, nach der Terz der vorhergehenden Quarte, ganz von feinem Zinne. Diese ſechs Pedalſtimmen haben jede nur 29 Pfeifen, ſo vom erſten C unten an: fangen, und keine Contrataſten haben. 7. Die erſte Trompete, weiter Zuſchnitt, beſteht aus 36 Pfeifen, fängt unten von Contra F an, iſt nebſt Nüſſen, Büchſen, Füſſen von feinem Zinne; die Mundſtükken, Zungen und Krükken von Meſſing. Die größte Pfeife ſoll wiegen, ohne Büchſe, Nuß und Fuß, 24 bis 25 Pfunde; das erſte C 11 bis 12 Pfunde, und alle andre nach Proportion; alle 36 Pfeifen wiegen etwa 236 Pfunde, ohne Büchſen, Nüſſe und Füſſe. 8. Zwote Trom= pete, wie die vorhergehende. 9. Ein Clairon von weiter Mensur, gedachten Trompeten proportionirt, eben ſo beſchaffen, ſchwer 71 Pfunde, ohne Füſſe, Nüſſe und Büchſen.

Eine Lade, ſo groß als nöthig iſt, für folgende Poſitivſtimmen, ſo das erſte Kla: vier ſpielt, als 1. ein Cornet von 27 Taſten, fünffach vom C an, nebſt den Füſſen von feinem Zinne. 2. Achtfuß offen, von politrem Zinne, deſſen Bäſſe in die Fronte kommen, und die Thürme und Flachthürme des Poſitivgehäuſes anfüllen; die Labien in den runden Thürmen aufgeworfen; der Diskant nebſt dem Fuſſe von feinem Zinn. 3. Ein Preſtant, deſſen Bäſſe ins Geſicht kommen, und der Dis: kant auf ſeinen Wind; Körper und Fuß von Zinn. 4. Bourdon 8 Fuß, genau wie der in der groſſen Orgel. 5. Eine Flöte, einſtimmig mit dem Preſtant, wie die in der groſſen Orgel. 6. Nasard, nach der Quinte des Preſtant; der Baß als Rohrpfeifen, der Diskant als Spindelpfeifen, nebſt den Füſſen von feinem Zinn. 7. Ein Diskant 8 Fuß offen, von drei Oktaven, ganz von feinem Zinne, nebſt den Füſſen, von eben der Mensur, wie der Diskant des Principals; ſeine erſte Oktave iſt 2 Fuß gedakft, oder von Rohrpfeifen. 8. Eine Dublette, wie die in der groſſen Orgel. 9. Eine Terz, nach der Terz der Dublette, ganz von feinem Zinne. 10. Nasardsquarte, ganz von feinem Zinne. 11. Ein Lari: got, ganz von feinem Zinne. 12. Eine Mixtur vierfach, Körper und Füſſe ganz von feinem, ſehr weichem Zinne; die erſte Pfeife iſt etwa 16 Zoll. 13. Eine Cimbel, dreifach, vom beſten feinſten Zinne; die erſte Pfeife 6 Zoll. 14. Eine Trompete, ganz von feinem Zinne, nebſt eben ſolchen Nüſſen, Büchſen und Füſſen; die Mundſtükke, Zungen und Krükken von Meſſing; die Mensur etwas enger als an der groſſen Orgel, wiegt etwa 80 Pfunde, ohne Fuß, Büchſe und Nuß; etwas zärtlicher behandelt, als an der groſſen Orgel. 18. Ein Cromorne, ganz von feinem Zinne, nebſt Nüſſen und Füſſen; die Mundſtükke, Zungen und Krükken von Meſſing, wiegt gegen 40 Pfunde, ohne Nuß und Fuß. 16. Ein Clairon, gedachter Trompete proportionirt, eben ſo beſchaffen.

Es

Es wird eine Lade gebaut, groß genug zu folgenden Stimmen des Echo; nämlich 1. zu einem Cornet von 3 Oktaven, fängt an vom zweiten C, geht bis ins obere D, fünffach, nebst den Füßen von feinem Zinne. 2. Ein Cromorne von eben so viel Umfange, nebst Nuß und Fuß von feinem Zinne; die Schnarrstükke von Messing.

Bauet man zween Tremulanten, einen starken, einen sanften.

Zu allen Stükken der Regierung, Wellen, Drehspindeln, Zügen, Ruthen, Blindläden, Trägern u. s. w. so aus Holz gemacht werden, nimmt man gesundes, untadelhaftes Eichenholz, so stark genug ist. Alle Eisenstükke, die Drehspindeln, deren Arme u. s. w. werden von geschmeidigem Eisen gemacht, und zierlich und dauerhaft geschmiedet. Alles Zinn der Orgel soll geschmeidig, neu und unvermischt seyn. Man will es zum Principale, zu den Schnarrstimmen und zu den Füßen aller andern Stimmen bloß mit 1 Pfund Kupfer auf 100 Pfunde Zinn versezzen, damit die Arbeit dauerhaft und harmonisch bleiben möge. Alle Conducte, welche die Principalpfeifen mit Wind versehen, wie auch alle versezzte Pfeifen, sind vom feinsten geschmeidigen Zinn.

Dieses erbietet sich gedachter Herr N. Orgelbauer nach der Vorschrift und Kunst dauerhaft zu liefern, er nimmt es auf sich, die Pfeifen gut zu intoniren, und jeder Stimme ihren eignen Charakter und wahre, richtige, sanfte und prächtige Harmonie zu geben; sie metallreich, richtig mensurirt und aufgestellt zu liefern, sie genau zu stimmen, sowohl erst einzeln, als hernach zusammen; er wird den Diskanten eine gute Proportion gegen ihre Bässe mittheilen. Die Laden werden nach dem gehörigen Maaße, überall windfeste, ohne heulen und durchstechen gemacht. Die Bälge sollen gleichförmig blasen, die Register leicht gehen, und ihre Knöpfe und Aufschriften haben. Die Klaviere werden willig, und alles wird an der Orgel so angelegt, daß man leicht zu jedem Stükke kommen könne, und das ganze Werk muß in der Untersuchung, wozu die Contrahirenden eine tüchtige Person ernennen werden, alle vorgeschriebne Vollkommenheiten behaupten können. Der Anfang des Baues wird mit dem nächsten Märzmonate feste gesezzt, und das ganze Werk in zwei Jahren völlig zu Stande gebracht.

Dagegen versprechen die Kirchenvorsteher N. N. dem gedachten Orgelbauer an völliger Bezahlung eine Summe von dreißigtausend Livres in mehreren Terminen auszuzahlen, nämlich bei Unterzeichnung gegenwärtigen Anschlages 8000 Livres zu Anschaffung der Baumaterialien zu dieser Orgel; im nächsten März 4000 Livres; im nächsten September 4000 Liv. u. s. w. Nach gehaltener Musterung des ganzen Werk's 4000 Liv. Zweitausend Livres empfängt der Orgelbauer 1 Jahr nach geendigtem Baue, nachdem er sie nochmals durchgestimmt, und alles in der Zeit schadhaft gewordene auf eigene Kosten reparirt. Die Untersuchung soll 1 Mo-

X   nat

nat nach der völligen Endigung des Baues vorgenommen werden, und man will zum Bau nicht das mindeste, ausser das Chor und das Gewölbe der Bälgenkammer, nebst einem geräumlichen Orgelplazze liefern; alles übrige, nichts ausgenommen, was zum Orgelbau gehört, nebst dem Eisenwerke, nimmt der Orgelbauer auf sich, und er verspricht, die Orgel an dem angewiesenen Plazze klingend und in vollkommenem Zustande aufzusezzen. Zur Vollstreckung aller obigen verabredeten Artikel sezzt gedachter Orgelbauer sein gegenwärtiges und künftiges Vermögen zur Hipotheke, und unterwirft es der Strenge der Gerechtigkeit. In duplo unterzeichnet, geschlossen und ausgefertigt den Interessenten den　　　　　　　des Monats des Jahres　　　　　　　　　　　　N. N. Kirchenvorsteher, als Bevollmächtigter
der Kirche N.
N. N. Orgelbauer.

In diesem Orgelanschlage sind, der Dauer, des gründlichen Akkords und der Harmonie wegen, alle genannte Stimmen nebst ihren Füssen von feinem Zinne; dieses macht aber ein Werk theurer. Wenn man also Ursachen findet, die Kosten zu vermindern; so kann man die und die Stimmen von Probezinn machen lassen. Andre Stimmen, sowohl als alle die, so inwendig in der Orgel zu stehen kommen, und deren Körper beständig von Zinn gemacht werden, bekommen demohngeachtet doch die Füsse von Probezinn, und dieses thun sogar die Schnarrstimmen. So macht man gewöhnlichermaßen alle Principalconducte und alle Conducte der versezzten Pfeifen von Probezinn. Alles aber bloß der Oekonomie wegen: denn das reine Zinn behält wohl immer den Vorzug. Die Termine können auf vielerlei Art verändert werden; aber es ist immer anzurathen, daß der Orgelbauer ein Jahr nach vollendetem Bau die Orgel noch einmal mustern und sie der Orgelprobe unterwerfen müsse; weil sich alsdenn die Fehler leicht entdekken und ausbessern lassen. Die auszuzahlende Summe kann in manchen Ländern sehr hoch, in andern nur mäßig scheinen; selbst theure Jahre machen darin eine Veränderung.

Ich werde noch einen Anschlag zu einer kleinen Orgel ohne Positiv hersezzen. Sie bekommt nur ein Klavier, eine einzige Lade mit folgenden Stimmen: Bourdon, Prestant, Nasard, Dublette, Terz, Cimbel dreifach, Cromorne. Der Nasard, Dublette, Terz und Cromorne mit gebrochnen Registern, um den Diskant derselben, vom Mittel C an bis oben, allein zu spielen; die linken Register sind auch besonders zu spielen. Man macht ein kleines Cornet, indem man den Bourdon, Prestant, den Diskant des Nasards, der Dublette und Terz öffnet. Man kann zwei Tremulanten beifügen. Zwei 5 Fuß lange Bälge geben überflüssigen Wind.

Ein Anschlag eines Hauspositives von 6 ausgesuchten guten Stimmen, nach der Ordnung auf der Lade: 1. Principal 2 Fuß, engl. Zinr, die 7 größten mit aufgeworfnen Labiis im Mittelthurme polirt, mit langen Füssen, 48 Pfeifen,
kostet

kostet 14 Thaler. 2. Gedaktt 8 Fuß, die Unteroktaven Kienen, die drei obern von Ahorn, 48 Pfeif. 11 Thlr. 3. Flute traversiere aus 8 Fuß, von C un-gestrichen bis C dreimal gestrichen, von Eichen und Ahorn, von enger Mensur, offen, 30 Pfeif. 8 Thlr. 4. Quintaton aus 8 Fuß, Zinn, bläst den Grundton und dessen Quinte zugleich, 2 Oktaven, 25 Pfeif. 8 Thaler, und klinget angenehm. 5. Rohrflöte 4 Fuß, Probezinn, 48 Pfeif. 10 Thlr. 6. Nasard 3 Fuß, Probe-zinn, 48 Pfeif. 10 Thlr. Der Laternenbalg, vom Spieler selbst zu treten, 8 Thlr. Das Klavier Ebenholz und Elfenbein mit messingnen Stellschrauben 3 Thaler; die Registerknöpfe u. s. w. Summa 83 Thaler nach berlinschem Anschlage, doch ohne Gehäuse.

Zu der Orgelprobe gehört, was den innern Bau und dessen gründliche Kenntniß betrifft, ein Orgelbauer; und für die Untersuchung der Klaviere und der Harmonie ein Organiste. Beide müssen alles stükkweise, und sonderlich das Ge-bläse und die Conducten untersuchen, weil der verlehrne Wind in der Harmonie selbst Aenderungen macht; wobei sie den Bauanschlag jederzeit vor den Augen haben, um ein gewissenhaftes Zeugniß ablegen zu können.

Die Unterhaltung einer Orgel durch den Organisten. Dieser muß von Zeit zu Zeit das ganze Gebäse untersuchen, d. i. die Bälge, grosse Windkanäle, Con-ducten und den Schluß des Winckastens genau besehen, und alle Rizzen, die den Wind durchlassen, mit Streifen von weissem Leder zuleimen. Er macht dazu den durchsichtigsten Tischlerleim heiß, schärfet alle Seiten eines Lederstreifes mit einem scharfen Messer dünne an der rauhen Seite, auf einem festen Holze, bestreicht mit einem weichen Borstenpinsel das Leder auf der rauhen Seite mit recht heissem Leime, legt das Leder auf die Rizze, reibet es mit einer vierfachen Serviette, die in heissem Wasser genäßt und ausgewunden worden, drükt mit der Hand stark darauf, dehnt das Leder wohl aus, und streicht es theils mit dem in heissem Wasser getauchten Finger, theils mit einem hö zernen Messer überall an. Zulezt wischt man die Stelle mit der feuchten Leinwand sachte, nebst dem überflüssigen Leime rein ab.

Muß die rauhe Lederseite heraus zu liegen kommen, so beschabt man mit einem Messer die glatte Seite, streicht den Leim auf die geschabten Stellen, und beledert also die Klappe, oder das Windkastenspund; statt der heissen Leinwand nimmt man ein warmes Plätteisen, nachdem man ein Papier auf das Leder gelegt, und fährt mit dem Eisen darüber. Die Thüren oder Vorhänge vor dem Principale werden niemals zugemacht, weil hier alle Erschütterungen Nachtheil bringen.

Man vermindre, oder vermehre niemals das Bälgengewichte, weil die Har-monie ohnfehlbar darunter leiden würde. Das Klavier muß immer verschlossen ge-halten werden, und man bessere den kleinsten Fehler daran zeitig aus. Ein Klavis (Taste) kann aus vielerlei Ursachen stoffen und stehen bleiben; wenn er zwischen sei-

nem Leitdrate gedränge liegt; wenn sich eine Ruthe anhängt; wenn eine Abstrakten‐
welle der Länge nach zugedränge liegt, oder sich an einer andern Welle reibt, oder
wenn sich die Wellenzapfen in ihren Löchern klemmen; wenn sich eine Ruthe ein
wenig stark gegen ein Abstrakteneisen reibt; wenn sich eine Feder verbogen, oder die
Klappe klemmt; wenn eine Klappe zwischen dem Leitdrate zugedränge spielt. Also
stelle man den Leitdrat der Taste frei und gerade, biege die Ruthe, verkürze die
Welle etwas, schlage den Wellenzapfen recht gerade, lege das Wellencentrum ge‐
rade, indem man ihr Loch höher oder tiefer bohrt, und man bohre das Zapfenloch
mit einer viereckigen Stahlspitze grösser auf; biege das Abstrakteneisen ein wenig
auf die andre Seite, oder beide Ruthen von einander; eine verrükkte Feder lege man
wieder an ihre Stelle, doch so, daß sie die Klappe nur mit der Spitze berührt, das
mit die Klappe recht gerade und recht mitten zwischen ihrem Leitdrate stehe; statt der
gebrochnen Federn sezze man neue ein.

Das Klavier eines Positivs stokkt, wenn der Abstraktendrat in dem Loche sei‐
nes Leiters unter dem Klaviere nicht vollkommen frei ist; wenn ein Schwengel
(Wippe) sich geworfen und am Nachbar reibet; wenn sich eine Spizze der Unter‐
lage verbogen u. s. w. Man nehme also die rauhen Stellen ab, oder mache den
Drat etwas kleiner, indem man die Feile längst den Holzfasern und nicht überzwerch
führet, und die Spizze anders biegt. Die Klaviertasten müssen immer gleiche Ele‐
vation haben, und nicht zutief niedersinken, welches vermittelst der Zange leicht ge‐
schehen kann. Keine Orgel kann gut klingen, wenn die Tasten sich nicht tief genug
senken, und sie klingt immer gut, ob sie gleich zutief herab sinken; nur daß man
niemals die Tasten so hoch stellt, daß sie das Queerstükk des Oberklaviers berühren,
weil sich davon eine Klappe öffnen könnte.

Das Pfeifenheulen ist immer eine Folge, daß etwa wo eine Klappe halb offen
ist, oder wenn an der Klappe Schmuzz, oder die Feder zuschwach, oder eine Pul‐
pete enger geworden, und die Klappe zerrt. Den Schmuzz nimmt man weg, wenn
man die Klappe mit dem Finger etwas öffnet, und mit der andern Hand den
Schmuzz vermittelst einer Vogelfeder, oder einer am Ende dünne geschabten Ruthe
herab streicht; nur öffne man die Klappe nicht zusehr, man schone sie, damit man
sie nicht losreisse. Schwache Federn werden umgespannt, und so wieder eingesezzt,
daß sie nur mit der Spizze die Klappen berühren, daß sie gerade stehen, und von
beiden Seiten just und egal schliessen, um mitten zwischen den Leitdrätern ohne alles
Reiben zu spielen. Hat sich eine Pulpete verengert, und zerrt sie ihre Klappe, son‐
derlich an neuen Orgeln, so verlängert man ein wenig das S, so von der Pulpete
zur Klappe geht.

Das Pedalklavier muß immer vom Schmuzze, der von den Schuhen abfällt,
rein gehalten werden; daher stokken oft die Tasten. Beim Heulen ist eine Ruthe
zusehr

zusehr gespannt. Ausserdem untersuche man oft, ob einige Zapfen und andre Stücke verrückt worden. Den verschobnen Tremulanten stelle man wieder gehörig, indem man den Messingsdrat, der an seine Feder grenzt, stärker oder schwächer spannt. Schief stehende, überhängende Pfeifen hänge man mit einem Lederstreif oder mit Messingsdrat an. Wider die Ratten verstopfe man alle Zugänge, und setze hie und da etliche Näpfe voll Wasser; weil man glaubt, daß sie alsdenn das Blei nicht benagen; noch sicherer ist es, Rattenfallen und Rattenkuchen hinzustellen.

Man rühre keine Flötenstimme zum Intoniren oder Stimmen an; sondern unterhalte nur die Schnarrstimmen mit vieler Vorsicht, weil man allemal daran Schaden thut. Man stimme sie von Zeit zu Zeit; denn in der Kälte wird ihr Ton höher, und in der Wärme tiefer, weil die Zungen elastischer werden, wenn die Kälte sie zusammen zieht. Beim Stimmen höre man genau auf gewisse Schwingungen oder Bebungen im Klange, die bald schneller, bald langsamer klopfen, nachdem sich der Ton der Pfeife von dem Ton der Grundpfeife, wornach man stimmt, mehr oder weniger entfernt; denn diese natürliche Tremulanten hören sogleich auf, wenn beide Töne einstimmig sind. Ein Organiste muß nicht bloß damit zufrieden seyn, daß er eine Pfeife richtig gestimmt hat, denn er kann noch, wenn er keine Vibrationen mehr gewahr wird, den Ton um ein weniges feiner oder tiefer stellen; also sucht er nach verschwundnem Klopfen noch die rechte Harmonie zu treffen. Jeder kleine Schlag auf die Krücke ändert die Harmonie.

Beim Stimmen macht die Krücke auf die Zunge einen Druck, der ansehnlich genug ist; erhöhet oder vertieft man sie um ein ansehnliches, so verändert man nothwendig den Bauch der Zungenkrümmung, und also die vorige Harmonie. Daher rücke man nie die Krücke weit von ihrem ersten Tone, besonders wo man Zungen hat, die gar nicht gehärtet sind. Niemals schneide ein Organist eine Pfeife kürzer; es ist dieses für ihn eine wichtige Lehre. Er stimme die Trompete nach dem Prestant, und das Clairon nach der Trompete nebst dem Prestant; die Menschenstimme nach dem Bourdon und dem Prestant; voraus gesetzt, daß der kleine Bourdon recht gestimmt sei. Eben so stimme er den Cromorne nach dem Prestant. Er stimme die Bässe aller Schnarrstimmen am leichtesten nach den Oktaven. Wäre der Prestant nicht einstimmig, so bemühe er sich, eine Oktave richtig zu stimmen, und hernach die andren Oktaven nach dieser Oktave zu stimmen. Das Trompetenpedal stimmt man allezeit nach den vielfachen Stimmen (plein jeu), oder nach der Trompete der grossen Orgel, und das Pedal des Clairon nach dem Pedal der Trompete. Posaunen werden allezeit nach der Trompete gestimmt. Man blase nie mit dem Munde eine Schnarrpfeife an, denn die Feuchtigkeit des Athems macht die Zunge u. s. w. rostig, und den Staub bindend.

Giebt:

Giebt eine Pfeife gar nicht, oder schlecht an, so nehme man sie vom Platze und sehe nach, ob ein Sandkorn oder Staub zwischen der Zunge und dem Mund= stücke befindlich sei; man blase es von oben weg, oder man nehme es vorsichtig mit der Messerspitze weg. Ist die Krücke zulose, so biege man sie etwas mit der Zange. Geht sie zugedränge, so beschabet man mit dem Messer den Rost, und reibt sie ein wenig mit Talg. Schließt die Zunge nicht recht, oder reicht sie über das Mund= stück hinaus, so bringe man sie zurück und befestige sie durch den Keil, der nicht zuklein seyn muß, um sie zu halten. Schiebt man die Krücke vor oder rückwärts, so schone man allezeit die Zunge oder deren Krümmung.

Giebt die Schnarrstimme langsam an, d. i. stehet ihre Zunge zuweit von dem Mundstücke ab, so streiche man den Rücken eines Messers über die Zunge, und halte sie diese Zeit über recht an das Mundstück angeschlossen. Besinnt sich die Pfeife noch, ob sie blasen will, so wiederholt man diesen Strich; zuviel Streichen macht sie zugeschwätzig, und dieses ist ein grosser Fehler und verspricht keine Har= monie; solche Pfeifen dubliren oder fallen in die Oberoktave ein, bekommen einen schwachen Ton, können nicht auf ihren rechten Ton gesetzt werden, oder röcheln. Das Röcheln entsteht, wenn die Pfeife zuschnell angiebt; alsdenn gebe man der Zunge etwas mehr Elasticität, indem man mit einer Messerklinge darunter fährt, zugleich den Daumen darüber hält, oder den Nagel des Daumen aufsetzt, und gleich= sam glitschend, vom Keile bis ans Ende, der Zunge nach auffen etwas mehr Krüm= mung giebt, so immer ein wenig zirkelförmig seyn muß. Ist die Pfeife nach dieser Operation träge, so hat man darin schon zuviel gethan, und denn streicht man den Rücken der Messerklinge, wie vorher, darüber. Röchelt sie, und giebt sie zugleich langsam an, so ist die Zunge schief, wenn man sie vorne an ihrer Oeffnung am Ende des Mundstücks besieht, und sie liegt an einer Seite am Mundstücke näher als an der andern an; also streiche man sie mit dem Daumen und Messer gerade, und streiche an der zuoffnen Seite den Rücken des Messers darüber. Röchelt sie und spricht sie zuschnell an, so giebt man der Zunge mehr Oeffnung oder Federkraft vermittelst des Daumens und der Messerklinge. Dublirt sie, so ist sie zuschnell, oder es gehet die Zungenkrümmung nicht weit genug gegen den Keil zu. Will die Pfeife nicht grob genug anblasen, obgleich die Krücke den Keil berührt, so ist sie zuschnell, oder die Zungenkrümmung zukurz. Bläset sie gar nicht an, so ist die Zunge zuoffen, oder ganz geschlossen, oder zugerade und ohne Krümmung, oder ein Staubkorn da= zwischen. Die grossen Zungen und Mundstücke bleiben nicht gerne mitten im In= nern des Fusses, sondern sinken bis in den kegligen Theil ein. Will alles nichts hel= fen, so nehme man den Keil mit der Zunge heraus, streiche sie stark auf einem glat= ten harten Holze mit dem Messerrücken, bis sie recht gerade ist; alsdenn streiche man sie bloß an einer Seite zu einer rundlichen kleinen Krümmung, feile das Mund=

stück

ſtükk gerade, und befeſtige alles an ſeinem Orte. Die Zungenkrümmung verſpare man bis zur äuſſerſten Noth, weil das Stimmen der Schnarrwerke eins der ſchwerſten Stükke iſt. Die bisher beſchriebne Unterhaltung einer Orgel gehet bloß geſchikkte Organiſten an, deren es wenige giebt, und es iſt das Sprichwort der Orgelbauer richtig, wenn ſie ſagen: Wir ſind den Ratten und Organiſten viel Dank ſchuldig; denn ohne beide würden die Orgeln gar zu lange dauren.

Die gewohnliche Vermiſchung der Orgelſtimmen. Zu einem vollſtimmigen Stükke ziehet man alle Principale, alle 8 Fuß offen, alle Bourdons, alle Preſtants, alle Dubletten, alle Mixturen, alle Cimbeln, des Poſitivs und der groſſen Orgel, und rükkt die Klaviere zuſammen. Zum Pedale brauche man die Trompete und das Clairon. Niemals gehören Pedalflöten zu den Pedaltrompeten und Pedalclairons. Man behandelt ein groſſes vollſtimmiges Stükk mit Gravität und Pracht; man macht groſſe harmoniſche Griffe, mit Zwiſchenpauſen, Diſſonanzen. Zum Duett kann man den Diskant auf dem Cornet de Recit, und den Baß bloß mit der Trompete des Poſitivs ſpielen. Oder man ſpielt den Diskant mit der Trompete des Recits, und den Baß mit allen Stimmen der Poſitivterz. Oder man ſpielt den Diskant mit dem Cromorne, dem Poſitivspreſtant, und den Baß mit allen Grundſtimmen, ſelbſt 32 F.ß, mit den zwei Naſards, zwei Terzen und der Quarte. Dieſe Melange iſt ebenfalls zum Terzett dienlich, deſſen zwei Diskante auf dem Poſitive, und der Baß auf der groſſen Orgel genommen werden. Oder man nimmt den Diskant von den zwei Achtfuß, von der Flöte 4 F. dem Poſitivsnaſard, oder noch beſſer, bloß vom Cromorne mit dem Preſtant; den Baß von den zwei 16 F. und dem Clairon der groſſen Orgel. Zu der Menſchenſtimme ziehet man den Bourdon, die Flöte 4 Fuß, und die Menſchenſtimme, oder ſtatt der Flöte den Preſtant; noch füget man den ſachten Tremulanten hinzu, und dieſes iſt der einzige Fall, da ſich erfahrne Organiſten des ſachten Tremulanten bedienen, wodurch allein die Menſchenſtimme natürlich nachgeahmet werden kann. Man greife niemals tiefer als bis ans erſte F, und nicht höher als bis ins vierte C, wie die Menſchenſtimme geht. Weil die ſachten Tremulanten ſelten gut ſind, ſo ziehen viele gute Organiſten die Menſchenſtimme mit dem ſtarken Tremulanten, nebſt dem Naſard, Bourdon und Preſtant. Zur Terz im Tenor iſt die Accompagnirung von zwei 8 Fuß in der Orgel; im Poſitive zwei 8 Fuß, der Preſtant (beſſer eine Flöte von 4 Fuß ſtatt des Preſtants), der Naſard, die Quarte (oder Dublette), Terz und Larigot; im Pedale zum Baß, alle Grundſtimmen des Pedals, z. E. 16 F. 8 F. und 4 Fuß. Das Recit (Soloſtimme) wird in der vierten hohen Oktave gegriffen, um die deutſche Flöte beſſer nachzuahmen; überhaupt muß das Recit die Melodie des Geſanges führen. Zu einem Trio auf drei Klavieren nehme man den erſten Diskant im Cornet de Recit; den zweiten Diskant im Cromorne des Poſitivs, nebſt dem

Preſtant;

Preſtant; den Baß in den Grundſtimmen des Pedals. Oder man ſpielt den erſten Diskant auf dem Cornet de Recit, oder bloß auf zwei 8 Fuß, oder auf den zwei 8 Fuß, dem Naſard und der Flöte; den zweiten Diskant mit der Menſchenſtimme, dem kleinen Bourdon und der Flöte 4 F. (oder Preſtant); der Baß iſt die Pedal⸗ flöte und ſachte Tremulant. Zum vollſtimmigen Geſange ziehet man die ſtärk⸗ ſten Stimmen der Orgel und des Poſitivs; im Pedale wird Trompete und Clairon genommen; oder man nimmt zum Manuale die Trompeten, den Clairon, Preſtant der groſſen Orgel; und den vollſtimmigen Griff auf dem Poſitive, und rükft die Klaviere zuſammen. Eine einzige Stimme begleitet man mit den zwei 8 Fuß des Poſitivs; eine ſchwache Stimme mit dem kleinen Bourdon; überhaupt muß eine Singeſtimme vor der Begleitung vernehmlich gehört werden können. Die Poſaune iſt niemals allein, ſondern hat jederzeit die Trompete und das Clairon zu Begleitern. Den Preſtant verbinde man niemals mit 8 Fuß zu den verſchiednen Sologeſängen im Tenor oder Diskante, weil der Ton zuſcharf iſt; es dienet eine Flöte 4 Fuß da⸗ zu viel beſſer. Eben ſo muß man nie eine Terz, Naſard, oder Quarte zu den Mix⸗ turen und ihres gleichen ziehen, weil man ihren ſchneidenden Ton dadurch ſtumpf macht, und ſich dieſe Stimmen nicht mit einander vertragen.

Die neue Orgel der S. Michaeliskirche zu Hamburg enthält 60 Stimmen.

Im Hauptwerke:

Principal 16 Fuß.
Oktave 8 F. von F bis dreigeſtr. F.
Cornet, fünffach durchs halbe Klavier. Alle 3 engl. Zinn.
Gemshorn 8 F. Metall.
Quintaden 16 F. Metall.
Viol di gambe 8 F. engl. Zinn.
Gedakft 8 F. Met.
Oktave 4 F. engl. Zinn.
Gemshorn 4 F. Met.
Naſard 3 F. Met.
Quinte 6 F.
Oktave 2 F.
Sesquialtera zweifach.
Mixtur achtfach aus 2 F.
Scharf fünffach aus 1½ F.
Trompete 16 F.
Trompete 8 F. Alle 7 von engl. Zinn.

Im Bruſtwerke:

Principal 8 Fuß, engl. Zinn, von A bis dreigeſtr. F.

Flute traverſiere 8 F. die 2 unterſten Ok⸗ taven von Met. von eingeſtr. C bis dreigeſtr. F ſind wirkliche Flöten.
Rohrflöte 16 F. Met.
Kleingedakft 8 F. Met.
Oktave 4 F. engl. Zinn.
Rohrflöte 8 F. Met.
Rohrflöte 4 F. Met.
Rauſchpfeife zwei bis dreifach, engl. Zinn.
Naſard 3 F. Met.
Oktave 2 F.
Terz aus 2 F.
Quinte 1½ F.
Siffflöte 1 F.
Cimbel fünffach.
Chalumeau 8 F. engl. Zinn.

Im Oberwerke:

Principal 8 Fuß, von G bis dreigeſtr. F. Engl. Zinn.
Unda Maris durchs halbe Klavier. Engl. Zinn.
Bourdon 16 F. Met.
Spizzflöte 8 F. Met.

Oktave

Oktave 4 F. engl. Zinn.
Quintaden 8 F. Met.
Spizzflöte 4 F.
Quinte 3 F.
Rauschpfeife zweifach.
Cimbel fünffach aus 1½ F.
Oktave 2 F.
Trompete 8 F. von G gedoppelt.
Menschenstimme 8 F.
Echo des Cornets durchs halbe Klav.
Alle 7 von engl. Zinn.

Im Pedale:

Principal 32 Fuß, engl. Zinn.
Principal 16 F.
Subbaß 32 F.
Subbaß 16 F.
Oktave 8 F. engl. Zinn.
Quinte 6 F. engl. Zinn.

Rohrquinte 12 F. Met.
Oktave 4 F.
Mixtur zehnfach aus 3 F.
Posaune 32 F.
Posaune 16 F.
Fagot 16 F.
Trompete 8 F.
Clairon 4 F. Alle 7 engl. Zinn.

Nebenregister:

Koppel des Pedals mit dem Hauptwerke.
Tremulant ins Hauptwerk.
Schwebung ins Oberwerk.
Ventil ins Hauptwerk.
Ventil ins Oberwerk.
Ventil zur Brust.
Ventil zum Pedale.
Cimbelstern.
Zehn Bälge.

Hildebrand der Jüngere erbaute diese Orgel, welche unter andern Stükken einer guten Disposition bei jedem Klaviere zwei Flöten von einerlei Art hat, z. E. im Hauptwerke Gemsenhorn 8 Fuß und 4 Fuß; im Oberwerke Spizzflöte 8 Fuß und 4 Fuß u. s. w. zu einem nettern Ausdrukke.

Das französische Werk in 3 Theilen, in Großfolio, über die Orgelbauerkunst, daraus ich bisher einen sehr umständlichen Auszug gemacht, welcher alles Inters essante und Praktische in dieser Kunst begreift, heißt: L'Art du Facteur d'Orgues par D. François Bedos de Celles, Benedictin de la Congregation de Saint-Maur, dans l'Abbaye de Saint-Denys en France; de l'Academie Royale des Sciences de Bourdeaux, 1766. Ein Alphabeth, 13 Bogen, mit 52 grossen Kupfertafeln. Der erste Theil dieses ersten Bandes handelt von den Hauptbegriffen der Mechanik und Statik, vom Hebel der ersten, zwoten, dritten Art; von Hebeln, da einer auf den andern wirkt; von der Richtung der Kraft, von den Rollen; von der Tischler arbeit an der Orgel; von den üblichsten Figuren der praktischen Geometrie, z. E. Winkeln, Perpendikeln; von den vornehmsten Verzapfungen, z. E. der Zinken verzapfung; von dem Handwerkszeuge der Orgelbauer; von allen Orgelstimmen, von den Flötenpfeifen (jeux à bouche), von den Schnarrstimmen (jeux d'anche), von den Mensuren der Orgelstimmen und der Abtheilung dieser Maaßstäbe; es sol get die besondre Beschreibung aller Stükke zu der Mechanik der Orgel; die Be schreibung des Orgelgehäuses, der Windlade, der grossen oder Hauptlade, der Po sitivlade, der Klaviere, Abstrakten u. s. w. das Pedalklavier, die Regierung vom Klaviere bis zu den Klappen der Lade, die Pedalabstraktur, die Positivsregierung,

Y
die

die Regiſterzüge, das Gebläſe, die Bälge, Schnauzen, das fertige Gebläſe, der ſachte und ſtarke Tremulant; alle Orgelſtükke in Verbindung mit einander; die Principalpfeifen im Geſichte, die groſſe Lade, die Stimmen auf der Hauptlade, abgeſonderte Lade für das Recit, Lade und Stimmen des Pedals; Erklärung des Kupfers, die Orgel von inwendig anzuſehen, groſſe Lade, Klaviere, Abſtrakten, ſachter Tremulant, Recit, Echo, Poſitiv, Pedal, das Poſitiv von inwendig anzuſehen; Durchſchnitt der Orgel und des Poſitivs.

Der zweete Band dieſes Werks von 1770, vom Bogen O o bis E e e e e, und der Kupfertafel 53 bis 79, handelt ganz von der praktiſchen Ausübung der Orgelbaukunſt. Dieſe macht den Anfang mit Erinnerungen an die, welche ſich eine Orgel bauen laſſen wollen, wie auch an die Baumeiſter und Tiſcher bei dem Orgelbau, in Abſicht auf das Maaß des Orgelgehäuſes, auf die Thürme des Principals für allerlei Gröſſen nach einer gegebnen Tabelle. Es folgt der Bau der Windladen, der Hauptlade, das Maaß ihrer Theile; der Bau einer Poſitivlade, einer groſſen Pedallade, die Lade des Echo und des Recits; der Bau verſchiedner andrer Windladen; der Bau der Klaviere, Abſtraken, das Handklavier, das Pedalklavier, die Regiſterzüge, Wippen, die Art einen Balg zuſammen zu ſezzen, die Schnauzen und Hauptkanäle zu machen. Wie die hölzernen Pfeifen entſtehen. Die Arten und Güte des Zinnes, die Zinnproben; der Bau des Ofens, der Gießbank und alles, was das Zinngieſſen betrifft, Zinntafeln zu gieſſen. Wie die Principalfronte an der Orgel abzutheilen. Vorbereitung der Zinntafeln zum Behobeln, wie ſie polirt werden, wie die aufgeworfnen Labien, der Aufſchnitt u. ſ. w. zu machen, Tabelle vom Gewichte der Pfeifen, wie die Zinnpfeifen für das Innere der Orgel zu machen ſind, die Flötenpfeifen, die Schnarrſtimmen. Wie die Bälge gelegt und in vollkommnen Stand geſezzt werden. Wie die Haupt- und andre Windladen an ihrem Orte liegen müſſen. Den Wind von den Bälgen zum Windkoſten der Lade hinzuleiten. Wie die Klaviere und die Abſtraften in Ordnung zu bringen, wie die Regiſter eingelenkt werden; die Regiſter zu den Pedalen, zum Recit, zum Poſitive; wie der ſtarke und ſachte Tremulant anzulegen. Art, das Principal aufzuſezzen, demſelben den Wind zuzuführen, und die Pfeifen zu verführen, die nicht auf ihrem Winde ſtehen ſollen. Das Aufſtellen der Pfeifen hinter der Fronte. Das Intoniren der Flötenpfeifen nach dem Schnitte, die Temperatur, das Stimmen, wie auch der Schnarrſtimmen; die ſezzte Stimmung der Orgel. Wie eine Orgel zu repariren, mit Zuſäzzen von neuen Stimmen zu vergröſſern, wie man die Orgel unterhalten könne. Schäzzung und Preis der verſchiednen Orgelſtükke. Beſchreibung und die Stimmen in der ſchönen Orgel der Abtei Weingarten in Schwaben, nebſt der perſpektiviſchen Zeichnung derſelben, gebaut 1750 vom Orgelbauer Gabler zu Ravensburg. Plan von einer Orgel ohne ſichtbare Pfeifen.

Der

Der dritte Theil liefert verschiedne Bauanschläge (devis) für die, so eine Orgel bauen lassen wollen, worin das Orgelgehäuse, der eigentliche Orgelbau mit Kosten und allem specificirt wird. Art, wie eine Orgel zu probiren (verificadeur). Modell eines Verbalprocesses für den Orgelprobirer. Handgriffe, wie ein Organist seine Orgel zu unterhalten und auszubessern habe. Den Beschluß macht ein Aufsatz, den berühmte Pariser Organisten durchgesehen, welche Stimmen man zum vollen Spiele, zu Fugen, zu Duetten, Terzetten, zur Trompete im Tenor u. s. w. zusammen ziehen könne, vom Gebrauche der Posaunen u. s. w.

Wenn man das Vorhaben hat, sich eine Orgel erbauen zu lassen, so würde es zum größten Nachtheil des Eigenthümers ausfallen, wenn man erst einem Baumeister auftragen wollte, das Orgelchor und das Orgelgehäuse in Stand zu sezzen, um dem Orgelbauer zulezzt aufzugeben, eine Orgel an den schon verbauten Plazz hinzusezzen. Hier würde der lezzte in die größte Verlegenheit wegen des Plazzes gerathen, und es würde ihm schlechterdings unmöglich fallen, nach den Regeln der Kunst zu verfahren, und der enge Raum würde ihn nöthigen, unter den allerschlechtesten Orgeln eine erträgliche aufzusezzen, die keine Dauer und eine kostbare Unterhaltung verspricht. Man betrachte auffallende Exempel von dieser Unvorsichtigkeit, selbst in grossen Städten. Folglich ist es eine Sache des Orgelbauers, seinem Werke eine regelmäßige Disposition und Dauer zu geben, wenn man ihm die freie Hand über den Plazz läßt. Er mißt also anfangs den Plazz dazu aus; man nimmt hierauf mit ihm die Verabredung wegen der Größe und Vollständigkeit der Orgel, die sich nach der Grösse der Kirche richten muß; man kömmt wegen der Stimmen, wegen der Baukosten mit ihm überein, so man anzuwenden willens ist; es wird der Bauanschlag aufgesezzt, das Hauptmaaß von dem Plazze und vom Gehäuse gegeben, die Zeichnung von dem Chor und Orgelgehäuse entworfen.

Das Chor und Fundament der Orgel (tribune) muß von allen Erschütterungen vollkommen frei und stark genug seyn, um das grosse Gewichte einer Orgel zu tragen. Hierzu sind keine Balken hinlänglich, die man queer über die Länge, ohne gehörigen Grund und Unterstüzzung legt; und es sind hier die Stüzzen, z. E. Säulen, schlechterdings nothwendig, weil die geringste Erschütterung einer Orgel einen unvermeidlichen Nachtheil bringt, und insonderheit die Pfeifen wandelbar macht. Auf diese sicher unterstüzzte Balken sezzt man starke Queerbalken, die man nach den Regeln einer schönen Bauordnung mit Architrabs, Karniessen u. s. w. verzieren kann. Muß der Baumeister ein Gewölbe ziehen, so gebe er in seinem Anschlage die Höhe des Gebäudes auf ebner Erde, die Breite und Tiefe an, ob dasselbe nach aussen oder innen Bogen bekömmt, wie viel Fuß es halten soll, was für eine Art von Steinen er dazu nehmen werde, nach welcher Ordnung er zu bauen gedenke u. s. w.

Der

Der Anschlag des Orgelbauers detaillirt die projektirte Ausführung des ganzen Orgelwerks, ob es 16 oder 8 Fuß Pfeifen im Gesichte enthält, wie viel Klaviere und von welchem Umfange sie seyn werden; welche Stimmen auf jedes Klavier kommen sollen; ob die Stimmen von weiter oder enger Mensur, und von welcher Materie sie seyn werden; von welcher Art Holz die Holzpfeifen und Laden gemacht werden; ob ein abgesondertes Positiv, und welch Principal und Stimmen dazu gehören; ob abgesonderte Pedäle, mit was für Stimmen, von welcher Materie und Umfange gemacht werden; wie viel Bälge, von welchem Holze und von welcher Grösse sie verfertigt werden; wie das Orgelgehäuse nach bestimmten Maaßen der Höhe, Breite und Tiefe, und von welchem Holze und Verzierung es anzugeben. Man untersuche, ob hinter der Orgel ein Fenster in der Mauer das nöthige Licht für die Orgel gebe. Man vermeide alle Bogenkrümmungen auf dem Grundrisse mitten am Vordertheil des grossen Orgelgehäuses, weil man alsdenn nothwendiger Weise gezwungen wäre, die Hauptlade von der Vorderseite des Orgelgehäuses zu entfernen, da doch dieselbe nur in einer geraden Linie fortlaufen kann, und man müßte mit den Klavieren tief genüg in das Orgelgehäuse hinein rükken, um die senkrechte Linie der Lade zu suchen, oder dazu eine Menge überflüssiger Stükke anbringen.

Erinnerungen für den Tischer. Die dreierlei Maaßen bei dem Baue eines Principalthurms sind: dessen Breite, d. i. der innere Abstand einer stehenden Säule von der andern; die Höhe, oder Distanz des Oberstüks des Untergebälkes, bis zum Unterstükke des Obergebälkes; und endlich der bauchige Vorsprung, oder die Distanz vom Centro des halbrunden Vorsprungs vor dem Abfazze des Gebäudes. Ausser dem muß man noch unterscheiden, ob z. E. ein Thurm von 16 Fuß allein, oder deren zwei seyn sollen. Ist nur einer in die Mitte des Orgelgehäuses zu sezzen, so muß man ihn viel breiter machen, weil man daselbst die fünf größten Pfeifen von 16 Fuß offen, nämlich C D E anbringen muß. Hat man zwei Thürme von 16 Fuß, so müssen sie enger stehen, weil sie kleiner sind, als C E G. Hat man nur einen Thurm zu 16 Fuß, so sezzet man die dikste Pfeife des ersten C, zwei vom ersten D und zwei vom ersten E darin, und nach diesen muß man folgende Tabelle verstehen, worin eine jede Art des Thurms ihre hinlängliche Höhe für den Körper und Fuß der Pfeife, nebst einem hinlänglichen Plazze unterhalb dem Obergebälke findet, um eine Brükke unter ihren Fuß zu legen. Zum Grunde wird hier gesezt, daß alle halbrunde Ausschweifungen regulär sind und aus einem einzigen Centro gehen, und daß man in jeden Thurm fünf Pfeifen nach der obigen Pfeifenmensur stellt.

Tabelle

Tabelle der Thurmmaaßen für alle Orgelgehäuse.

Thürme.			Breite.			Vorsprung.	Höhe.
1 von 32 Fuß.		C. D. E.	5 Fuß.	6 Zoll.		9 Zoll.	35 Fuß.
2 — 32 —		C. Dis. G.	5 —	2 —		8 —	35 —
1 — 24 —		F. G. A.	4 —	6 — 0 Lin.		7 —	27 —
2 — 24 —		F. Gis. C.	4 —	3 — 6 —		7 —	27 —
1 — 21 —	4 Zoll.	G. A. B.	4 —	1 — 8 —		7 —	24 —
2 — 21 —	4 —	G. B♭. D.	3 —	10 — ? —		7 —	24 —
1 — 19 —	0 —	A. B. Cis.	4 —	0 — 0 —		6 —	22 —
2 — 19 —	0 —	A. C. E.	3 —	7 — 2 —		6 —	22 —
1 — 16 —	0 —	C. D. E.	3 —	5 — 0 —		6 —	19 —
2 — 16 —	0 —	C. E♭. G.	3 —	1 — 4 —		6 —	19 —
1 — 12 —	0 —	F. G. A.	2 —	6 — 3 —		5 —	14 —
2 — 12 —	0 —	F. Gis. C.	2 —	3 — 6 —		5 —	14 —
1 — 9 —	6 —	A. B. Cis.	2 —	0 — 0 —		4 — 6 Lin.	11 —
2 — 9 —	6 —	A. C. E.	1 —	10 — 0 —		4 — 6 —	11 —
1 — 8 —	0 —	C. D. E.	1 —	8 — 0 —		4 — ? —	9 — 6 Zoll.
2 — 8 —	0 —	C. E♭. G.	1 —	6 — 3 —		4 — ? —	9 — 6 —
1 — 6 —	0 —	F. G. A.	1 —	3 — 8 —		3 — ? —	7 —
2 — 6 —	0 —	F. Gis. C.	1 —	2 — 10 —		3 — ? —	7 —
1 — 4 —	9 —	A. B. Cis.	1 —	1 — 4 —		2 — 6 —	6 —
2 — 4 —	9 —	A. C. E.	1 —	0 — 8 —		2 — 6 —	6 —
1 — 4 —	0 —	C. D. E.	1 —	0 — 8 —		2 — ? —	5 —
2 — 4 —	0 —	C. E♭. G.	0 —	11 — 8 —		2 — ? —	5 —
1 — 3 —	0 —	F. G. A.	0 —	10 — 0 —		1 — 6 —	4 —
2 — 3 —	0 —	F. Gis. C.	0 —	9 — 0 —		1 — 6 —	4 —

Wenn das Orgelgehäuse an Stelle und Ort gebracht worden, so muß man es durch eingemauerte Eisenstangen wieder alle Erschütterungen befestigen, so wie das Positivgehäuse an dem grossen Gehäuse ebenfalls durch viele Stangen Eisen feste gemacht wird, weil an der vollkommen Unerschütterkeit des Orgelgehäuses alles gelegen ist.

Die Quintadenstimme ist von enger Mensur, mit einem Hute und Röhrchen darin halbgedakt, von spizzer Oberlefze, aber mit einem Barte von den zwo Seiten und unten umzogen, von engem Aufschnitt, und giebt zum Grundtone zugleich die Quinte mit an. Das erste C ist 8 Fuß lang, 11 Zoll in der Circumferenz; das zweite C 4 Fuß lang, und im Zuschnitte $7\frac{1}{18}$ Zoll breit; das dritte C 2 Fuß lang, $4\frac{9}{18}$ Zoll breit; das vierte C 1 Fuß lang, $3\frac{1}{10}$ Zoll breit; das fünfte C 6 Zoll lang, $1\frac{1}{4}$ Zoll breit, Dresdner Maaß. Die Sesquialtera ist eine Mixtur von zwo Pfeifen, dem Grundtone und der Sexte, von Zinn, offen, quakend. Die Spizzflöte von 2 bis 4 Fuß, oben enge, unten weit, keglig, von Zinn; der Obertheil ist noch enger, als $\frac{1}{3}$ von unten.

Y 3

Der

Der Subbaß bekommt eine weitere Mensur, als das gemeine Gedakfte, ist von Holz und gedakft. Violon, von Holz, offen, ein Pedalbaß, von weiter Mensur. Die Viol di gamba ist oben enge, unten weit; oben $\frac{1}{7}$ von der untern Weite, von engem Labio und Zinn. Die Hautbois von Holz, gedakft, weiter Mensur, schmalen Labio zu sparsamen Winde. Die Flaute traversiere von Zinn, enger Mensur, und lang. Salicinal von Zinn, und noch enger. Diese Mensuren, der Bart, und sonderlich die grösseren Längen machen, nebst dem Aufschnitte und der Labien, die Verschiedenheit der Stimmen aus. Gemeiniglich giebt man in Cilinderpfeifen dem Aufschnitte $\frac{2}{7}$ von dessen Breite zur Höhe; in hölzernen offnen vierseitigen Pfeifen $\frac{1}{4}$ von der innern Breite (die Holzdikke nicht mit gerechnet) zur Höhe des Aufschnitts; den Gedakften $\frac{1}{3}$. Die Kernspalte ist eine halbe, ganze bis zwo Spielkarten dikk zu den grossen Pfeifen, und man schneidet von einem vierseitigen gerichteten Eichen: Weiß: oder Rothbüchenholze, um in den Holzpfeifen den Kern und Boden geschwinde und in einem Stükke zu machen, vorne, indem man etwa eine halbe Linie gerade stehen läßt, schräge mit der Säge, und ein Ende davon gerade ein, so daß ein Dreiekk losgeht, oder ein solcher leerer Plazz zum Kasten und Winde übrig bleibt, indem man das Bodenstükk durchbohrt und den Fuß einleimt.

Sorge, Hoforganist zu Lobenstein im Voigtlande, gab 1773 einen kleinen Traktat vom Orgelbau heraus, unter dem Titel: des in der Rechenkunst und Meßkunst wohlerfahrnen Orgelbaumeisters, über die gehörige Weite und Länge aller Orgelpfeifen, deren Metalldikke, Cancellen und Kanäle, nebst Windladengrösse, in 4to, 9 Bogen, 5 Kupfertafeln.

Im ersten Kapitel bestimmt dieser Verfasser die Weite vor sich dergestalt, daß das Verhältniß 1 zu 2 entweder der None, z. E. c ==, d ≡, oder der kleinen Decime c ==, b e ≡, oder der grossen c ==, e ≡ gegeben, und die Intermedia geometrisch gerechnet und gemessen werden. Zur Grundpfeife nimmt derselbe das zweigestrichne C im Principal 8 Fuß, die 1 Fuß, d. i. 1000 Skrupel, lang ist, und er schäzzt deren Weite 277. 0 Skrupel. Die Zahlen hinter dem Punkte sind Zehntheile eines Skrupels. Er giebt der Hälfte dieser Weite 277 nicht der aufsteigenden Oktave c ≡, sondern der None d ≡, so, daß von c ==, aufwärts genommen, alle Pfeifen etwas an der Weite gewinnen, und von c == an, abwärts genommen, verlieren. So bekommt die absteigende None b doppelt so viel als c ==, nämlich 554. 0.

Das zweite Kapitel bestimmt die Metalldikke durch 8 Oktaven. So bekommt das erste C 32 Fuß zur Metalldikke 10. 00 Skrup. den Skrupel in 100 Theile getheilt. Das zweite C 16 Fuß, 7. 42 Skrupel. Das dritte C oder 8 Fuß, 5. 62 Skrup. Das C 4 Fuß, 4. 21 Skrup. Das C 2 Fuß, 3. 16 Skrup.

Das

Das C 1 Fuß, 2. 37 Skrup. Das dreigestrichne C. 1. 78 Skr. Das vier=
gestrichne C. 1. 33 Skr. Das fünfgestrichne C. 1. 00 Skr.

Das dritte Kapitel lehret, wie einer jeden Pfeife richtiges Maaß Wind, oder
die Weite des Pfeifenfusses berechnet werden könne. Die Breite des Labii und die
Metalldikke bestimmen das erforderliche Maaß des Windes. Der vierte Theil von
der Weite der Pfeife giebt die Breite ihres Labii. Multiplicirt man diesen vierten
Theil, so entsteht der körperliche Inhalt ihrer Fußweite, oder die Grösse des Loches,
so durch den Pfeifenstokk, die Schleife (Register), Spündung (Fundamentbrett),
bis in ihre Cancelle gebohrt und gebrannt werden muß. Dieser Raum verwandelt
sich am Labio in ein enges Parallelgramm, so der Sorge in ein Quadrat, und die=
ses in einen Zirkel verwandelt. So giebt er für das C in Quintaton 16 Fuß das
Loch oder Windmaaß an, nachdem er die Weite von C, nämlich 1909. 6 mit 4
dividirt, um die Höhe des Oberlabii 477. 40 Skr. zu bekommen. Diese Labien=
höhe multiplicirt er mit der Metalldikke 6. 07. und bekommt zum körperlichen In=
halte 289781. 80. woraus er die Quadratwurzel zieht, und 53. 83. zur Seite des
Quadrats heraus bringt. Er vergrössert diese Seite des Quadrats, dem Bendeler
zu Folge, um den fünften oder sechsten Theil, d. i. bis 64. 59. wobei er erinnert,
daß man vom eingestrichnen G an diesen Zugang nicht nur über den Fünftheil ver=
grössere, sondern ihn gar verdoppele.

Das vierte Kapitel lehrt die Länge und Breite der grössten Cancelle in einer
Windlade zu bestimmen; das fünfte die Grösse des Kanals an seiner Windlade;
das sechste das Quadrat zur grössten Pfeife im Brustwerke, und zu allen Pfeifen
auf der C Cancelle, und zum vollen Akkorde zu bestimmen; das siebente die Qua=
drate der grössten Pfeife, der grössten Cancelle und des Kanals zum Oberwerke;
das achte dergleichen für das Pedal zu finden. Im neunten berechnet er alle Ka=
näle, in eins genommen. Im zehnten berechnet er die Grösse des Zufalls aus den
Cancellen bis in die Pfeifenfüsse.

Im eilften redet er vom Zuschnitte der Pfeifenfüsse und der konischen Pfeifen,
z. E. des Gemshorns, der Spitzflöte, Flach oder Queerflöte, die alle oben enger
sind; da der Dulzian oben weiter als unten ist. Die Spitzflöte ist unten weiter
als das Gemshorn, und oben enger. Dem Gemshorn giebt man zur Oberweite
die Hälfte, oder noch weniger, etwa vier Neuntheil, der Spitzflöte aber ein Drit=
theil, ein Viertheil, oder nur ein Fünftheil der Unterweite; je weniger, desto sachter
wird der Ton. Bei der Queerflöte wird die natürliche Queerflöte zur Richtschnur
genommen, so unten bei der Klappe enger als am Mundloche ist. Dieses Ver=
hältniß ist in einigen wie 5 zu 6, man richtet sie zum Ueberblasen ein, theilet die
Länge in 7 Theile, und macht beim Ende des dritten Theils, vom Labio an, ein
Loch nach Proportion der Pfeifengrösse, wodurch das Ueberblasen erhalten wird,

und

und wenn das Labium nicht zuhoch aufgeschnitten wird, so kommt diese Queerflöte der gewöhnlichen sehr nahe. Konische, oben engere Pfeifen als unten, bekommen nicht die völlige Länge der Principalpfeifen; da man hingegen cilindrische Pfeifen, so enger als das Principal sind, länger wie das Principal macht.

Das zwölfte Kapitel bestimmt die Länge der Principale im Chortone. Nach des Verfassers Maaß ist das zweigestrichne C im Chortone einen Orgelfuß lang, d. i. 10 Zoll, 3 Lin. 3 Skr. des Pariser Fußes, wenn selbiger in 12 Zoll, den Zoll zu 12 Lin. die Linie zu 12 Skrupel abgetheilt wird. Eine Tabelle dabei giebt die gleiche Temperatur vom zweigestrichnen C bis zum sechsgestrichnen C in Skrupeln an, da denn das zweigestrichne C 1000. 00. das dreigestrichne C 500. 00. das viergestrichne C 250. 00. das fünfgestrichne C 125. 00. das sechsgestrichne C 62. 50 erhält. Die Zugabe handelt davon, wie die gleichschwebende Temperatur mit leichter Mühe ausgerechnet werden könne. Ich zweifele, ob sich ein Orgelbauer die Mühe geben werde, eine solche Menge Metall zu den Pfeifen, als er vorschreibt, und die Rechenkunst und Geometrie bei einem Werke anzuwenden, wobei die verschiedne Art des Metalls, so sich so oft ändert, als es von neuem umgeschmolzen wird, das Gehör, die Witterung, der Akford mehrerer Stimmen, das Abnehmen und Zusetzen des Maaßes so grossen Einfluß hat. Hier gilt die Mechanik mehr, als Brüche und Ziefern. Es scheint daher der Herr Verfasser dieser Schrift einige Stimmen seiner Orgel, mit dem Taster in der Hand, nachgemessen und durchziefert zu haben, so wie er sie gefunden, und man findet alle Werke nach der Stimmung anders, als man sie anfangs zuschnitt. Wer Orgeln bloß von Zahlen erbauen will, der muß erst ein gründlich gelernter Orgelbauer seyn, und lange Jahre an einem Sisteme gearbeitet haben, worin Holz, Leder, Wind, Pergament, Leim, Drat, Metall u. s. w. ein Spiel der Witterung sind, so sich alle Augenblikke ändert.

Zu den alten Springladen bekam jede Pfeife ihr Ventil und ihre Feder unterhalb dem Pfeifenstokke. Davon entstand ein öfteres Heulen, und diesem konnte man nicht einmal dadurch abhelfen, daß man die Register zustieß, weil statt der Registerschleifen kleine Klappen vorhanden waren. Die gebohrten Cancellen hatten keine Stäbe, sondern sie waren nur eine Bohle mit gebohrten Löchern, womit man die Positive versah. Die jezzigen Laden nennt man gespündete Laden, weil die Cancellen oben durch das Fundament zugespündet werden, ob man sie gleich auch Schleifladen von den Registerschleifen nennt.

Die Spanbälge, welche vier, sechs oder mehr Falten haben, liegen mit dem aufgehenden Ende niedrig. In Deutschland sezzt man in die Bälge nur zwo Falten hinein; man macht aber dagegen die Bälge grösser, z. E. von 8, 10, 12 Fuß lang, und von 4, 5, 8, 12 Fuß breit. Ein solcher grosser Balg bekommt 2 bis 2½ Fuß Aufgang, wobey man oben oder unten Druffedern von Holz, in Gestalt einer

einer Gabel anbringt, damit der Wind anfangs stark genug sei, indem die Gewicht= steine im Ablaufen stärker drükken und ihre ganze Wirkung thun. Den Positiven giebt man einen Laternenbalg, unter dem ein Schöpfer liegt. Dieses ist ein klei= nerer Balg mit zween Spänen und einem Ventile, so den Wind von unten schöpft und das Oberventil des Oberbalges aufstößt. Ausserdem liegt das Oberblatt des Laternenbalges mit seinem Unterblatte horizontal, folglich nicht schief; er gehet von allen vier Seiten, wie eine runde Papierlaterne der Kinder, zugleich auf, und sinkt auch so horizontal und sanfte nieder. Bei den Positiven legt man den Bälgentritt unter den rechten Fuß des Spielers, oder an die Seite des Positivgehäuses für den Calcanten; andre ziehen die kleinen Bälge mit Riemen oder den Händen auf; da man, der obigen Abhandlung des Don Bedos gemäß, in Frankreich die Orgel= bälge an Hebeln oder Schwengeln mit den Händen niederdrükft, wobei der Wind ungleich geführt, der Balg erschüttert, und die Menge der Späne leichter als beim Treten verrükkt wird. Den Klavieren giebt man bald engere, bald weitere Griffe.

Die vornehmsten der übrigen mir bekannt gewordnen Orgelschriften sind Ben= delers Organographie, 1690. 6 Bogen, 4. sonderlich für die Orgelbauer von Nuzzen. Carutius Orgelprobe, 1683. ohne an die einzelnen Beschreibungen von Orgeln gewisser Städte zu gedenken. Kirchers Musurgie, 1. Band, be= rühret die Orgeltheile, Pfeifenproportionen u. s. w. Matthesons vollkommner Kapellmeister im 24. Kap. des 3ten Theils handelt vom Orgelbau u. s. w. Mizlers Erinnerungen. Niedes Anleitung 2 Th. Prätorii Organographie ist die wichtigste für die Orgelbauer. Werkmeisters Orgelprobe 1681 in 12. verbessert 1714.

Einige nennen die Register, so man beledert, Parallelen oder Schleifen. Zwischen diesen Schleifen erscheinen die Dämme, die das Verrükken der Schleifen verhüten, so wie die starken Stifte den Schleifen die Länge vorschreiben, um die sie sich verschieben lassen. Auf den Schleifen und Dämmen liegen die Pfeifenstökke, so man auf die Lade mit hölzernen oder eisernen Schrauben mittelst des Schrauben= ziehers und des eingeschnittnen Kopfes herab schraubet. Der Fuß der Schnarr= werke heißt Stiefel. Die Registerschleifen sind am Ende mit Schlüsseln ver= sehen, woran man sie auszieht. An diese grenzen die Oberarme der Registratur wellen; an den Unterarmen sind die Schiebestangen mit den äusserlichen Re= gisterknöpfen befindlich, von braunem, schwarzem, gelbem Holze, da das Metall im Winter zukalt ist. Die Nebenzüge lassen sich durch einen Einschnitt tiefer ein= senken, z. E. die Pedalkoppelung, Manualkoppelung, die Sperrventile, der Glokken= zug, der Sternzug, Tremulant, Calcantenglokke, Pauke, Vogelgesang u. dergl. Zum Feststehen bekommen die kleinen Pfeifen lange Füsse, und die grossen Oeschen, d. i. hölzerne oder metallne Schlingen, sie damit an einer Wand zu befestigen. Die Felder, oder gerade Pfeifenflächen an dem Orgelgehäuse, und die Baßthürme

und

und andre runde Thürme spielen meiſtentheils; bisweilen aber beſtehen ſie nur, des Anſehens wegen, aus blinden Pfeifen ohne Kern.

Das Eichenholz muß zur Windlade einige Monate im Waſſer gelegen haben, und der adſtringirende Saft deſſelben ausgelauget ſeyn; nachher trokknen es einige im Bakkofen; es iſt aber beſſer, wenn man eine ſolche 2 bis 3 Zoll dikke Eichen-bohle nach der Auslaugung unter einem Schoppen dem freien Windzuge von allen Seiten ein Jahr lang ausſezzt, weil die ſchnelle Ofenhizze die Holzfäden von den Markbläschen abſondert, und die Luftnäſſe leichter an ſich zieht. Zum Ausgieſſen der Lade dienet Wermuthwaſſer unter den Leim, wider die kleinen Holzmaden, zu nehmen. Der Windkaſten von gutem Eichenholz iſt dauerhafter als der von Tan-nenholz, und es haben die metallnen Vorſchläge daran den Vorzug vor den hölzer-nen und eiſernen Schrauben. Es machen einige auch unter dem Windkaſten der-gleichen Thüren mit Spünden, um die Ventilfedern zu verbeſſern. Die am untern Ende ſpizzen Ventile ſind, der Leichtigkeit wegen, oft von Tannenholz, deſſen Adern herab und nicht nach der Seite laufen müſſen, wenn ſie ſich nicht werfen ſollen. Ihr Schwanz oder hinterſter Theil wird an den Ladenboden mit Leder geleimt oder an-geſchroben, wenn man die Bequemlichkeit haben will, die Ventile heraus zu nehmen. Die Federn von hartgezognem Meſſingsdrate verlangen nur eine und einerlei Stärke, um das Anhängſel nebſt der Taſte in der Höhe ſchwebend zu erhalten, und das Ventil genau anzudrükken. Sie aus und einzuheben hat man eine beſondre Feder-zange. Die Stifte, zwiſchen denen die Ventile gerade an die Cancellen andrükken, und ihr Spiel auf und nieder machen, müſſen lang genug ſeyn, wenn nicht im ſtar-ken Taſtendrukke das Ventil dazwiſchen ſtokken bleiben ſoll. Nach der neuern Art ſezzt man vorne nur einen einzigen Leitdrat, an welchen das Ventil vermittelſt einer dräternen Schlinge wider das Verrükken angehängt wird, und dieſe Abſicht zu be-fördern, bringet man noch eine Schraubenmutter von Leder an. Die Abſtrakten werden mit ihrer Taſte durch eine meſſingne Schraube und lederne Mutter verbunden.

Statt der alten Wellenbretter hat man heut zu Tage den Wellenrahmen, ſo wie zu den Rükkpoſitiven die Abſtrakten und Wellen unter dem Organiſten fort-liefen. In dem Punkte der Taſtatur (Griffbrett, Manual) machten die Vorfahren kurze breite Taſten, welche plump genug waren, daß die Redensart, eine Orgel ſchlagen, ſolchen ſchweren Werken angemeſſen war. Zu den Taſten dienet das reine Tannenholz mit der abwärts ſtreichenden Ader vorzüglich, und zur Belegung Elfenbein, Schlangenholz, ſchwarzes Ebenholz. Gebrochne Taſten, da ſich an der Taſte zwo Hälften beſonders bewegen, ſind ebenfalls Produkte der Antiquität; ſo wie man das untere Cis weglies und noch wegläßt, wenn der Eigenthümer nicht daſſelbe ausdrükklich zu haben verlangt. Jezzo giebt man dem Manuale vom unter-ſten C an die Ausdehnung bis F dreigeſtrichen, weil das untere Cis durch alle Stimmen

men viel Zinn, und die feinen Pfeifen dagegen wenig kosten. Im Pedal kann das untere Cis ganz und gar nicht fehlen. Das C des Pedals muß sich gerade unter dem eingestrichnen C des Manuals befinden. Die Pedalbank, worauf der Orga-niste sizzt, bekommt ihre Mittelhöhe, ein Polster und aus einander laufende Füsse, und die Pedalklaves müssen lang, schmal und leicht zu treten seyn.

Man verwirft die Faltenbälge, weil sich der Wind in den Stimmen so oft ändert, als die eine Falte nach der andern niederfällt; und man ziehet daher die Spanbälge mit einer Falte vor. Die jezzo gebräuchlichen Bälge betragen 12 Schuh in der Länge, und 6 in der Breite; da sie vormals nur klein waren. Die Bälgen-blätter müssen sich nicht biegen, und die Falte und das Uebrige, sonderlich durch die Roßadern und eisernen Bänder wohl versichert werden. Es gehören zu den Blät-tern 2 Zoll starke Bohlen und starke Karrenhölzer, nach der Länge und Breite der Blätter, die eine Holzschraube mit dem Oberblatt verbindet. Das Unterblatt enthält die Fangventile und ein Kanalventil nahe am Calcanten. Die erstern schöp-fen, das andre führt den Wind dem Kanale zu. Die Alten gaben ihren Orgeln einige 20 kleine Bälge, und oft heraus gekehrte Falten, um mehr Wind zu beher-bergen.

In Deutschland ist die Windwage ein rundes Kästchen von Metall, 4 oder 5 Zoll im Durchschnitte, 1½ Zoll hoch, an der Oberfläche mit drei Oeffnungen ver-sehen, deren eine eine offne Cilindorröhre 1 Zoll hoch nahe am Rande des Kastens trägt, in welche man eine gläserne Meßröhre dergestalt befestigt, daß weder Luft noch Wasser einen Durchgang findet, wenn der Wind die Flüssigkeit hinauf preßt. Die zweite Oeffnung verstattet einen Trichter aufzusezzen, womit man das Wasser in die Büchse einfülle; zulezt verstopft man sie mit einem Pfropfen. Aus der dritten steigt eine senkrechte Röhre hinauf, so sich unter einem rechten Winkel umbiegt. Die senkrechte Länge ist 1 Zoll hoch und ¾ Zoll weit. Die gekröpfte wird aber end-lich enger, um in die Kanalöffnung gedrenge einzupassen, damit sich keine Luft durchschleiche. Das Wasser wird durch Bresilgenspäne oder Heidelbeeren roth ge-färbt. Die Glasröhre stekkt senkrecht in einer am Unterboden des Kastens ange-löthzten Röhre, so unten eine Oeffnung behält, damit das Wasser vom Boden herauf steigen könne. Der ungebogne Hahn ist dreimal weiter, als die Glasröhre. Man hängt diese Windwage in eine Oeffnung, so man in den Kanal bohret. Um die Grade des Windes zu erfahren, wird ein Stäbchen 6 Zoll lang in 6 rheinl. Zoll, und jeder Zoll in 10 Linien oder Grade getheilt, und an die Glasröhre ge-bracht. Schwacher Wind heißt ein solcher, der das Wasser auf 25 Grade treibt, so wie ein scharfer Wind von 30 bis 40 Grade steigt. Ein um die Glasröhre ge-legter Ring von Zwirn zeigt, wie viel ein Balg im höchsten und niedrigsten Stande Wind hat, und wie groß die Differenz ist.

Die

Die angestellten Versuche lehren es, daß Gold, Silber, Kupfer, Meßing, Glas, Alabaster, Pappe, Elfenbein, Thon, Orgelpfeifen abgeben; indessen ist das Zinn und Blei doch die gewöhnlichste Materie. Zu den grossen Stimmen bedienet man sich der Tannen= und Kienenbretter; die kleinern entstehen aus Eichen, Birn= baum, Ahorn, Cipressen, Buchsbaum, Ebenholz. Die Vorschläge werden aus gutem Eichenholze ohne Splint. Bisweilen futtert man die Birnbaumpfeifen am Kerne und den Labien mit Zinn. Elfenholz giebt die Keile zur Befestigung der Schnarrstimmen.

Die vornehmsten Stimmen, die oft in barbarischen Namen an der Orgel stehen, sind: die Blokflöte (tibia vulgaris), offen, lang, von 16, 8, 4, 3, 2 Fuß; oder auch gedakt. Der Bourdon ist ein Holzgedakt von 4, 8, 16, 32 Fuß. Clairon, eine enge helle Trompete (clarino). Cornet (cornu), eine Art von Mixtur. Cimbel ist bisweilen ein Sternzug zu metallnen gegossnen Cimbeln, die der Wind mit Hülfe eines Windrades in Bewegung setzt; ihr undeutliches Ge= räusch wird heut zu Tage durch die Glokkenspiele verdrengt. Ausserdem deuten die Cimbeln die kleinste und schärfste Mixturart an von ¾ und 1 Fuß. Dulcian (fa- gotto basson), ein etwas schwaches Schnarrwerk von 32, 16, 8 Fuß im Pedale, mehrentheils mit gefutterten Schnarrkasten, bald gedakt, so daß der Ton unten durch etliche Löcher heraus geht, bald offen, von unten engem, oben weitem Kegel. Bei den gedakten zeiget sich in dem weiten Körper eine Metallröhre fast bis zum Oberboden. Feldflöte (Bauerflöte, fistula fureflris) von 1, 2, 4 Fuß, von enger Mensur. Flachflöte (Spizzflöte), eine spizze Flöte, von 8, 4, 2 Fuß, von niedrigem Aufschnitte, breit labiirt, oben nur ein wenig zugespizzt. Das Flageolet (Vogelpfeifchen). Die Fugara von 4 Fuß, sehr enger Mensur, von langsamen, schwachen, doch schneidendem Tone, eine offne Flöte. Gemsenhorn, eine zu= gespizzte Flöte von 16 bis 1 Fuß herab. Glokkenspiel (carillon, campanetta), für die zwo Oberoktaven des Manuals, und man kann durch den Zug des Ham= mers auf die G'okke den Ton im Spielen verstärken oder schwächen, indessen daß eine Feder den Hammer zurükke stößt. Die Hammer sind von Meßing, und ein lederner Dämpfer dämpft den Auffall der Hämmer. Die zufeinen Glokken werden dünner ausgedreht; den zugroben Glokken schleift man etwas von ihrer Mündung ab. Unda maris, eine offne Flöte 8 Fuß, als ein hölzernes Principal, ein wenig höher gestimmt, als das rechte Principal, um die Schwebung der Meers= wellen vermittelst des rechten Principals vorzustellen. Andre machen Doppelpfeifen mit zwei Labien zu zweierlei Tönen. Posaune (buccina), ein Pedalschnarrwerk, mit messingnen oder auch hölzernen gebohrten Kasten. Die Körper macht man jezzo von Holz und vierseitig, da die grosse Schwere ihren engen Unterheil nieder= drükkt. Die Flute traversiere (Queerflöte, deutsche Flöte), von 16 bis 2 Fuß,

im

Im Manual und Pedale, offen, sehr enge, bisweilen gedakt, von langem Körper und überblasendem Tone, niedrigem Aufschnitte, wenigem Winde und ohne Bart. Zu dem Ende wird die Oeffnung des Fusses zugelöthet, und ein kleines rundes Loch mit dem Pfriemen eingebohrt. Andre bringen an dem Seitenloche der Pfeife seitwärts eine Metallröhre an, welche die Pfeife so anbläst, wie man den Mund an die natürliche ansetzt. Man macht sie von Zinn, aber auch eben so gut von Holz, von 8 oder 4 Fuß. Die offnen Quinten von 3 oder $1\frac{1}{2}$ Fuß, bekommen eine Principalmensur; die grössern von 6 und 12 Fuß fallen unangenehm, wofern sie nicht spitz gemacht werden; gedakt nennt man sie auch Nasard. Quintaton ist eine gedakte Flöte, von engerer Mensur als das gewöhnliche Gedakt, von niedrigem Aufschnitte, und daher kommt die Quinte, die sich in den untern Oktaven in den Grundton mit einmischt. Man macht sie von 16, 8, 4, 2 Fuß, aus Metall oder Holz, sonderlich in den Unteroktaven; die vierfüssige kommt mit dem Nachthorn überein. Die Rauschflöte ist eine Mixtur, Principalmensur, und aus einer Quinte 3 Fuß und Oktave 2 Fuß zusammen gesetzt. Das Regal, ein Schnarrwerk mit offnen oder gedakften Pfeifen, von 16, 8, 4, 2 Fuß. Seine Körper sind zuweilen Cilinder, die oben enger werden, oder Trichter. Rohrflöten sind von 16, 8, 4, 2, 1 Fuß, gedakt, und im Hute stekt eine enge Röhre, wodurch der Ton heller als im Gedakften wird. Salicinal (Weidenpfeife, Schäferflöte), von Metall, offen, enger als die Viol di gambe, und wegen der mühsamen Jntonation bärtig. Diese Stimme klingt sehr schwach, besteht in 16, 8 oder 4 Fuß, und kommt der Viol di gambe nahe. Die Schallmei, ein Schnarrwerk, aus dessen Verfeinerung die Hautbois entstanden, von 8 oder 4 Fuß. Jhre Namen sind sonst, chalumeau, piffaro, musette. Die Schweizerflöte (Feldpfeife), von 8, 4, 2, 1 Fuß, angenehmen scharfen Violenklange, wegen der Engigkeit, Seitenbärte und Unterleisten von langsamer Aussprache und etwas weiterem Diskante. Die Sesquialtera, eine Mixtur von einer Quinte und Nebenpfeife, so von der erstern die grosse Sechs, gegen den Grundton eine Terz, so kleiner als die Quinte ist. Eben dieser Ton entsteht, wenn man Quinte 3 Fuß, und Terz $1\frac{1}{2}$ Fuß zusammen zieht. Sordun (sordoni), ein stilles Rohrwerk, 16, 8 Fuß gedakt, inwendig mit verbognen Röhren versehen; der äussere Körper ist 2 Fuß hoch, und der Weite nach dem Nachthorn 4 Fuß ähnlich. Die Spillflöte (Spindelflöte), von der Gestalt der Spinnerspindel, oben enger, ist wie das Gemsenhorn, offen, aber noch mehr zugespizzt als das Gemsenhorn, und von weiterem Labio, von 4 und 2 Fuß (Spitzflöte, conus). Der Subbaß (Untersatz, pileata maxima) von 32, 16 Fuß im Pedale, gedakt oder offen, als die gröbste Stimme. Die grosse Terz (ditonus tertia), wie 5 zu 4, eine offne Flötenstimme von der Mensur des Principals von $3\frac{1}{5}$ Fuß, oder wie $1\frac{3}{5}$ Fuß. Tertian, eine Mixtur zweifach, nämlich

Z 3   Quinte

Quinte 3 Fuß und noch gröſſere Terz 3⅓ Fuß, oder Quinte 1½ Fuß und gröſſere Terz 1⅔ Fuß. Trompete (tuba, clairon) 8, 4, 2 Fuß, von Metall, Eiſenblech, im Schnarrwerk. Viol di gamba, ein offnes Flötenregiſter, ſehr enge, den Bogenſtrich und das Rauſchen der beſaiteten Inſtrumente nachzumachen, um eine Kniegeige vorzuſtellen, von 8 bis 16 Fuß, cilindriſch, von kurzem Barte. Der Violon (Baßgeige), 16, 8 Fuß, eine offne Pedalflöte, von Metall oder Holz, als eine Nachahmung von dem Bogenſtriche des Contraviolons, von engerem Körper als das Principal, von ſtarken Labiis, und beſſer von Holz, am Aufſchnitte mit einem hölzernen, nach dem Faden (nicht überzwerch), überhin) eingeſchobnen Blatte, wobei der Vorſchlag Schrauben bekommt. Dieſe Stimme heißt auch Violoncell. Der Vogelgeſang (Nachtigallenſchlag), ein alter Nebenzug von drei kleinen Pfeiſen, deren Körperende in ein metallnes mit Waſſer angefülltes Käſtchen eingelöthet wird, durch welches eine Windleitung in die Lade und oben durch in einen Behälter geführt wird, in welchem ſich die Pfeifenfüſſe endigen. Sie werden von oben angeblaſen, erregen im Waſſer einen gurgelnden Ton, wie die thönernen Waſſereulen der Kinder, und machen das Zwitſchern der Vögel nach. Die Menſchenſtimme (vox humana) ſollte billig nicht nur den menſchlichen Weiberdiskant, ſondern auch den Alt, Tenor und Baß auszudrükken ſuchen. Einige ahmen dieſes durch ein enges Flötenwerk von 16 Fuß wegen der Länge mit gekröpften Pfeifen nach, ſo in der Höhe wie eine Viol di gambe, in der Tiefe wie eine Flute traverſiere tönen. Andre wählen ein Rohrwerk mit unten engen, und oben cilindriſchen Pfeifen. Man giebt den Körpern unterwärts eine enge Röhre, auf der ein weiter Knopf mit einem engen Ausgange in der Höhe ſteht. Oder es ſind die Körper cilindriſch und enge, und man ſtürzet über ihre obere Oeffnung einen andern Körper, der oben offen iſt, und den Ton aus Seitenlöchern gehen läßt. Oder es iſt der innere der Doppelkörper unten enge, oben weit wie ein Trichter, den ein löchriges Blatt bedekft. Auf dieſen ſteht ein andrer Trichter, mit dem engen Theile hinauf gekehrt. Auf dieſen folgt ein neuer Trichter, oben weit, mit einem durchlöcherten Boden, und alles bedekft ein Cilinder mit einem löchrigen Boden. Oft führet man ſie nur durch die zwo Oberoktaven, und bisweilen fügt man ihr noch eine Flötenſtimme von 8 Fuß auf einerlei Stoffe bei. Die Waldflöte (tibia ſilveſtris), eine offene, weite Flöte von 8, 4, 2, 1 Fuß, von hölzernem, grobem, hohlem Tone.

Wie oft laſſen ſich die Regiſterzüge unter einander verbinden, oder verändern? Es iſt dieſes eine andre Berechnung, als bei den Verſezzungen der Perſonen auf Stühlen. Zwei Regiſter können entweder jedes einzeln, d. i. zweimal, und hierauf zugleich gezogen werden, d. i. dreimal. Folglich fängt ſich die Tabelle der Stimmverbindung alſo an: indem man zwo Stimmen erſt einzeln, d. i. zweimal, denn zuſammen ziehen kann.

Man

Man subtrahire jederzeit 1 von der Mittelreihe, z. E. bei der 3; subtrahiret von 8 eins, so hat man von 3 Stimmen 7 Veränderungen.

Register.	Verbind.	
1	2	1
2	4	3
3	8	7
4	16	15
5	32	31
6	64	63 u. s. w.

Nach der Erfindung Schröters kann man bei einerlei Registern auf der Orgel die angenehmste der Hauptveränderungen, nämlich das Sanfte und Starke, oder das Forte und Piano, ohne Umstände und dadurch hervor bringen, daß die Windlade so eingerichtet wird, daß der Wind in sie auf sieben verschiednen Wegen hinein geführt wird. Die Ladenventile werden nach sieben verschiedenen Wind=graden herauf gedrükkt; und man höret bloß die schwächsten Stimmen, wenn man die Tasten schwach niederdrükkt; hingegen alle gezogne Stimmen, so bald man die Tastatur stark drükkt. Siehe Mizlers Bibliothek, Vol. III. P. III. S. 577. mit einem Risse davon, für den dritten Theil der Lade.

Die Hauspositive sind eine Orgel nach verjüngtem Maaßstabe, und gemei=niglich enthalten sie ein Principal 2 Fuß; sie würden sich durch ein Gedakft 8 F. zur Singstimme und Begleitung geschikkter machen. Prätorius künstliches Po=sitiv, 37. Blatt der Zeichnungen, hat ein offen Principal 2 F. so bei einerlei und eben denselben Stimmen drei besondre Register, nämlich eins für den rechten Ton der untersten Pfeife, eins zur Quinte, eins zur Oktave hat. Das Positiv hat eine Oktavpfeife mehr, als Tasten da sind.

Die Regale sind Schnarrwerke, offen oder gedakft, von 16, 8, 4, 2 Fuß. Dieses vormals königliche Werk ist ganz ausser Mode, wegen des Hammelgeblökes, so es macht. Seine Körper sind bisweilen von Holz, viereckig, da denn ein solcher Körper, der einen Finger lang ist, 8 F. Ton angiebt; oben ist der Holzkörper zu, aber an der Vorderseite mit kleinen Löchern durchbrochen. Die Trichterkörper sind die gewöhnlichsten.

Die Flügel (Clavizimbel, Clavicimbalum, Clavessin) von der Figur eines Vogelflügels, sind die längsten unter den Klavierarten. Ihr Anschlag wird durch Dokken, Zungen und Rabenfedern verrichtet. Man bezieht sie gemeiniglich zwei oder dreifach (dreichörig); die zweifachen geben einen Ton 8 Fuß; die dreifachen zweimal 8 und einmal 4 F. Ton. Die vierfachen beziehet man mit 2 achtfüßigen und 2 vierfüßigen Saiten, oder man wählet, statt der einen vierfüßigen, eine sechszehn=

sechzehnfüſſige besponnene oder glatte Saite. Dazu sind bisweilen drei Stege da.
Wenn ſich das Klavier auf oder abwärts verſchieben läßt, ſo ſind oben und unten
einige Chöre Saiten mehr, als Taſten ſind, angebracht, um ein Stükk transpos
niren zu können, da denn die halbe Dokke auf der Taſte ruht, und die andre Hälfte
faſt bis zur Taſte reicht, um die Taſtatur zu verrükken, ohne die Dokken zu berüh=
ren. In einem ſolchen Transponirflügel iſt bisweilen der ganze Ton in neun Com=
mata, und die Transpoſition auf neun Regiſter verändert. Oft ſind zwei Klaviere
zur Bequemlichkeit da, indem die obere Taſtatur unter die Vorderreihe der Dokken,
und die untere Taſtatur die übrigen Reihen eingreift. Oft bekommen einerlei Sai=
ten, bei einem Klaviere, theils Dokkenanſchläge von ſcharfem Klange nahe am
Vorderſteg, theils weiter davon entfernte Anſchläge. Unter einige Flügel werden
beſondre Pedalkörper geſtellt. Am Flügel befinden ſich alſo die Dokken (Tangenten,
ſubſilia, ſauteraux), deren Zungen, die Tuchdämpfer, Rabenkiele (oder von wäl=
ſchen Hühnern), Borſten, der Lautenzug am Stege, den die Hand verſchiebt, der
Harfenzug am Vorderſtege.

Das Spinett hat metallne Saiten, Dokken, Federn, Scheiden, wie ein
Flügel. Das Clavicitherium iſt ein aufrecht ſtehender Flügel mit Winkelhaken.
Ein Hammerpantalon iſt ein liegender oder ſtehender Flügel, mit Hämmern von
Holz oder Horn. Das Fortepiano, dieſe neuere Erfindung, unterſcheidet ſich
durch Anſchläge von Pappe und den verſchiednen Druff der Taſten. Das Geigen=
clavizimbel iſt ein Flügel mit Darmſaiten, die einige Räder hinauf drükken; man
ſtreicht das Inſtrument, nach der Erfindung des berliniſchen Hohlfeldts, mit
einem Bogen.

Vor allen drükkt das Klavier (Clavichord) die Manieren am beſten aus.
Man nennt es bundfrei, wofern jede Taſte ihre zwo Saiten (Chor) frei hat. Halb=
belederte Bleche machen den Lautenzug. Der Pantalonzug entſteht, wenn me=
tallne Dokken unter jedem Saitenchore, zur rechten Seite der Tangenten, durch
einen Zug hervorgetrieben werden (Cöleſtin). Die Lautenklaviere mit Darm=
ſaiten ahmen die Laute nach; und der Theorbenflügel unterſcheidet ſich davon
bloß durch eine Unteroktave mehr. Unger in Einbek erfand endlich eine Ma=
ſchine, die die Einfälle auf dem Klaviere von ſelbſt auf Papier abdrükkte.

Die vornehmſten Werke über die Tonkunſt, den Orgelbau u. ſ. w. Wal=
thers muſikaliſches Lexicon, 1732. 8. Mitzlers muſikal. Bibliothek, 3 Bände
bis 1752. Mathesons vollkommner Kapellmeiſter, 1739. Prätorius Syn=
tagma muſicum, 4. ſo in den Jahren 1614 bis 1618 in 3 Bänden heraus kam,
da der 2te Theil die Organographie enthält. Bendelers Organographie, 1690. 4.
Beide letztern handeln vom Orgelbaue; ſo wie Kirchers Muſurgie, 1. Tom. von
den Theilen der Orgel.

Die

Die Kunst des Orgelbaues.

Die Erfindung des Jesuiten Castels zu Paris seit 1759 hatte ein Farben=
clavicimbel für die Augen zum Gegenstande. Hier spielte man sich Farben statt der
Klänge vor, wobei die chromatischen Tasten folgende waren: C blau, Cis seladon,
D grün, Dis oliven, E gelb, F Aurora, Fis orange, G roth, Gis karmesin, A vio=
lett, Ais agat, H violant. Dergleichen Farbenspiel würde sich zugleich für das
Gehör bei der Schröderischen Fortepiano=Orgel doppelt angenehm machen.

Die übrigen musikalischen Instrumente sind die Pandore; Bassanelli zum
Diskante, Tenor und Basse; basse de hautbois ou de cromorne, oder Basson, ist
der Fagot; Basse de Viole ist die Viol di gambe; Basse de Violon die Baßgeige,
welche von grösserer Form Basse double oder Contrabaßgeige heißt; Basset ist ein
kleiner Baß. Bombardoni sind Schallmeien nach den vier Stimmen. Die Gui=
tarre hat mit der Theorbe viele Aehnlichkeit, und man hat kleinere und grössere Arten
davon. Cimbal ist das Hakkebrett. Die Zither ist bekannt. Das Clairon (claino)
ist die Trompete. Das Claquebois ist die Strohfidel, da man hölzerne Stangen
von ausgelaugtem Holzsafte klingend macht, auf Stroh legt, und durch hölzerne
Hämmer wie ein Hakkebrett schlägt. Man verbessert dieses Instrument durch ab=
gestimmte Stahl= oder Metallstangen, vor die man ein Klavier legt, indem sich diese
Platten bloß durch den Rost verstimmen. Das Clarinet ist bekannt, und heißt in
der Tiefe Chalumeau. Cornemuse ist der Dudelsakk. Das Cornet ist ein kleines
Jagthorn. Die Stelle des Dulcians vertritt der Fagot. Der Quartfagot (fagotto
doppio) ist ein grosser, und der Contrafagot ein noch tieferer Fagot. Die Schwei=
zer= oder Feldpfeife ist eine Queerflöte. Das Flageolet eine kleine Vogelpfeife. Die
Flute a bec oder Flute douce ist bekannt. Von der Queerflöte (flute traversiere)
schrieb Quanz 1752 eine Anweisung in 4. Die Geigen bekommen allerlei Grössen
und werden gestrichen. Die Hautbois ist bekannt, und die Hautbois d'amour sanf=
ter. Die Laute macht volle Griffe. Die Leierorgel bedienet sich der Wellen, Pfeifen
und eines kleinen Doppelbalges, den eine Schraube ohne Ende beweget. Mit der
Maultrummel oder grossem Brummeisen könnten sogar Musiken aufgeführt werden.
Pantalon ist ein vom Pantaleon Hebestreit verbessertes Hakkebrett mit Darmsaiten
und Klöppeln. Die Pauken stimmt man in C und G. Die grösste Posaune ist die
Quintposaune. Die Spizharfe hat Dratsaiten, so wie die Davidsharfe Darm=
saiten. Die Theorbe (tiorba) ist der Baß zur Laute; Lauten heissen theorbirte Lau=
ten, wenn der sonst gebogne Lautenhals gerade läuft, um die Baßsaiten aufzuneh=
men. Die Trompeten sind bekannt; man hat Marintrompeten, Sordintrompeten
(tromba sorda), kleine Trompeten. Unter der Viole (Violette) versteht man die
Alt= und Tenorgeige (Bratsche, viola da braccio). Die Viol d'amour hat Dratsaiten.
Die Viol di gambe (basse de viole) ist eine Kniegeige. Die Violone ist die grosse

Baß=

Baßgeige. Alle bisher erfundne musikalische Instrumente gehören in die Klasse der Blaseinstrumente, oder der Saiteninstrumente.

Den Chor: oder Kammerton bei der Stimmung der Orgeln und Saiteninstru= mente, die sich im Wetter verstimmen, zu treffen, schlägt man heut zu Tage hier und in England etwas grosse stählerne Tischgabeln an einen harten Körper, oder man drükft ihre Spizzen zwischen den Zähnen zusammen, da man denn einen hellen Ton hört, indem das Wetter sogar die Stimmflöte verstimmt. Uebrigens kann ein feines Gehör bei einer jeden, etwas tiefen Saite, wenn man sie anschlägt, zugleich eine sanft mittönende gedoppelte Quinte, oder Duodecima, und die dreifache Terz oder Septendecima unterscheiden. Hier räth uns selbst die Natur, einen starken und sanften Ton durch schwellende Register zu verbinden, und das Fortepiano zu finden; sollte sie nicht auch die wahre Temperatur durch zugleich mittönende Saiten und Pfeifen von einerlei Art und Mensur, endlich einmal ausser allem Streit, im Ohre und nicht in Zahlen entdekken helfen?

Je kleiner die Höhe des Aufschnittes in Pfeifen ist, desto schärfer und schnei= bender wird der Klang; derselbe aber überbläst sich leicht. Grob gedakfte und volle Register verlangen einen höhern Aufschnitt. Seine Breite beträgt den vierten Theil der Plattencircumferenz, und die Höhe ist ⅓ dieser Breite, oder ¼, oder ⅖ davon. Mit dünnen Zinnplättchen auf dem hölzernen Kerne kann man hölzerne Pfeifen, so wie durch eine enge und lange Mensur, fast durch alle Stimmen dem Klange der zinnernen ähnlich machen. Zu Principalbässen futtert man bisweilen die Labien und Kerne im Pedal mit Zinne, so wie der Trompetenbaß im Pedale von Blech ist, in= dessen daß man sein Mundstükf von Elsbeerholze macht, in Leinöl siedet, und den Anschlag der Blätter mit Pergament beleimt, wenn er nicht so schnarren soll.

Die Orgelbauer theilen den Diameter einer Cilinderpfeife, die sie in eine Kegel= pfeife von Holz verwandeln wollen, z. E. in eine hölzerne Spizzflöte, in 8 gleiche Theile, lassen einen davon weg, und nehmen die 7 übrigen für die Breite der Qua= dratseite. Dieses verrichtet man sowohl mit der engen Spizze, als breiten Basis. Aus einer hölzernen Quadratpfeife machen sie eine cilindrische zinnerne, wenn sie die Seite des Quadrats in 7 Theile eintheilen, und zu der Länge noch ein solches Theil= chen hinzu sezzen, um den Diameter des zu findenden Zirkels zu bekommen. Eine Rechnung ist hier zugleich die Probe der andern. Bisweilen werden die zwo Front= ekken der vierseitigen Holzpfeifen rund bestossen, daß die Pfeife, als eine runde, mit Silberblättern belegt. Man könnte auch die zwo runden Hälften hohl bohren und wieder leimen. Von den schwellenden Registern soll man in der S. Magnuskirche zu London (s. crit. mus. Matheson. T. II. S. 150.) eine Probe sehen.

Die Grund= oder Hauptstimmen der Orgel sind alle so genannte Oktaven, d. i. einfache Flöten und Rohrwerk, offen und gedakft, von 32 bis 1 Fuß. Die ge=
mischten

mifdjten beftehen aus den Mixturen, Quinten, Terzen, Sexten u. f. w. die man niemals, wegen der Temperatur, allein ziehen darf. Folglich ist die erste Regel für den Orgelspieler diese: man ziehe niemals die Nebenstimmen, weil dieses nur Hülfs= stimmen sind, allein. Die zwote ist: es sei die Quinte und Terz allezeit schwächer als die Oktavstimmen. Es lassen sich daher alle Register eintheilen in Oktaven= register, deren tiefste C Taste wirklich C angiebt, von 32 bis ½ Fuß; in Quinten= register, deren tiefste C Taste ein Quinte höher, d. i. G angiebt, von 24 bis 1½ Fuß; in Terzenregister von 1⅘ oder 1⅗ Fuß. Man muß zu einer Quinte allezeit wenigstens zwei Oktavenregister ziehen. Die Terz ist noch unerträglicher, da in allen Molltönen die grosse Terzstimme den Akkord, z. E. von C Moll, d. i. C, Es, G, verdirbt, indem die grosse Terzstimme zugleich ein E hinzu heult. Ein volles Werk leidet alle Nebenstimmen. Bei kleinen Stimmen greift die rechte Hand eine Oktave tiefer, wenn sie sich prächtiger ausdrüffen will. Wer keine Rauschflöte hat, kann sie durch eine Oktave 2 F. und Quinte 3 F. nachmachen. Zur Menschenstimme schifft sich ein Principal 8 F. oder eine Hohlflöte 8 F. noch besser; weil selbige kür= zer, aber weiter als ein Principal, von engerem Aufschnitte, und daher als ein Ci= linder hohl klingt.

Nach dem deutschen Gewichte wiegt:

Ein Principal 8 Fuß, 14löthig	184	Pf.
Quintaton 16 F.	343	—
Viel di gamba 8 F.	160	—
Bourdon 8 F.	130	—
Vox humana (ohne Blech) von 96 Pfeifen; die Hälfte Metall, Flötenwerk; die andre Hälfte Rohrwerk, von Blech); beide auf einem Stosse	140	—
Gemsenhorn 8 F.	165	—
Rohrflöte 4 F.	48	—
Principal 2 F. vierzehnlöthig	20	—

Principal 16 F. vierzehnlöthig	588	Pf.
Oktave 4 F.	68	—
Cilindr. Quinte 3 F.	28	—
Sesquialtera 1⅗ F.	25	—
Superoktave 2 F.	28	—
Mixtur sechsfach, 2 F.	82	—
Principal 4 F. eilflöthig	65	—
Gemsenhorn 4 F.	60	—
Oktave 2 F.	28	—
Mixtur vierfach, 2 F.	60	—
Quintaton 8 F.	68	—
Gedakt 8 F.	64	—

Das Blei wird in Mulden eingekauft; jezzo das Pfund in Berlin 2 Groschen. Der Drat und Blech von Messing pfundweise. Das Weißblech nach Tafeln. Die weißgaren Kälber= und Hammelfelle nach Dechern (ein Decher von 10 Fellen); ein weißgares Hammelfell 8 Gr. Das lohgare Rindsleder zu Schrauben, nach Pfunden. Der Tischerleim steinweise, der Stein zu 21 Pfunden, das Pfund 4 Gr. Die Hausenblase pfundweise. Die eichenen Spundbohlen, 1½ Zoll diff und 20 Fuß lang, 1 Thaler; von Kienenbrettern das Schoff 36 Thlr. Die Roßadern nach Pfunden; das Elfenbein eben so. Das Pfund schwarz Ebenholz 8 Gr. Der rothe Bolus ist wohlfeil. Vom Blei und Zinne geht im Feuer u. f. f. von 10 Pfun=

den

den 1 Pfund Metall als Abgang verlohren. Der Weingeist zu der Hausenblase nach Pfunden. Von englischem Zinne kostet das Pfund 6 Gr. vom berlin. Probezinne 5 Gr. Das Schokk Eichenzielen 45 Thlr. Vom Eisendrate zu Stisten, Schrauben, der Ring 1 Thlr. 8 Gr.

Die Register müssen sich nur 3 bis 4 Zoll, und sitzend ausziehen lassen, und die Stimmen eines jeden Klaviers müssen in einer Reihe beisammen stehen. Einige Orgelbauer spannen ein Stükk Leinwand über die Werke hoch aus, um den Kirchenstaub abzuhalten.

Zu den Hauptfehlern einer Orgel gehöret, ihre zuenge Anlage, ein Rükkenpositiv, wenn man nicht überall zu dem Werke kommen kann, der Mangel des Lichts, die Verstimmung durch zuspät angebrachtes Schnitzwerk, zuschmale oder zubreite Tasten, welche wanken, und lange Tasten bei 3 oder 4 Klavieren. Jezzo macht man die diatonischen Tasten schwarz, die chromatischen weiß. Man verlangt jezzo das tiefste Cis ebenfalls ins Manual. Unsre Temperatur macht die Subsemitonia der Alten unnütze. Das Durchstechen verbergen einige durch spanische Reiter und schwedische Stiche an den Cancellen. Dieses sind ausgemeisselte betrügliche Laufgräben, die den Wind verführen und als Fontanellen den Körper heilen sollen.

Bei der Orgelprüfung ist es sehr gemein, den Brodneid niederträchtiger Orgelbauer gegen einander zu beobachten; sie verachten einer des andern Arbeit, da sie verschiedne Methoden und Mensuren haben. Es ist daher, um nicht durch ihr Gezänke, so Gleichgültigkeiten mehr als Hauptsachen betrifft, irre gemacht zu werden, gut, wenn man zween vernünftigen und unpartheiischen Organisten die Kritik einer neuen Orgel übergiebt, weil ohnedem das genaue Gehör selbst die Fehler des Gesichts aufdekkt. Wenn sich die Bälgenkammer unter einem Dache befindet, wo Sonne und Regen abwechselt, so verderben die Bälge. Diese müssen weit genug aufgehen, und einen gleichförmigen, langsamen, unmerklichen Gang haben, ohne zu knarren; sie müssen den Wind lebhaft einsaugen und eigensinnig zurükke behalten; und dazu dienet der Schluß der Roßadern, Holznägel und der Leimtränke. Vornehmlich muß die Calcantentaste oder der Tritt niemals so tief niedergetreten werden, daß der ganze Balg in die Höhe gehoben wird, weil man dadurch das Gebläse sprengt. Ausserdem müssen die Bälge nicht nur vollkommen feste auf ihrem Lager, sondern auch niemals über dasselbe hinaus liegen, weil das Treten dieselbe von dem Kanale ablöset, und dem Winde den Weg zu der Flucht öffnet; davon rührt es, so wie von den Schleifwegen desselben bei den Ventilen, Cancellen und Schleifen her, daß die Bälge geschwinde ablaufen.

Stehen Pfeifen zudichte an einander, so leidet das Intoniren; sind sie zu dünne an Metall, so drükken sich leicht von der Hand Beulen ein, sie klingen unrein, schnarren. Alle grosse Pfeifen müssen oberwärts Lehnen oder andre Stüzzpunkte

punkte bekommen, damit sie feste und gerade stehen. Bei dem Beledern der grossen Mundstücke in den Schnarrwerken dienet, damit sie weniger schnarren mögen, das lohgare Leder besser, als das weißgare, welches viel Nässe an sich zieht und den Leim weich erhält. Man macht die Körper der Posaune von 16 Fuß, von Kienholze und vierseitig, weil die blechnen schnarren und zudünne sind.

Die Dämme sind Leisten, zwischen denen die Registerschleifen auf- und niedergehen; folglich müssen die Dämme und Schleifen aus einerlei Holz bestehen, damit sie nicht in feuchter Witterung schwellen und die Register zerbrechen. Dieses geschicht, wenn die Dämme von Tannen und die Register von Eichenholz sind, weil der Damm in trokkuem Wetter schwindet, und die eichene Schleife breiter bleibt und zerbricht; so wie die Schleife im feuchten Wetter leicht zu ziehen ist, und so gar den Wind durchstechen läßt, indessen daß der Damm aufschwillt und den Pfeifenstoff in die Höhe drängt. Das Geheule entsteht in einer Orgel, wenn eine Klaviertaste stokkt, oder ein Ventil offen steht. Durchstechen nennt man, wenn der Wind von einer Cancelle in die andre, oder zwischen den Schleifen durchstreicht, und eine benachbarte Pfeife schwach mit angiebt. Oft heulet eine Orgel, wenn die Wellen an dem Wellenbrette zunahe liegen, und im nassen Wetter schwellen oder staubig sind. Heut zu Tage verwirft man mehrentheils die Fundamentbretter, und man ziehet die eingefalzten Spündungen vor, indem man die Cancellen an dem obern Theile der Windlade durchaus feste verspündet und den Spund einfalzt, indessen daß der Rahmen hoch genug bleibt, damit die Cancellen weder zuniedrig noch zuklein werden. Ausserdem daß es ein grosser Fehler ist, wenn das Klavier im Manuale oder Pedale sehr rasselt, muß das C des Pedals unter dem Cis des Manuals, oder die Mitte beider Klaviere unter einander liegen.

Das Gehör urtheilt von der Güte der Orgel, wenn man alle Register und alle Ventile zugleich zieht, die Bälge gehen läßt, ein Brett queer über alle Pedaltasten legt, und es mit einmal niedertritt, da denn der volle Wind die Registraturen in die Höhe stößt, wenn sie schlecht sind, und sich durch ein Gezische verräth. Eben so drükkt man das Manual mit beiden Armen zugleich, und wenn dabei die Bälge schwanken, so ist dieses ein Beweis, daß die Pfeifenfüsse eingedrükkt, oder durchlöchert, und der Wind durch geheime Schleifwege bisher abgeleitet worden. Hierauf wird jede Pfeife und Stimme besonders untersucht, und die Güte der Mixturen insonderheit gemustert. Die dikke Winterluft giebt den Pfeifen einen tiefern, und die Sommerwärme einen höhern Ton. Der wahre Grund des Mensurirens kommt darauf an, daß man den groben Pfeifen etwas von der Weite (den Proportionen der Musik zuwider) nimmt, und den kleinen giebt, obgleich die gedachten Proportionen die wahre Richtschnur der Mensur bleiben, indem man den Abgang der Weite der Länge (der Breite nach) zusezzt. Enge Pfeifen verlangen einen höhern Aufschnitt,

schnitt, als die weiten Pfeifen, folglich ist die Regel: der dritte Theil der Lefzenbreite giebt die Höhe des Aufschnitts, nicht ein allgemeines Gesetz.

Die Arten der Orgelventile sind, die Bälgenventile, die den Wind aus der Luft schöpfen und ihn in die Bälge abliefern; die Kanalventile in den Kanälen, die hinter dem Winde zufallen, damit ein Balg dem andern nicht den Wind entziehen möge; die Hauptventile in der Lade, so die Taste öffnet; die Springventile der Springladen, so von den Registern geöffnet werden; man verwirft die Spring= laden aber mit Recht, weil sie tausend Unbequemlichkeiten bei sich führen; Sperr= ventile, da man den Wind in den Kanälen einsperrt. Den jezzigen Bälgen mit einer Falte darf man keine Gewichte auflegen, wenn man die Roßadern gut an= bringt, weil diese Bälge schon für sich einen gleichförmigen Druck hervor bringen.

Ein Positiv von Gedakkt 4 Fuß kann zur Aufführung musikalischer Stükke so wenig dienen, als ein Diskantiste den Baß singen kann; ein Regal 8 Fuß dienet wegen seines Hammelgeblökes eben so wenig zum Grundtone; hingegen giebt ein Gedakkt oder Quintaton von 8 Fuß dem Positive zur Musik Gravität, und es wird vollständig, wenn man ihm eine Stimme 4 Fuß offen oder gedakkt, eine Oktave 2 Fuß, und zur Schärfe noch eine Stimme beifügt. Alle offne Stimmen müssen unter sich in den Mensuren proportionirt werden, so wie die gedakkten unter sich über= ein treffen müssen, weil Pfeifen von weiter Mensur mit Pfeifen von enger Mensur entweder schlecht, oder doch nicht beständig überein stimmen. Zu diesen vier Stim= men würde sich noch eine Quinte 3 Fuß und eine Terz 1½ Fuß gut schikken. In grossen Orgeln kann eine angenehme Veränderung erhalten werden, wenn man zum Pedale und Oberwerke eine weite Mensur, im zweiten Klaviere eine mittlere, und zum dritten eine sehr enge Mensur nimmt, und jedes Klavier nach seinem Maaße einrichtet. Heut zu Tage ist der Mangel des untersten Cis, Fis, Gis u. s. w. ein sehr wesentlicher Fehler eines Werks. Die Legirung des Zinns ist gut, wenn man zu 2 Pfunde Blei 1 Pfund Zinn mischt, und giebt so gar noch den Stoff zu einem mittelmäßigen Principale her. Besser wird das Principal, wenn man von Zinn und Blei die Hälfte nimmt; der Ton und die Farbe gewinnen noch mehr, wenn man zween Theile Zinn mit einem Theile Blei versezt.

Guido, von Arezzo gebürtig, ein Benediktiner und Musikdirektor eines Klosters bei Ferrara, war 1028 der Erfinder der sechs musikalischen Notensilben, ut, re, mi, fa, sol, la, deren sich bis jezzt noch die Italiener bedienen. Er schrieb den Micrologus, und fügte zu den damaligen 15 Tasten noch 5 hinzu, welche jezzo bis zu einigen 50 angewachsen sind. Man nennt die Silben des Guido Sol= misation. Nach unsrer Art bedeutet ut, c, wie folgt:

ut, re, mi, fa, sol, la.
c, d, e, f, g, a.

Diese

Diese Namen werden von den Solmisirern auch abwärts beibehalten; es erfordern aber die sieben Stufen einer Oktave wegen der chromatischen Vorzeichnung des Doppelkreuzes und des b eine veränderte Wiederholung dieser Silben. Wenigstens verdrängte Guido die ehemaligen Buchstaben der Tabulatur. Sethus Calvisius führte dagegen in Holland 1611 seine Bocedisation durch die sieben Silben, bo, ce, di, ga, lo, ma, ni ein. Endlich vermehrte Hammer die sechs aretinischen Silben durch das si. Die jezzigen Noten mit und ohne Schwänze, so ihnen die Zeitdauer vorschreiben, eignet man dem Engländer Jean de Murs im 14ten Jahrhunderte zu. Jezzo benennt man die einfache Erhöhung einer Note durch ein Doppelkreuz, durch die Endsilbe is, so man an den Namen der sieben diatonischen Silben, c, d, e, f, g, a, h, anhängt. Diese heissen also erhöht:

cis, dis, eis, fis, gis, ais, his.

Die doppelte Erhöhung drükkt man bloß durch eine Doppelsilbe, als: ciscis, disdis u. s. w. und die einfache Erniedrigung durch ein b und die Endsilbe es also aus:

ces, des, es, fes, ges, as, hes oder b.

Die doppelte Vertiefung verdoppelt die Silben, als cesces, desdes u. s. w.

Man kann die Stimmung nicht eher vor die Hand nehmen, als bis das Orgelgehäuse seinen Farbenanstrich, die Bildschnizzerei und Vergoldung erhalten hat, weil die Oelfarbe, so wie das nahe Schnizzwerk den Ton der Pfeifen verändert. Je langsamer eine Pfeife tremuliret, desto reiner ist sie; endlich verliert sich die Tonschwankung ganz, so bald die Pfeife mit der andern überein stimmt. In den untern Oktaven tremuliren auch reingestimmte zwei nahe bei einander liegende Tasten allezeit, weil ihre Töne eins zu werden anfangen. Die verschiednen Grössen der Pfeifen verlangen keglige und hohle Stimmhörner von allerlei Grösse. Ist ein offnes Flötenwerk zutief, so drükkt man die Hornspizze in die Pfeife ein, und dehnt den Obertheil derselben weiter aus; wenn dieses noch nicht hinreicht, so schneidet man oben einen kleinen Ring behutsam ab. Ist die Pfeife zuhoch im Tone, so ist der Guß zukurz gerathen, oder man hat sie bereits oben zusehr verschnitten; daher muß man oben was anlöthen, oder (welches gemeiner ist) man drükkt sie oben mit dem hohlen Horne oder der Hand enger zu; oder man dekkt einen Theil mit einem Metallplättchen zu. Nothwendig muß vor der Arbeit des Stimmens das Klavier gleich hoch gestellt, und in dieser Lage ein Brett unter die Tastatur gelegt werden, damit man das Klavier jederzeit zu dieser Höhe hinaufschrauben könne, wofern das Werk rein bleiben soll.

Man stimme zuerst das Principal 8 Fuß, darnach die Oktave 4 Fuß, man hört allezeit die Schwebung vernehmlicher, als wenn man 16 und 2 Fuß zusammen zieht. Es folgen auf die Oktaven die andern offnen einfachen Stimmen, nämlich die Viol di gambe, Gemsenhörner und andre Oktaven. Man stimme die Quinte
6 Fuß

6 Fuß nach dem Principal 8 Fuß; die Quinte 3 Fuß nach Oktave 4 Fuß, und zwar als reine Quinten. Dieses geschieht auch mit den grossen Terzen (mit Zuziehung der Quinte) zur Oktave, wobei ebenfalls die Terz rein bleibt. In die Mixturen stekkt man, so lange sie schweigen sollen, ein Hölzchen mit Werg, als einen Dämpfer, um ihre Terz, Quinte und Oktave einzeln zu stimmen. Ueberhaupt werden erst die Tasten c, d, e, fis, gis, ais, c, weil diese an einer Orgelseite jederzeit beisammen stehen, und hierauf erst cis, f, g, a, h, cis an der andern Seite gestimmt, damit man sich das beschwerliche Umherlaufen erspare; auf die untersuchte Taste legt man so lange ein Stükk Blei.

Sind gedakkte Flötenwerke zuhoch, so wird der Hut in die Höhe geschoben, um dadurch die Pfeife zu verlängern; wenn dieses noch nicht hinlänglich ist, so sezzt man noch ein Stükk an. Ist sie zutief, so schlägt man den Hut tiefer; und endlich schneidet man etwas ab. An Holzpfeifen ziehet man den Stöpsel, wenn die Pfeife etwas tiefer werden soll, in die Höhe; soll sie höher werden, so drükkt man ihn tiefer herab. Schnarrwerke mit Schrauben stimmt der Stimmhammer, der wie beim Klaviere beschaffen ist, und die Schraube rechts oder links dreht. Die Schnarrwerke werden am allerlezzten gestimmt, da sie hinter den übrigen Stimmen ihren Stand haben. Eine Federzange, eine halbe Elle lang, dient die Ventilfedern im Windkasten aus und einzuheben, da ihre beide Spizzen lang sind. Der Stimmschlüssel ist wie ein Klavierstimmhammer geformt, aber oben etwas breiter. Mit dem gabligen Schraubenzwinger werden die vierekkigen Schrauben des Pfeifenstoffs bei feuchtem Wetter lose geschroben.

Der nasse Athem verdirbt bei dem Intoniren die Pfeifen; es ist daher ein kleiner Probirbalg, der nach der Windprobe abzumessen, anzurathen. Man giebt ihm einen Windkasten mit einem keglig herab gehenden Loche, um Pfeifen von allerlei Grösse darauf zu sezzen.

Bendelers Orgelbaukunst von 1739. 4. von 7 Bogen, verlangt zu den Pfeifenkörpern wenigstens den vierten Theil Zinn, und zu den Füssen die Hälfte Zinn, und hartes glattes Holz zu einem scharfen Klange, indem das markartige Wesen in der Substanz des Eichenholzes den Wind nicht überall gleich abprallen läßt, oder zurükke stößt. Das trokkne harzlose Tannenholz ist zu gedakkten und tiefen Tönen gut, indem die fixe Luft der weichen Fasern die Schwingungen der äussern Luft und die Erschütterungen des Ganzen träge macht; dahingegen wird der Ton bei harten und glatten Fasern im Diskante klingender. Bendeler nennt einige Vortheile bei dem Giessen auf heissem Sande. Die Plattendikken sollen für eine Pfeife von 16 Fuß 1⅓ Lß 14 Skrupel; für 8 F. 10 bis 12 Skr. für 4 F. 8 Skr. für 2 F. 5 bis 6 Skr. für 1 F. 4 Skr. wegen der Dauer und Tonstärke seyn. Hierauf folget das Mensuriren, das Abnehmen und Zugeben in der Weite und

Länge der Pfeifen, der Zufall des Windes, die Ladenabtheilung, die Grösse der Cancellen nach dem Strome des Windes, und die Temperatur nach dreierlei Methoden. Uebrigens ist diese kleine Schrift ganz praktisch.

Des Mich. Prätorius T. 2. Syntag. muf. de Organographia, 1619. 4. theilet alle Stimmen, die cilindrisch und Flötenwerke, oder offen sind, 1) in lange enge Stimmen von der Principalmensur, z. E. Principale (Prestant) von 32 bis 4 Fuß, Oktaven von 8 bis 1 F. in Quinten von 16 bis 1½ F. in die Rauschquinte von 3 und 2 F. Schweizerpfeife 8 bis 1 F. in die Mixturen und Cimbeln. 2) In kurze, weite, oder Hohlflöten, als Sifflöte, Waldflöte von 8 bis 1 F. in die kegligen, offnen, unten weiten, oben engen, als Gemsenhörner 16 bis 2 F. Spitzflöten 4 F. Blockflöte 4 F. Flachflöte 8 bis 2 F. in die oben weiten, unten engen, als Dulcian. Keglig gedakkt von Quintadenmensur, als Quintaden 16 bis 4 F. Nachthorn 4 bis 2 F. Queerflöte 8 bis 4 F. Gedakkt 32 bis 1 F. Halbgedakkt sind die Rohrflöten 16 bis 1 F. mit einem engen Röhrchen oben im Hute. Das zweite Geschlecht machen die offnen Schnarrwerke, als Posaune, Trompete, Schallmei, Krummhorn, Regal, Cornetsbaß; und die gedakkten Schnarrwerke, als Sordun, Fagot und Bärpfeife aus.

Er lobt die Schweizerpfeife bei ihrer grossen Enge und Länge, wegen ihres besonders lieblichen scharfen Tones, welchen ihr kleiner Seitenbart hervor bringt. Ihre Intonirung ist mühsam, und sie verlangt nur langsame Tastengriffe. Die Alten sezten bis 40 Mixturen, oder Mixturcimbeln auf ein Chor. Der hohle Ton der Hohlflöte entstehet von der weiten Mensur und dem engen Aufschnitte dieser offnen Cilinderstimme. Prätorius lobt die angenehme Lieblichkeit des Gemsenhorns 8 F. so er Viol di gambe nennt, zu andern mitgezogenen Stimmen. Für die kleine Gemsenhornquinte 1½ F. (Nasat) theilet er den Aufschnitt in 5 Theile, und nimmt einen Theil für die Breite, zu einem angenehmen Diskante. Die Flachflöte 8, 4, 2 F. von engem Aufschnitte, von breiten Labien, oben etwas zugespizzt, klingt sanfter als das Gemsenhorn. Das Nachthorn ist eine weitere Quintade von angenehmen Herntone im Baß. Er erwähnt eines Gedakts mit einem Doppellabio, als einer neuen Erfindung.

In den Schnarrwerken geben lange schmale Mundstükke einen gefälligern Ton, als die kurzen und breiten; so wie alle enge Pfeifen angenehmer tönen. Der Sordun 16 F. ist gedakkt, verstekkt inwendig eine ziemlich lange Röhre, ist von aussen nur 2 F. lang, von der Weite eines Nachthorns 4 F. und von einem stillen lieblichen Tone, und enthält über dem Fusse einige Löcher. Es folgen im Prätorius einige Orgeldispositionen und Holzschnitte von den meist** Instrumenten der Tonkunst. Er verdient also kaum gelesen zu werden; und es findet der Leser in Adelungs musica mechanica Organœdi, durch Albrecht edirt und von Agricola

B 6

mit

mit Anmerkungen versehen, noch die beste Genugthuung, so wie im Bendeler. Ich habe hier beide ausgezogen, und dem Hauptautor D. Bedos an die Seite gestellt; und ich sage also nicht zuviel, wenn ich versichre, daß in gegenwärtiger meiner Abhandlung vom Orgelbau alles Nützliche und Unterhaltende vereinigt worden.

Erklärung der Kupfer.

Tab. I.

Fig. 1. Kleine Handsäge, ganz von Eisen.
   2. Der Amboß.
   3. Der grosse Hammer.
   4. Die Stichsäge.
   5. Die grosse Handsäge Zinntafeln zu zerschneiden.
   6. Der Polirstahl.
   7. 8. Zinnhobel.
   9. Ein eiserner Hobel zu den Gesimsen, zu den Pfeifenfüßen, das Labium gerade zu machen, den Kern von Blei zu hobeln ꝛc.
  10. Schnitzmesser.
  11. Hölzerne Pfeifenform zur Trompete.
  12. Dergleichen zu cilindrischen Pfeifen.
  13. Der Löthkolben stekt im Futterale, damit man sich nicht verbrenne.
  14. Schabemesser oder Krazzeisen.
  15. Kernform, wie eine Zwinge verfeilet, das Blei dikk zu giessen.
  16. Lothform, um das Loth darin zu Streifen wie Fensterblei zu gleßen, damit man mit dem Kolben im Löthen ein wenig davon abnehmen möge.
  17. Probirform zum Zinn.
  18. Ein flaches und ekkiges Holz, die Labia zu streichen.
  19. Eine Fußform zu kleinen Pfeifen. Die größten sind von Holz und die kleinsten von Eisen.
  A. Fußmensur.
  B. Labiirlineal.
  C. Labiirkaliber zu den Principalpfeifen.
  D. Schabeeisen für die Principalpfeifen.
  E. Intonirmesser.

Tab. II.

Fig. 20. Die Hälfte von einer Nußform zu den Schnarrwerken, daran B der Griff ist, H sind die 5 hohlen Stellen zu den Nüssen, Z das Gelenke.
  20. * Stellt diese ganze Form vor, wie sie aussieht, mit ihren Guß- und Spießlöchern oben.
  21. Sind die 5 Nüsse, die in der vorigen Form gegossen werden, mit ihren doppelten Spiessen. Sie dienen zu den Schnarrwerken. Die größte Nuß A ist im Körper hoch 1 Zoll, 6 Linien, breit oben in der Haube 1 Zoll, 5 Lin. die beiden Spiesse sind

find jeder 2 Zoll lang; die Nuß B ist im Körper lang 1 Zoll, 3 Lin. eben so breit in der Haube, und im Körper 2 Lin. weniger breit, die Stangen sind 2 Zoll lang, und die mittelste 4 Lin. breit: die dritte Nuß C ist von unten schräge abgeschnitten, ihr Körper an der längsten Seite bis zur Haube 1 Zoll lang, die Haube 3 Lin. hoch, die kurze Seite des Körpers 7 Lin. lang, der dikke Mittelspieß 1 Zoll, 11 Lin. hoch, 4 Lin. breit; die vierte Nuß D ist 10 Lin. lang an der längsten Seite, und 6 an der kürzsten bis zur Haube, die 2 Lin. hoch ist, die Mittelstange ist 1 Zoll, 8 Lin. lang, 2 Lin. dikk, die Haube 10 Lin. breit, das kleine Spieß 1 Zoll, 6 Lin. lang; die kleinste Nuß oder E ist 8 Lin. lang an der längsten Seite bis zur Haube, und über 5 Lin. an der kürzsten Seite, die Haube 8 Lin. breit, das Mittelspieß 1 Zoll, 6 Lin. lang, 2 Lin. dikk, das kleine Spieß 1 Zoll, 4 Lin. lang.

Fig. 21. * Die 5 Nüsse ohne Spieße, um ihre Löcher zu sehen. Die 2 ersten heißen viereckige Nüsse, die 3 andern runde Nüsse.

22. Die Mundstükkenform von Eisen zu 10 Mundstükken. Darin werden die Mundstükke zu den Schnarrwerken gestampfet.

23. F E B und B A D C E sind die dazu gehörigen Stempel, die Mundstükke in den Rinnen zu stampfen.

24. Die Spieße zu den Schnarrwerken (les broches des anches).

25. Grosse Feile die Mundstükke zu richten.

26. Spitzzange.

27. Plattzange den Drat zu biegen.

28. Der Trauchbohrer (villebrequin) von Eisen oder Stahl, um verschiedene Bohrer in ihm einzustekken.

29. Eine Drehbank, um die Pfeifenfüsse aufzubohren.

30. Der Kegel dazu.

31. Der feine Registerhobel, um hölzerne Lineäle gleich dikk zu machen.

32. Die Stimmflöte.

33. Deren Stempel.

34. Der Kopfansatz, auf die Pfeife zu schrauben.

35. Die Windprobe (anemometre).

36. Labiumstahl, um die Labien zu streichen.

37. Stimmhorn.

38. Eine hölzerne Pfeife offen.

39. Eine Regelpfeife.

40. Eine Spillenpfeife (à fuseau), oben enger, am Labio weiter, als ein Kegel.

41. Eine Rohrflöte.

42. Eine Pfeife mit einer Büchse gedakt.

43. Eine Pfeife, oben zu, am Labio mit einem Barte.

44. Eine offne Pfeife von weitem Schnitte zu den Nasards, Terzen und Cornetten.

45. Enger Schnitt zum Positiv.

46. Gemeiner enger Schnitt zu den Mixturen.

47. Pfeife von ganz engem Schnitte.

48. Der Pfeifenfuß mit seinem Kern aufgelöthet, und ein Kern drüber angedeutet, 49.

50. Ein völlig fertiges Schnarrwerk mit seiner Nuß, welche an die Büchse angelöthet ist. Oben an dieser Büchse paßt man das untere Ende I einer grossen Trompetenpfeife ein: A ist das Mundstükk; C die herauf gehende Krükke; D die Nuß an die Büchse E E gelöthet. Es stekft das Mundstükk A mit der Zunge B gedränge in

Bb 2 der

der Nuß D vermittelst des hölzernen Keils F. Alles ist in dem Fuße H verschlossen besſen untere Ende keglig ist.

Fig. 50. * Der grosse Bohrer zu den Pfeifenbretterlöchern, hohl, mit schneidendem Rande. Man hat drei oder vier von verschiedener Gröſse nöthig. Der dilkste hat 2 Zoll in A, und 1 Zoll in B, und iſt 15 Zoll lang. Der kleinſte 9 Lin. in A, und 4 Lin. in B dikk, und 1 Fuß lang. Spitzbohrer (Tariere pointue).

50. * * Brenneisen, 18 Zoll lang mit kegligen Köpfen. Ein Kopf iſt 15 Lin. breit, und der andre kleine 7 bis 8 Lin. dikk.

Tab. III.

Fig. 51. Eine Dratrolle, den Drat zu den Federn zwischen den Stiften auszuſtrecken.
52. Schmelzkelle.
53. Gießkelle.
54. Eingemauerter Schmelzkeſſel zum Zinn und Probezinn.
55. Ein mit der Drükkſtange vermittelst der Hand aufgehobner Blasebalg.
56. Stehende Regiſterwellen mit Regiſterſtangen, Aermchen u. ſ. w. um den Zug der Regiſterſtangen begreiflich zu machen.
57. Zinkenverzapfung des Cancellenrahmens.
58. Geschlizzte Zapfen mit der Sage.
59. Doppelt geschlizzter Zapfen.
60. Zinnhobel ohne Naſe.
61. Labienmensur (Trace-bouche).
62. Blechschere.
63. Schneidebohrer.
64. Der Aufreibebohrer von Eisen, Löcher weiter zu bohren, durch den Trauchbohrer.
65. Schabeisen, an den zu löthenden Pfeifen die Faze, d. i. den Strich am Schnitte neben den Bolus gerade zu ſtreichen.
66. Die im Texte von Nr. 14 bis 1 angegebenen Bohrplatten, um die Löcher in der Windlade, Fundamentbrette und Pfeifenſtokke mit den gehörigen Bohrern zu bohren.
67. Stimmhörn, Pfeifen oben enger oder weiter zu drükken.
68. Die gewöhnliche Menschenstimme wie das Cromorne beschaffen, aber oben halb gedakft, damit sie nicht so schreie. Ihre Pfeifen sind nicht groß, und die erste gemeiniglich nur 6 Zoll hoch, und sehr oft noch kürzer.
69. Eine Pfeife mit der runden Nuß ohne Ring, wie in den 2 lezzten Oktaven der Trompete und in den 3 lezzten des Clairen. Es ist die allgemeine Regel, keinen Ring bei den Kegelpfeifen eher anzubringen, als wenn sie ohne Ring in den Fuß zurück herab sinken würden.
70. Federkrükke, die Klappenfedern bequem auszunehmen und zu repariren.
71. Eine umgekehrte Windlade mit ihrem Windkasten; man sieht vorne durch die offnen Thüren zum Theil die Klappen. Die beiden Thüren werden mit 2 Spünden, die beledert sind, zugestopft, um den Windkasten zu schließen. Ueber diesem liegt ein Brett mit den Reiben-Dräter, so zu den Pulpeten bestimmt sind.
72. Eine Pulpete, durch deren Mitte die Weidenruthe a geht, durch deren Mitte ebenfalls ein Drat geht, der oben und unten bei c c eine Oefe macht; b iſt die Pulpete oder das Säkkchen an sich.
73. Iſt eben diese Weidenruthe (Oſier), durch die der Drat geht.

Fig. 74.

Fig. 74. Windlade, da der Windkaften über den Cancellen liegt.

75. Eine umgekehrte Pofitivenlade mit weggenommenen Regiftern und Pfeifenftöffen. Auf den 3 Queerhölzern oben liegt die Windlade, und man fieht die Reihe Sälfchen oder Pulpeten mit den eifernen Drätern.

76. Vier Klaviere über einander.

77 Eben daffelbe.

78. Die c und d Lade mit den Wellenlatten a, woran fich die Wellen von Holz oder grobem Drate an den zwei Enden etwas umdrehen. Die Abftraften b find unten am Klaviere und oben an den Wellen feft.

79. Der ftarfe Tremulant mit der Klappe a von auffen, inwendig fieht man die wie ein Pfropfenzieher gewundene Feder.

80. Der Regiftergug, daran ift a die ftehende Spindel ober Welle (pilote tournant), b der äuffere Balancier.

81. Die Windfanäle, a der groffe Windfanal, b deffen Schlünde (Schnauzen), c der fanfte Tremulant, d der groffe Kanal, welcher den Wind in die Orgel bringt, e der ihn ins Pofitiv bringt.

Tab. IIII.

Fig. 82. Das Feberbrett, Federn zu den Klappen in den Laden zwifchen einigen Stiften umzubiegen.

83. Offne Windlade nebft der Regierung der Wippe a mit dem Stiftgelenke.

84. Gebrochne Regifter vorzuftellen. Der Pfeifenftolf E F fängt fich oben mit dem gröften Loche 1 an; fein folgendes Loch fteht unten, nämlich Nr. 2. 3 ift wieder oben unter 1, 4 ift unten über 2, und fo immer abgewechfelt bis Nr. 50. Das zweite Regifter fängt fich unten mit Nr. 24 an, oben ftehet 25, unten neben 24 ift 26, und oben unter 25 ift 27 eben fo abgewechfelt, fo daß auch hier die Mitte der Stange 50 macht. Auf dem dritten Regifter ift unten das Loch 2, und das oberfte Loch 1, oben unter dem Loche 1 ift 8, unten über dem Loche 2 ift 4. u. f. w.

85. 86. Windfanäle und deren Stüften.

87. Balg von der Seite. Am Rüffen laufen Roßadern, d. i. geflopfte Sehnen aus den Pferdefüffen.

88. Eine Holzpfeife im Durchfchnitte.

89. Eine Holzpfeife mit weggenommenem Vorfchlage.

90. Ein Pfeifenfuß.

91. Auffchnitt der hölzernen Pfeife.

92. Zinnlade zum Zinngieffen.

93. Fuß der zinnernen Pfeifen mit der Unterlefze und dem Kerne.

94. 95. Pfeifenzufchnitt, wie man einen Pfeifenfuß von Zinn zufchneidet.

96. Principal mit aufgeworfnem Labio.

97. Pofaunenmundftüff.

98. Der Fußzufchnitt der Schnarrwerke aus einem Stüff, unten in Form eines Bifchofshutes gefchlizt.

99. 100. Zwo Nüffe zu den Schnarrwerken.

101. Eine Trompete mit dem Zapfen in der Nuß.

102. 103. Pfeifen mit Gefinsgliedern an den Labiis.

104. Winkelhafen zu den Regifterzügen.

Bb 3

Fig. 105.

Fig. 105. 106. Die Difken der Spieße in den Schnarrwerken von Nr. 1 bis 21.

107. Der Registerhobel (filière), die Register, Lineäle u. s. w. überall gleich dikk zu ziehen, indem zwo Personen das Register durch diesen Hobel, jede an einem Ende, durchziehen.

108. 109. 110. 111. sind die Theile desselben.

Tab. V.

Fig. 112 bis 123. sind ebenfalls Theile desselben Hobels, einzeln aus einander genommen.

124. Ein Blatt des Windbalges.

125. Mensur zum Pfeifenaufsichnitte (trace-bouche). Man schiebt zwischen die beiden Lineäle T V, X Z die Circumferenz des Pfeifenzuschnitts, bis zur Effe. Von beiden Selten sezze man die Linie P und Q zurükk, so entsteht der Aufsichnitt i t.

126. Fußmensur. Schiebet den Pfeifenfuß, den man bereits zugeschnitten hat, zwischen die beiden Lineäle F G und F H, sezzt den Zirkelfuß in G, und schlagt den Oberbogen N M, und den Unterbogen zum untern Abschnitte des Fusses F.

127. Hölzerne Patrone, darnach alle Windladenklappen zu schnerden, verkehrt. Die Linie c verschließt eigentlich die Cancellen. b Kopf der Klappe vorne im Windkasten. a Klappenschwanz mit Leder angeleimt und feste.

128. Die Cancellenabtheilung der Windlade.

129. Eiserne Leimzwinge.

130. Stöpsel zu gedachten Pfeifen.

131. Hölzerne Pfeife durch den Schieber zu stimmen.

132. Schiefe Gießbank. Bei b ist der Gießkasten, worin man das Zinn eingießt, indem es durch die Spalte des Kastens auf die Bank abläuft, und in den Trog c fällt.

a b c d Vier Pfeifen von verzierten aufgeworfnen Labiis, die den Ton 16 Fuß so deutlich, als einen 8 Fuß angeben.

Tab. VI.

Fig. 1. Dublettenmensur, d. i. zu 2 Fuß, ist hier viermal kleiner, und muß also vom Orgelbauer viermal grösser genommen werden. Die Länge der untersten C Pfeife geht von C bis X; ihr Diameter ist von C bis O; und ihre Circumferenz von C bis 1 ist hier just ein halber Pariserfuß u. s. w. nämlich das unterste Cis ist lang von Cis bis X; sein Durchmesser von Cis bis O; seine Circumferenz von Cis bis 2. u. s. f.

2. Die Mensur der Menschenstimme, nämlich die Höhe ihrer Kegel; natürlich Maaß.

3. Breite der Menschenstimme; natürlich Maaß.

4. Der Menschenstimme Cilinderhöhe; natürlich.

5. Mensur des Prestants von 4 Fuß; ist hier achtmal kleiner, wird also achtmal grösser abgenommen.

6. Mensur zu Gedakft (Bourdon) 4 Fuß; achtmal kleiner, wird also achtmal grösser abgenommen.

7. Viereckige hölzerne Pedalflöte 4 Fuß; achtmal kleiner, wird also achtmal grösser gemacht. Die Fig. 5. 6. 7. machen just einen halben Pariserfuß aus.

Tab. VII.

Fig. A. Fußmensur. Man sezze von A bis C die Hälfte der Circumferenz des Pfeifenförpers, und von c bis a die andre Hälfte. Ziehet von c bis d einen Perpendikel;

das

das untere Fußende wird halb nach f und halb nach g gesezzt. Endlich ziehet man A und f zusammen, so wie g und a; so ist A a und f g der Fuß der Pfeife.

Fig. B. Ist die Pfeife zur Musette, oder pohlnischen Bokke, nämlich eine Spindelpfeife, die oben um die Hälfte kleiner als unten ist; sonsten gleichet sie dem Cromorne.

C. Ein Cromorne, dessen Pfeifen insgesammt cilindrisch sind, und sich in ihrem untern Theile in einen Kegel endigen, den man daselbst, und an dessen Spizze die runde Nuß anlöthet.

D. Eine Pfeife mit runder Nuß, ohne Ring, zu der lezzten Oktave der Posaune, zu den zwo lezzten Oktaven der Trompete, und zu den drei lezzten Oktaven des Clairons. Der Ring ist hier nicht nöthig, weil die Pfeife in den Fuß nicht zutief einsinken kann: denn dazu dienet der Ring bloß.

E. Eine Posaune, Trompete oder Clairon, mit runder Nuß und Ring, der eine oder zwo Linien dikk und ein wenig feglich ist.

F. Eine große Pfeife mit vierekkigter Nuß und Kasten zu Posaunen und Trompeten, 16 oder 12, oder 8, oder 6 Fuß hoch.

G. Wie man eine Orgel stimmt. Vorne sieht man den deutschen und französischen C oder Diskantschlüssel neben einander. Das unterste C ist weiß; alle weisse Noten sollen nach den schwarzen, die darüber oder darunter stehen, gestimmt werden. So ist das vierte Klavier C der Grundton, nach dem man das dritte oder weisse C sucht. Ferner giebt das dritte C die weisse Quinte G. Dieses G schwarz giebt D weiß u. s. w.

H. Ein Bleiring in den Schnarrpfeifen.

I. Ein Stükk von der Pedalabstraktur mit doppelten Winkelhaken (double échelle) und den Ruthen. Man bilde sich ein, daß an den Enden der Pedaltasten Z die Ruthen oder Abstrakten a g b h u. s. w. angehängt sind. Drükkt man also eine Taste an, so ziehet sich die Ruthe a herab, welche am Horizontalarme des Winkelhakens n angehängt ist. Diese ziehet ihre correspondirende Ruthe, so am Vertikalarme eben des Winkelhakens feste ist bei n, von der Linken zur Rechten. So ziehet die Ruthe b, welche am Horizontalarme des Winkelhakens q, wenn sie sinkt, ihre Correspondentin B, so am Vertikalarme eben des Winkelhakens q feste ist, von der Linken zur Rechten. Kurz, wenn alle übrige Ruthen, eine nach der andern, niedergedrükft werden, so rükken ihre Correspondentinnen von der Linken zur Rechten fort. Auf solche oder ähnliche Art läßt man die Abstrakturen bis zur Windlade, die oft weit davon liegt, fort gehen. Gemeiniglich sezzt man die Hälfte Pedalstimmen auf die eine Seite der Orgel auf eine Lade, und die andre Hälfte auf die andre Lade an der andern Seite der Orgel; da denn die Ruthen a b c d e f an der linken Pedallade, und die andren g h i k u. s. w. die Ladenklappen der rechter Hand gelegten Pedallade ziehen.

K. Eine einzelne Drehwelle mit ihren zwei Abstraktureisen, die Abstrakten einzuhängen. Die Welle stekkt mit ihren Zapfen zwischen zweien Brettern feste, oder spielend.

Tab. VIII.

Fig. a. Eine vollkommen bekleidete Windlade, um daran einige Cancellen, Klappen, Fundament, Pfeifenstöffe, Pfeifen, und durch Conducte verlegte Pfeifen zu sehen; wobei man die Bretter gleichsam halb weggebrochen.

Fig. b.

Fig. b. Die Pfeifenverführung durch Conducte im Vorschlagebrette, und eingeschnizzte Rin=
nen im Conductenbrette.

c. Einige bleierne Conducten, um Pfeifen zu verführen, stükkweise gelöthet.

d. Wie durch die Dikke des Plintenbretts, unter dem Principale, hohle unsichtbare Gänge
bis zum Orte der Pfeifen oder Mixturen gebohret werden, so daß z. E. 5 Pfeifen
auf einer Cancelle stehen.

e. Geometrische Zeichnung von der Hälfte des Orgelgehäuses. 1 1 1 1 Die vornehm=
sten Säulen vom Fusse oder Massiven des Orgelgehäuses. 2 2 Der starke Queer=
balken, auf den der Architrab kömmt. 3 3 Balken zum Karnies. 4 Klavier=
fenster, 3 Fuß hoch und 3 Fuß breit.

f. Der Grundriß zu einem grossen und kleinen Orgelgehäuse. a a a a u. s. w. sind die
Thürme. b b b Die Flachthürme. c c Hintertheil des Orgelgehäuses. d d Die
Pedallade. e e e Die in vier Theile abgetheilte Hauptlade. f Positivenlade.

g. Intonirspatel von Messing, etwas aufgeworfen.

h. Die Quintaton mit dem Hute und der Rohrpfeife, und dreifachem Barte.

i. Der Kern in den grossen Holzpfeifen; er hat oben einen kleinern, geradlinigen und län=
gern abschüssigen Absazz; von oben und von unten siehet man an den punktirten
Linien der Kanten den Grad zum Einsezzen.

k. Der Kern zu mittelmäßigen und kleinen Holzpfeifen, aus einem Stükke mit dem Boden
gesägt. Bei a entsteht die gerade Linie zur künftigen Spalte; neben dieser säget
man z. E. ein Stükk weiß= oder rothbüchen, oder Eichenholz schräge ein, und
hierauf die Linie c zum Kern gerade herab; worauf man in dem Boden das Loch
zum Fusse b bohrt.

l. Nach dem Prätorius einige Stimmen, als l. Gemsenhorn; m. Spizz= oder Koppelflöte;
n. Blokflöte; o. offne Queerflöte; p. Dulcian; q. Hohlflöte mit dem Rohre;
r. Trompete; s. Krummhorn; t. Schallmei; u. Sorbun; v. Zinkkornetbiskant;
w. Krummhorn; x. Bärpfeife.

y. Registerknopf.

z. Eine gekröpfte Pfeife.

1. Ein aufgehobner Spanbalg, entgegen gesezzt dem Faltenbalge; daran a die Calcanten=
taste ist.

2. Schweizerpfeife.

3. 5. Ein Bälgenspan, oder Brettchen, deren 2 an den Seiten des Oberblatts, und 2
am Unterblatte mit Roßadern und Leder verbunden sind, zu einer einwärts gehen=
den Falte.

4. Ein Spanbalg, zugefallen.

6. Eine obere Pedaltaste a, mit dem Zapfen in der Scheide b. Die Feder c hebt die
niedergetretne Taste wieder in die Höhe, und stekkt in dem Federbrette d.

Register.

Register.